高等职业技术教育教材

# 物业管理信息系统

## 第 3 版

主　编　邹劲松
参　编　田　禾　黄新学　陈　功

机械工业出版社

本书是物业管理专业高职教育系列教材之一，由物业管理专业高职教育教材编辑委员会组织编写。

本书共四章。第一章讲述了物业管理信息系统的基础知识，详细介绍了物业管理电算化基本概念以及物业管理信息系统的一般模式。第二章从居住小区物业管理信息系统内外部构成及其核心意义方面对系统各关键点进行了分析。第三章从大厦物业管理业务入手，对大厦物业管理信息系统需求与功能进行了分析。第四章结合软件实例对物业管理信息系统进行了详尽的介绍和分步上机实操。

本书力求通俗易懂，适应读者知识水平，满足互动式学习要求。本书的每章后均有结合本章知识内容的思考题。

### 图书在版编目（CIP）数据

物业管理信息系统/邹劲松主编．—3版．—北京：机械工业出版社，2008.11（2025.8重印）
高等职业技术教育教材
ISBN 978-7-111-07560-8

Ⅰ．物… Ⅱ．邹… Ⅲ．物业管理-管理信息系统-高等学校：技术学校-教材 Ⅳ．F293.33-39

中国版本图书馆CIP数据核字（2008）第165979号

机械工业出版社（北京市百万庄大街22号 邮政编码100037）
策划编辑：马　宏　责任编辑：马　宏　刘悟彬
版式设计：霍永明　责任校对：姚培新
封面设计：姚　毅　责任印制：刘　媛
北京富资园科技发展有限公司印刷
2025年8月第3版·第13次印刷
184mm×260mm·11.5印张·278千字
标准书号：ISBN 978-7-111-07560-8
定价：39.00元

电话服务　　　　　　　　　网络服务
客服电话：010-88361066　　机 工 官 网：www.cmpbook.com
　　　　　010-88379833　　机 工 官 博：weibo.com/cmp1952
　　　　　010-68326294　　金 书 网：www.golden-book.com
封底无防伪标均为盗版　　　机工教育服务网：www.cmpedu.com

# 物业管理专业高职教育教材
# 编辑委员会（第3版）

**主任委员** 陈宝瑜

**委　　员**（按姓氏笔画为序）

卜宪华　王秀云　王薇薇
王瑞华　李国艳

# 第 3 版 序

物业管理，与千千万万百姓人家的生活和工作息息相关，也是一个国家文明程度的体现。在我国，物业管理还是一个新兴行业，正在蓬勃发展。行业的发展需要人才，人才的培养靠教育。要办好一个专业，教材的重要性是不言而喻的。

1998 年由北京城市学院（原北京海淀走读大学）发起，与辽宁青年管理干部学院、大连管理干部学院、佳木斯大学等组成了物业管理专业高等职业教育教学协作组，首要的协作任务就是编写了全国第一套高职物业管理专业系列教材，它包括《物业管理企业会计》、《建筑识图与构造》、《物业管理》、《房地产开发与经营》、《房屋维修与管理》、《社区环境建设与管理》、《物业设备与设施》和《物业管理信息系统》。

经过 10 年的教学实践和行业的迅速发展，物业管理行业逐渐发展成熟，本套教材也在不断进行修订。2004 年出版的第 2 版在原有的 8 本教材基础上，增加了《物业管理法规与案例分析》和《物业管理实务》两本书。2008 年，本套教材再次进行全面修订，并在第 2 版的基础上，增加了《物业管理专业实训实习指导教程》一书，使本系列教材修订后数量达到了 11 种。

第 3 版教材修订时根据国家最新颁布的标准、规范进行，结合物业管理专业人才培养的特点，并吸收了前两版教材的教学实践经验，强调理论与实践的紧密结合，突出职业特色，实用性、操作性强，重点突出，通俗易懂，配教学课件，适用于各类物业管理专业的师生，同时也是物业企业培训的理想教材。

由于时间仓促，也限于我们的水平，疏漏甚至错误在所难免，殷切希望能得到专家和广大读者的指正，以便修改和完善。

教材的修订和再版，得到物业管理行业的专家和机械工业出版社的大力支持，在此深表谢意。

物业管理专业高职教育教材编委会

# 第3版前言

物业管理，是物业公司受房屋产权人、使用人的委托，对其所有和居住的房屋、设备和相关环境进行管理、养护、服务，并为全体产权人、使用人提供多层次、全方位的服务活动。物业管理起源于19世纪60年代的英国。我国对物业管理的探索和尝试是20世纪80年代初首先从住宅管理开始的。近年来，随着经济体制改革的逐步深入，特别是房地产业改革和开放的不断扩大，物业管理在我国得到了迅猛的发展，随着2008奥运年的到来，全国建成投入使用的居住小区、公寓、大厦（写字楼、综合楼宇）如雨后春笋般地快速增长，更加速了物业管理行业的高速发展。据统计，截止2007年全国有物业管理企业近30000家，从业人员达到几百万人，管理的物业项目遍布全国27个省、自治区和直辖市。

电子计算机技术和网络技术的发展，为物业管理行业实现科学化、智能化管理提供了可能。传统的物业管理正在向现代化、技术型的物业管理过渡。作为未来的物业管理人，除了要掌握传统的物业管理业务外，更要了解和掌握利用电子计算机技术对物业管理的信息进行全方位的监控、管理和利用。编写本书的目的在于：使未来的物业管理人能够了解和掌握物业管理信息系统的一般知识，通过上机，加强物业管理信息系统的实操能力，使之达到初级专业人员水平。本书也可作为物业管理技术工作者的参考读物。

本书由邹劲松主编，田禾、黄新学、陈功参与编写。

编 者

# 目 录

第3版序
第3版前言
## 第一章　物业管理信息系统的基础知识 … 1
　　第一节　物业管理电算化的基本概念 … 2
　　第二节　物业管理信息系统的一般模式 … 4
　　思考题 … 5
## 第二章　居住小区物业管理信息系统分析 … 6
　　第一节　居住小区物业管理的基本内容 … 6
　　第二节　居住小区物业管理关系分析 … 7
　　第三节　建立居住小区物业管理信息系统的目的和步骤 … 8
　　第四节　居住小区物业管理信息系统界面的组成 … 10
　　第五节　居住小区物业管理信息系统的子系统及功能模块 … 11
　　思考题 … 14
## 第三章　大厦物业管理信息系统分析 … 15
　　第一节　大厦的物业管理业务分析 … 15
　　第二节　大厦物业管理系统的需求与功能分析 … 19
　　思考题 … 22
## 第四章　物业管理信息系统实例介绍及上机操作 … 23
　　第一节　系统安装指南 … 23
　　第二节　第一次使用本系统 … 28
　　第三节　帐套维护 … 31
　　第四节　初始设置 … 35
　　第五节　入住管理 … 62
　　第六节　财务管理 … 77
　　第七节　工程维修 … 93
　　第八节　保洁绿化 … 120
　　第九节　保安消防 … 128
　　第十节　公司内务 … 140
　　第十一节　统计分析 … 166
　　第十二节　打印 … 168
　　第十三节　系统注册 … 169
　　第十四节　系统上机操作必读 … 170
　　思考题 … 173

# 第一章 物业管理信息系统的基础知识

随着社会主义市场经济体制的建立和房地产业的发展,乘着2008奥运年的东风,全国建成投入使用的居住小区、公寓、大厦(写字楼、综合楼宇)如雨后春笋般地快速增长。以北京市为例,截止2007年底,全市已有2万$m^2$以上的小区近2000个,总建筑面积近1.5亿$m^2$;大厦(写字楼、综合楼宇)项目近千个。无论是居住小区还是大厦(写字楼、综合楼宇)的管理,在市场经济条件下,都必须采用一种逐渐成熟的管理模式,即物业管理模式。

物业管理是指物业公司受物业产权人、使用人委托对物业区域内的房屋建筑及其设备、公用设施、绿化、卫生、交通、治安和环境容貌等项目开展日常维护、修缮、整治服务及提供其他与产权人、使用人生活相关的服务活动。

物业管理与传统的房屋管理模式有很大的区别,具体体现在以下两方面:

一是机制上的区别,物业管理体制下,物业公司是受产权人的委托对物业进行社会化、企业化的经营管理;传统的房屋管理体制,房管单位是代表政府和产权单位对物业进行行政型、福利型的管理。

二是管理内容的区别,传统的房屋管理体制,房管单位只负责房屋及设备的修缮,收取房租、水电费等,内容单一;而物业管理是全方位的管理,物业公司除了管房屋及设备外,还要对物业的相关环境进行管理,包括绿化、清洁、保安、交通及多种服务。

2007年3月16日十届全国人大五次会议高票通过物权法,2007年10月1日起正式施行。这次新颁布的物权法对广大物业管理企业提出了新要求,从政策上要求企业职能性质由管理型企业逐步转型为服务型企业,也就是由物业管理企业向物业服务企业的转变。

机制的转换和管理内容的增加,对物业公司提出了新的挑战,一是服务观念要转变,增强服务意识;二是管理手段的现代化,即必须利用科技手段来进行物业管理。这是物业管理形势的客观要求。因为管理的内容增加了,数据信息量大而繁杂,如小区的房屋情况、住户单元情况、住户的档案等,维修情况、住户投诉情况的处理记录,住户应交的各种费用的计算与收缴,物业公司的各种统计报表等,这些工作靠传统的手工方式,需要耗费大量的人力、物力,而且文件资料容易丢失,查询统计效率低下,信息资源的利用率难以提高,况且,手工方式难以为客户提供准确、及时、高效的服务,影响物业公司的服务形象。为了提高工作效率和服务水平,适应物业管理形势的需要,必须引入先进的管理手段,即建立物业管理计算机管理信息系统,才能使物业管理工作更加规范化、程序化、制度化、高效化,使物业公司获得最佳的服务形象。

物业管理信息系统的建立,将能够解决以下四个方面的问题。

(1)文件资料的科学管理:将居住小区、写字楼和物业公司等所有管理资料及时录入计算机进行保存,在现代计算机技术的支持下,信息的完整性、安全性和永久性有着高度的保障,并且在日常管理中能节省大量的存储空间。

(2)工作效率的极大提高:物业管理信息系统建成后,物业公司各个部门将通过网络连接在一起，通过网络共享数据库，能够快速、准确地查询到所需的信息，运用计算机，统计工作片刻之间就能完成，部分报表、证书的自动输出，大大减少了人工劳动，办公效率成倍提高。

（3）提高信息资源的使用深度：物业管理信息系统具有任意字段的组合查询功能，对数据的查询、统计、分析、综合等加工工作更加灵活方便，可以充分挖掘信息资源的潜力；工作人员通过网络进行信息交流，可以最大程度地实现资源共享。

（4）有利于促进工作的规范化、标准化：要将物业管理业务纳入计算机管理，建立物业管理信息系统，前提条件就是工作的规范化、标准化。办公系统分析和设计的过程，就是规范工作流程的过程，工作的规范化和标准化，减少了主观随意性的工作，提高了管理水平和服务质量。

可以预见，今后物业行业的竞争，不单是传统服务手段的竞争，更是利用科技手段进行高效率管理的竞争。没有现代化管理手段的物业公司，将很难在21世纪立足。通过本章内容的介绍，旨在使读者对物业管理信息系统有一个基本的了解，掌握物业管理信息系统的基本概念、物业管理信息系统的一般模式。

## 第一节 物业管理电算化的基本概念

建立物业管理信息系统进行物业管理的辅助管理，就是我们常说的物业管理电算化。因此，建立物业管理信息系统的过程，就是实现物业管理电算化的过程。

### 一、物业管理电算化的含义

物业管理电算化是指以计算机为手段的现代化物业管理方法，即计算机在物业管理工作中的应用。更为具体地说，物业管理电算化是指应用各种软硬件系统（主要指物业管理软件）来代替手工完成工作，或完成在手工下很难完成、甚至无法完成的物业管理工作。

物业管理从手工管理阶段进入计算机管理阶段是一个较大的飞跃。利用计算机进行物业管理，不仅可以提高物业信息处理速度，包括信息搜索、整理、传输、反馈的灵敏度和准确度，缩短物业信息生成时间，降低物业管理人员的劳动强度，这一点在物业管理电算化实施初期表现相当明显；而且还可以提高企业的经济效益，这是电算化的根本目标。

总之，只有利用计算机进行物业管理，特别是进行联网管理，才可能实现物业信息的标准化和规范化，为物业管理工作提供准确及时的信息，有助于物业公司进行管理并做出相关决策；同时也使物业公司及时准确地了解运营状况，做出经营决策，这样才能使物业管理走向现代化。

### 二、物业管理电算化的意义

物业管理必须逐步实现现代化，这是经济体制改革的必然趋势，是发展房地产业、搞活房地产经济、提高物业管理水平和经济效益、社会效益的需要。

物业管理的现代化，包括实现管理思想的现代化、管理机构的现代化、管理手段的现代化、管理人员的知识化和专业化。其中，管理手段的现代化，就是管理工具的现代化，即自动化。计算机是目前比较先进的管理工具，国外已将电子计算机广泛用于管理，我国很多行业也都已经应用计算机进行管理活动，在房产物业管理中，计算机的应用也已经开始。

随着房地产体制改革的不断深入，有关物业的数据越来越庞杂，人们对物业信息的处理要求日益提高，因此计算机作为物业管理的工具是行业发展的必然。电子计算机在物业管理领域的应用，是物业管理手段现代化的发展方向。

**三、实现物业管理电算化所需的条件**

1. 正确的认识

正确的思想认识是开展物业管理电算化工作的前提。建立物业管理电算化系统的过程，不仅是处理信息的技术从手工处理到计算机处理的转变过程，而且是一个观念更新、管理完善的过程。要求有关部门的领导、物业管理人员和计算机应用人员认识到物业管理电算化是物业管理走向现代化的必要前提，也必将是物业行业发展的趋势。因此，只有正确认识并理解物业管理电算化的含义及其必要性，只有积极主动地支持和参与并领导这项工作，该项工作才能顺利健康地开展。

2. 人才培养

管理人员知识化、专业化，就是需要有一批掌握现代化管理知识和现代化技术设备操作技术的管理人才，这是实现物业管理现代化的重要条件。实现用计算机作为手段的现代化物业管理，就需要对相应的人才进行培养和储备。人才培养主要目的是使物业管理人员具备一定的计算机知识，培养既熟悉物业管理，又掌握计算机系统的管理人才。这也是编写本书的初衷。

选用商品化物业管理软件的企业，可根据需要培养系统管理员、系统操作员和系统维护人员。

3. 资金支持

开展物业管理电算化工作必然需要一定的资金支持。资金的需求应根据企业的大小、实现物业管理电算化方式的不同、规模的大小以及项目的多少而定。

资金投入包括两个方面：一方面是先期投入的费用，包括计算机硬件配置的费用、软件开发或购置费用、机房的建设费用；另一方面是系统运行的日常消耗品费用、人员培训费用、人员工资和系统维护升级费用等。

**四、实现物业管理电算化的几种方式**

对特定的物业公司来说，要实现物业的电算化管理，通常有以下三种做法：

1. 自行开发

自行开发物业管理软件是指完全依靠本企业的力量，或与其他企业联合开发本企业使用的物业管理软件系统。

自行开发的优点是：

- 开发结果的针对性强，适应本企业的特殊需要和特殊要求。
- 有利于培训本企业的开发使用人员等。

自行开发的缺点是：

- 开发周期相对较长。
- 开发费用相对较大，系统实现比较缓慢。
- 不易做好系统的升级换代工作。
- 因为技术等方面的原因，系统的性能往往不够理想。

2. 委托开发

委托开发是指委托其他企业开发本企业使用的物业管理软件。

委托开发的缺点是：
- 开发费用高于购买商品化软件。
- 开发企业往往将开发当作工程而不是产品来做，造成软件投入使用后的服务与维护工作很难协调，系统升级很难保证。
- 由于物业公司不太可能一次性把需求提清楚，因此软件的开发周期较长。

3. 购买商品化软件

商品化是指软件的开发面向市场，以软件产品的形式提交给用户，用户支付费用以获得产品、技术以及一系列的售后服务。就目前国内电算化的发展情况来看，商品化是最切合实际的，也是应用范围最广泛的。物业管理实现电算化，软件的设计、开发也应该走向商品化、标准化、通用化的道路。

目前，在我国电算化的起步阶段，物业管理电算化人才比较缺乏，因此专门开发商品化物业管理软件的公司的出现是市场和社会需求的必然结果。

商品化的优点是：
- 在软件开发公司中，有具备较高知识水平和知识结构的开发人员，他们具有开发物业管理软件所需要的计算机软件技术。因此所开发的商品化物业管理软件，其软件水平高，安全性、可靠性好。
- 软件公司可保证完备的售后服务和升级承诺。
- 用户单位资金投入少，很快投入应用，提高管理效率。

商品化的缺点是：
- 如果开发公司对物业管理的需求缺乏深入的研究，对我国物业管理差异性缺乏深入的了解和认识，那么会出现软件的适应性的问题。

**五、物业管理信息系统的几种工作方式**

物业管理信息系统的规模可大可小，具体要看物业公司的规模、所开展的业务多少，还要看资金支持能力。一般来说，物业管理信息系统有以下两种工作方式：
- 单机工作方式。
- 联网工作方式。

业务量较大、有条件的企业应采用联网工作方式。

房管处（段）向物业公司上报各种经营和服务数据的方式有以下几种：
1）通过各种报表上报数据。
2）通过磁盘上报数据。
3）采用调制解调器通过电话线路上报数据。

## 第二节 物业管理信息系统的一般模式

**一、居住小区物业管理信息系统的一般模式**

居住小区物业管理信息系统一般包括办公室子系统、经营部子系统、工程部子系统、财务部子系统、保安部子系统、管理部子系统、环卫绿化子系统和超级用户子系统等。子系统之间相互联系又可独立使用，而且每个部门子系统的业务处理和数据存储对其他部门来说是不可见的，以确保数据的安全。另一方面，对有共享要求的共用数据，完全在后台传输和管理，操作人员只需面对简洁友好的屏幕界面，即可轻松完成复杂的业务处理和事务管理。

系统紧密围绕物业公司的内部管理与小区管理这两大功能需求进行设计，并根据实际情况将两者巧妙地结合起来。系统具有公司人事管理、工资管理、财务管理、房产登记、房屋维修、装修管理、住房管理、物业收费管理、设备管理、保安管理、住房投诉、环境卫生、绿化管理、数据维护和系统安全等功能模块，提供全方位的数据存储、计算、查询、统计、汇总、输出等日常处理，不但能管理文本数据，还可以管理大量的图片资料，操作简便，业务流程规范，对具有不同特色的物业管理有着广泛的适应性。

## 二、大厦物业管理信息系统的一般模式

大厦（写字楼、综合楼宇）物业管理信息系统主要从以下几个方面考虑问题：财务管理、消防、保安值勤、清洁卫生、设备管理、工程维修、房间租售、图样管理。

具体功能模块，从各个部门来划分包括以下几个方面：消防部、办公室、财务部、经营部、各务部、保安部、工程部。

按对数据的操作功能来划分，包括以下功能模块：数据浏览、数据编辑（包括增加、删除、修改等）、数据查询、数据打印（包括数据文本打印、报表打印）、数据统计、系统维护。

## 思 考 题

1. 物业管理电算化的概念是什么？
2. 物业管理电算化的优点是什么？
3. 试述物业管理信息系统在物业管理行业中推广的重要性以及现代物业公司使用物业管理信息系统的必要性。

# 第二章 居住小区物业管理信息系统分析

要分析居住小区的物业管理信息系统，首先必须透彻分析居住小区物业管理和服务的基本内容，才能建立适合物业管理业务的信息系统。

## 第一节 居住小区物业管理的基本内容

**一、常规性的公共服务**

常规性的公共服务包括房屋建筑主体的管理，房屋设备、设施的管理，绿化管理，治安管理，消防管理，车辆道路管理，组织开展社区文化娱乐活动和公众代办性质的服务等。

（一）房屋建筑主体的管理

1. 房屋建筑共用部位的维修、养护和管理

房屋建筑共用部位的维修、养护和管理的内容包括以下几项：

（1）房屋基本情况的掌握。

（2）房屋修缮及其管理。

（3）房屋装修管理，内容包括：楼盖、屋顶、外墙面、承重结构、楼梯间、走廊通道、门厅等的装修及其管理。

2. 市政公用设施和附属建筑物、构筑物的维修、养护和管理

市政公用设施和附属建筑物、构筑物是指道路、室外上下水管道、化粪池、沟渠、池、井、自行车棚、停车场等。

（二）房屋设备、设施的管理

房屋设备、设施的管理即共用设施、设备的维修、养护、运行和管理，其内容包括以下方面：

（1）各类设备、设施基本情况的掌握。

（2）各类设备、设施的日常运营、保养、维修与更新的管理。房屋设备、设施是指共用的上下水管道、落水管、垃圾道、烟囱、共用照明、天线、中央空调、暖气干线、供暖锅炉房、高压水泵房、楼内消防设施设备、电梯等。

（三）公共环境卫生的管理

公共环境卫生的管理是指公共场所、房屋共用部位的清洁卫生，垃圾的收集、清运。

（四）绿化管理

绿化管理包括公用绿地、花木、建筑小品等的养护与管理。

（五）治安管理

治安管理指维持公共秩序，包括安全监控、巡视、门岗执勤。

（六）消防管理

（七）车辆道路管理

车辆道路管理指交通与车辆停放秩序的管理。

（八）组织开展社区文化娱乐活动

（九）公众代办性质的服务

## 二、针对性的专项服务
针对性的专项服务包括以下几类：
（1）日常生活类。
（2）商业服务类。
（3）文化、教育、卫生、体育类。
（4）金融服务类。
（5）经纪代理中介服务。
（6）社会福利类。

## 三、委托性的特约服务（略）

# 第二节　居住小区物业管理关系分析

## 一、居住小区的管理模式
居住小区的管理模式有以下两种：
（一）业主自管
（二）聘请管理——聘请物业公司管理
（1）共管式模式。
（2）服务至上，寓管理于服务之中模式。

## 二、开发商、业主委员会、物业公司的关系
（一）建设期开发商与物业公司的关系——责、权、利
建设期开发商与物业公司的关系如下：
（1）物业公司作为独立经营法人企业，与开发商签订对物业管理区域的委托管理合同，明确责、权、利。
（2）建设期间，物业公司需开展以下工作：
1）组建管理机构。
2）按照国家规范，代表业主对物业管理区域实施全面验收。
3）确定管理范围及管理内容，制定管理服务费的收费标准。
4）准备入住的相关文件及手续。
5）选择并确定分承包方。
（3）建设期间涉及的费用有：委托管理开办费、组建机构前期费等。
（二）业主入住至业主委员会成立前阶段
（1）物业公司按照与开发商签订的委托管理合同对物业管理区域实施管理服务。
（2）在此期间，物业公司需开展以下工作：
1）对物业管理区域实施正常的管理服务。
2）在保修期内物业公司肩负着解决职责范围内业主提出的房屋及公共配套设施的返修。
3）协调业主与开发商和建设单位的关系，督促或协助开发商和建设单位解决业主提出的有关房屋及公共配套设施建筑质量方面的问题。
4）在保修期将到时，代表业主对其产权范围内的物业进行一次全面检查。

(3) 在此期间涉及的费用有以下几种：
- 公用设施专用基金。
- 空房管理费。
- 保修期维修费用。
- 遗留问题处理费用。

(4) 费用划分的原则：保证企业能正常经营，所有可能涉及的费用都要划分清楚。
(5) 在此期间涉及的房屋产权划分有：管理处用房，委托物业公司出租经营的商业用房。
(6) 产权划分的原则：依照政府的有关规定进行。

以上费用及产权的划分必须按照当地政府的有关规定进行操作。

(三) 业主委员会成立阶段

业主入住率达到50%以上时或者入住时间超过两年，物业公司或开发商应在政府的指导下，组织成立业主委员会。

筹备期间，物业公司应开展以下工作：

(1) 至少预备3~6个月的时间作业主委员会成立前的宣传、动员工作。
(2) 会同开发商和政府主管部门组织召开业主大会，根据政府有关规定选举并产生业主委员会，制定章程，明确权利和义务。
(3) 报政府主管部门审批，业主委员会取得合法地位。
(4) 终止与开发商的合同，与业主委员会签订委托管理合同，明确责、权、利。

在此期间涉及的费用主要有以下几种：
- 公用设施维修基金。
- 空房管理费。
- 保修期维修费用。
- 遗留问题处理费用。
- 住宅维修基金。

## 第三节 建立居住小区物业管理信息系统的目的和步骤

通过上述业务分析，我们清楚地看到，物业管理的内容全面，关系复杂，靠手工完成几乎不可能。使用计算机管理，就可以有效改善资料的存储方式；可以分类记录日常发生的各类事物；可以计算小区内发生的各项费用；可以实现信息共享与高速交换；可以有效改善物业管理传统的处理事务的方式，提高管理效率。同时计算机的规范化操作又促进物业公司必须建立一种流程清晰，要求严格的规范化管理，从而提高管理质量。

### 一、建立居住小区物业管理信息、系统应达到的目标

考虑到物业管理模式、物业管理目标以及人员素质的具体情况，可从下面几个方面应用计算机参与物业管理：

(1) 编辑、处理、打印各类文档和表格。
(2) 以图文方式综合介绍小区的情况，包括规划设计图、市政和公建配套设施状况、各类管理制度和法规、各项收费标准、开发商资料等。
(3) 存储各项基本资料，包括各幢楼宇的结构图，水电、机械设备、设施的资料和保

养状况，房屋竣工、验收、交接、装修、维修等各个阶段的档案资料，绿化、保洁、人事、文件、合同、档案等。

（4）记录发生的各类事务及处理结果，包括投诉和应答、报修、设备保养与维修、房屋装修与维修、回访记录、治安记录等。

（5）计算各项费用，并在费用收缴过程中完善收费方式和收费制度，实现财务电算化。

（6）综合查询各类相关资料，并分类汇总存储在计算机中的各项数据，为决策特别是开展各种服务提供数字依据。

（7）建立内部网络，实现数据、设备共享。条件成熟时可以发展成为智能小区，把小区内住户的计算机、电话、电视以及自动对讲、保安系统联网，并与社会上各种服务网络联结。

## 二、建立居住小区物业管理信息系统应开展的工作

为达到上述目标，可有步骤地开展以下几项工作：

1. 建立以管理人员为中心的管理信息系统

物业管理是以人为中心进行的，计算机作为为人服务的辅助工具，必须符合管理者的习惯。物业管理实际运行的网络结构和操作规范是管理信息系统的基础。因此，应分清哪些事务由人具体处理，哪些信息需要存入计算机，还应当建立清晰的物业管理工作流程和管理标准化的要求，并在计算机中用明确的信息符号（文字资料或数据）予以表达，真正提高物业管理信息系统的实用性和高效性。

2. 建立计算机使用制度

重点解决三个问题：一是各种记录要建立台帐、随时登记，但在计算机录入中需要定期（如月初、月中或月末的某一天）一次性录入，并明确录入责任；二是加强后期维护和使用

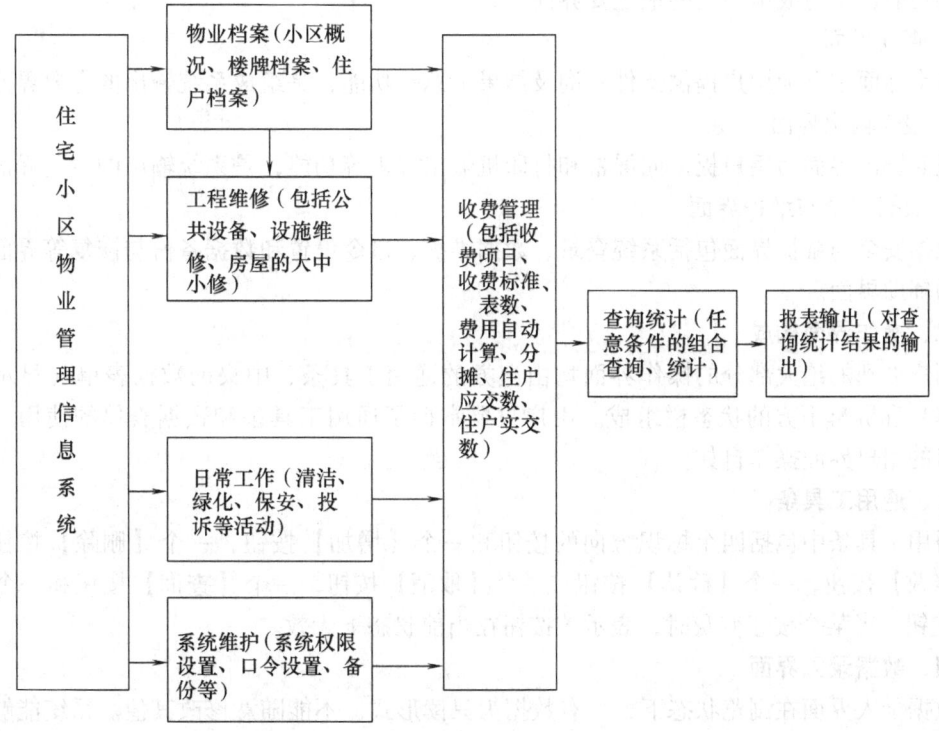

图 2-1

工作，尤其要做好各种资料的整理、存档工作，为决策时有效运用各种资料创造条件；三是必须加强组织制度建设。

3．对所有管理人员进行系统培训

管理人员是决定计算机使用情况的关键。为配合物业公司的发展，要制定以掌握基本知识和常用应用软件的操作为目标的短期培训计划，以从整体上提高管理人员使用计算机的熟练性和主动性，使系统的使用走向以制度化为目标的长期培训计划。要有意识地引入计算机参与具体管理，使计算机渗透到每个角落，促进管理人员操作的熟练程度。特别值得指出的是，要努力探索利用计算机改进管理方式的途径，改善管理方式、方法，提高效率。

### 三、居住小区物业管理信息系统结构图

居住小区物业管理信息系统的结构图如图 2-1 所示。

## 第四节　居住小区物业管理信息系统界面的组成

居住小区物业管理信息系统的用户界面采用页面式管理技术，屏幕风格与 Windows 完全相同。页面之间可以随意切换，与屏幕上方的通用工具条一起组成简便易用的操作体系，既符合国际 PC 软件的潮流，又节省了大量的人员培训时间，真正做到"一看就会"、"易学易用"。

### 一、界面类型

居住小区物业管理信息系统的用户界面主要有以下四种类型：

1．数据录入界面

数据录入界面又称编辑界面或游览界面，主要为用户提供数据录入、修改、删除和顺序浏览等功能，是组成本系统的最主要界面。

2．查询界面

查询界面主要为用户提供条件查询及结果汇总等功能，是组成系统输出的主要界面。

3．报表输出界面

报表输出界面为用户提供向屏幕和打印机输出报表等功能，是系统输出的主要界面。

4．数据安全与维护界面

数据安全与维护界面包括系统登录、数据维护、口令设置和数据备份与恢复等界面，是系统的辅助界面。

### 二、操作界面构成

用户见到的绝大部分的操作界面均由上方的通用工具条、中央的数据表单（显示数据的载体）和屏幕下方的状态栏组成。用户只要掌握了通用工具条和数据表单的使用，便可对所有的用户界面操作自如。

### 三、通用工具条

通用工具条中包括四个标识方向的按钮和一个【增加】按钮，一个【删除】按钮，一个【修改】按钮，一个【确认】按钮，一个【取消】按钮，一个【查询】按钮和一个【编辑】按钮。当某个按钮变灰时，表示该按钮在当前状态下无效。

### 四、数据录入界面

数据录入界面在浏览状态下，所有数据为只读形式，不能随意修改其值。系统能够接受的数据有文本数据和图形数据两种。

## 五、查询界面

在数据录入界面的浏览状态下,用鼠标按下通用工具条中的【查询】按钮,即进入相应的查询界面。

本系统的查询界面分为单条件查询和多条件查询两种形态。

## 六、报表输出界面

在"报表输出"的模块中,先选定报表名称,然后按【打印报表】按钮,进入报表打印界面。

## 七、系统维护界面

本界面功能只提供给系统管理员或超级用户,以防数据的意外损坏。

1. 口令设置

只有系统管理员可以对任何部门的登录口令进行初始设置和修改,一般用户无此权限。

2. 更改系统名称

系统的主标题条可由超级用户进行修改,修改后主标题条将自动更新。

3. 系统数据的备份与恢复
4. 数据维护
5. 清理数据库

# 第五节 居住小区物业管理信息系统的子系统及功能模块

## 一、居住小区物业管理信息系统的子系统

居住小区物业管理信息系统在外部结构上采用可拆卸模块化结构,可以使系统始终运行在最省的系统资源下,充分体现高速、高效和高安全性的设计原则。

子系统共包括办公室子系统、经营部子系统、工程部子系统、保安部子系统、管理部子系统、环卫部子系统和超级用户子系统共 8 个子系统,子系统之间相互联系又可独立使用,而且每个部门子系统的业务处理和数据存储对其他部门来说是不可见的,以确保数据安全。另一方面,对有共享要求的共用数据,完全在后台自动传输和管理,操作人员只需面对简洁友好的屏幕界面,即可轻松完成复杂的业务处理和事务。

## 二、居住小区物业管理信息系统的功能模块

居住小区物业管理信息系统紧密围绕物业公司的内部管理与小区管理这两大功能需求进行设计,并根据实际情况将两者巧妙地结合起来。居住小区物业管理信息系统具有公司人事管理、工资管理、财务管理、房产登记、房屋维修、装修管理、住户管理、物业收费管理、设备管理、保安管理、住户投诉、环境卫生、绿化管理、数据维护的系统安全等功能模块,提供全方位的数据存储、计算、查询、统计、汇总、输出等日常处理,不但能管理文本数据,还可管理大量的图片资料,操作简便,业务流程规范,对具有不同特色的物业公司有着广泛的适应性。

## 三、居住小区物业管理信息系统各子系统、功能模块之间的关系

(一)办公室子系统

办公室子系统包括人事管理、工资管理、公司文案、部门文案、小区概貌、报表输出和系统维护七个模块。

1. 人事管理

人事管理模块用于储存职工代码、姓名、所在部门等职工的个人资料，并可随时登记公司内部的人员变动等事项。

2. 工资管理

（1）劳动工资：本模块用于存储职工相对固定的工资组成，一般情况下，每月都不相同的工资项目不在此模块中登记，而在月工资台帐中参加计算。

（2）请休假登记：职工的请休假记录在此模块中登记，相应的扣款自动汇总，在同期的月工资台帐中反映出来，并自动进入月工资计算。

（3）职工奖罚记录：职工的偶发性奖罚在此模块中登记，相应的扣款自动汇总，在同期的工资台帐中反映出来，并自动进入月工资计算。

（4）月工资台帐：每月计算职工工资时，进入月工资台帐模块，自动显示该职工的固定工资部分以及该月的请休假扣款和奖罚金额。

3. 公司文案：公司文案模块用于存储物业公司的文档资料和物业公司与其他企业签定的合同或契约。

4. 部门文案

部门文案模块存储各部门的规章制度和工作计划，各部门只能看到本部门的制度和计划内容，其他部门的相关内容无论在查询还是在浏览结果中均被屏蔽。

5. 小区概貌

（1）图文简介：存储住宅小区的图片和文字介绍，可以用于演示住宅小区的全貌，此模块的修改权赋予"超级用户"和"办公室"，其他部门只能浏览和查询。

（2）小区制度：存放住宅小区的各项规章制度，使用权限同"图文简介"。

（3）详细信息：住宅小区的各项主要经济指标、配套用房和配套设施情况以及业主委员会名单等在本模块中存放，使用权限同"小区制度"。

6. 报表输出

在办公子系统的报表输出功能模块中，可以打印职工档案一览表和公司文件清单。

7. 系统维护

（二）经营部子系统

经营部子系统包括房产管理、住户管理、收费管理业务模块以及公司文案、部门文案、小区概貌、报表输出和系统维护等公用模块。

1. 房产管理

（1）楼宇档案：当物业公司接受竣工楼宇时，要进行楼宇登记。首先要对住宅小区的楼宇进行编码，然后按楼宇代码登记各项内容。完成后，才能进行房间登记。

（2）房屋档案：楼宇登记的录入工作完成以后，就可以进行房间登记，建立房屋档案。"房间代码"由"楼宇代码"、"单元"和"室号"组成。

（3）房屋出租：房屋出租是对小区内的出租房屋进行管理和登记。"房屋出租"中的房间代码的值为房屋档案中"用途"为"出租"的所有房屋的房间代码。

2. 住户管理

住户管理模块主要储存户主主要资料、户主附属信息和家庭其他成员个人资料。

3. 收费管理

（1）水电气费标准建立：在首次使用水电气费管理的功能之前，必须先建立水电气费的收费标准。按照不同的收费类型，输入不同的取费标准。此标准一经建立，只要没有变动，便可永久使用。

（2）水电气费标准构联：这个功能是要告诉系统对每个住户采用哪种标准进行收费，只要对每个住户选择一种收费标准，其内容会自动显示出来，构联关系一经建立，只要没有变动，便可永久使用。

（3）水电气费用台帐。

（4）综合费用台帐：系统将"综合费用"分成"公共管理费用"和"代收代缴费用"两个部分，分别在两个页面中进行。

（5）房租收取：出租房屋的租金在这里登记和计算。

（6）住户收款情况：本模块反映住户的总费用合计、应收合计、实收合计、拖欠合计及预交款等基本情况。

（三）管理部子系统

1. 住户投诉

住户投诉模块记录住户投诉的相关信息，以监督物业公司的服务质量和住户满意程度。

2. 房屋维修

房屋维修模块记录房屋维修事件的具体内容，包括日期、房间、住户、费用、经办人等有关信息，并对维修费用进行计算。

3. 装修管理

装修管理模块对住户的二次装修情况进行登记、监督和管理。

（四）工程部子系统

工程部子系统主要对小区的公共设备进行记录和管理，它包括以下三个模块。

1. 设备清单

2. 设备检查记录

3. 设备维修与保养

（1）房屋公共部位维修：房屋公共部位维修中登记的维修费用经过分摊后，进入维修基金结算。

（2）小区公共设施与设备维修：小区公共设施与设备维修中登记的维修费用直接进入维修基金结算。

（五）保安部子系统

保安部子系统对小区内的安全保卫工作实行计算机辅助管理，包括保安排班、值班记录、停车场管理和消防管理四个模块。

（六）财务部子系统

财务部子系统对物业公司的基金、财务收支状况进行登记和汇总，包括基金和财务管理两个模块，用户可以将其和自有的财务软件配合使用。

1. 基金模块

基金模块包括房屋本体基金的登记、结算、查询及小区公共设施维修基金的登记、结算、查询。

2. 财务管理

（1）财务收支记录。

（2）财务汇总。

（七）环卫绿化子系统

环卫绿化子系统分为环卫排班和绿化工程两个模块，均采用记录式管理。

## 思 考 题

1. 居住小区物业管理信息系统的一般构成是什么？
2. 概述企业建立物业管理信息系统的重要步骤。
3. 简述居住小区物业管理信息系统七大子系统的名称及其之间的关系。

# 第三章 大厦物业管理信息系统分析

## 第一节 大厦的物业管理业务分析

### 一、大厦物业管理的类型

1. 委托服务型物业管理

委托服务型物业管理是房地产开发商或业主委员会将大厦（写字楼、综合楼宇）委托给物业公司进行维护管理，这种委托包括以下两种类型：

（1）开发商自己组建物业公司对所出售的大厦（写字楼、综合楼宇）进行管理。一些大的房地产企业大多采取这种类型。

（2）开发商或业主委员会以招标的方式委托专业物业公司对大厦（写字楼、综合楼宇）进行日常管理。这种类型是今后物业管理发展的方向。

2. 租赁经营型物业管理

租赁经营型物业管理是房地产开发商建成房屋后并不出售，而是交由属下的或委托的物业公司进行经营管理，通过租金收回投资，获得利润。

物业公司对物业的管理不仅是日常的维护性工作，更主要的是对所管物业的出租经营，以为房地产开发商回收物业投资和获取长期、稳定的利润为目的。

大厦管理类型的不同，将决定了大厦物业管理信息系统的开发重点的不同。一般来讲，委托型的大厦管理，软件开发的重点在于物业管理费用的计算与收取；租赁型的大厦管理，软件开发侧重于房屋的出租管理。

### 二、大厦物业管理中各主体之间的相互关系

1. 物业公司与开发商的关系

在大厦开始营运之前，大都是由开发商选择和委托一家物业公司进行物业管理的前期准备工作。物业公司在处理与开发商的关系时应把为开发商服务作为工作的宗旨，切实用自己的专业知识为开发商提供建议和方案，帮助开发商避免和解决问题。物业管理是建管结合的纽带，应早期介入后期跟进，最好在项目可行性研究阶段就介入，否则，房地产开发企业应承担先期任务。

2. 物业公司与业主委员会的关系

业主委员会是由业主代表和使用人代表组成，代表业主利益的依法成立的群众性自治性组织。业主委员会是物业管理工作服务的对象，和物业公司一起实行业主自治与专业化管理相结合的管理体制，共同管理物业，他们之间具有一定的法律关系和经济关系，是委托与受委托的关系。

3. 物业公司与中介代理公司的关系

开发商或业主常常会通过中介代理公司为其提供物业单元的租售代理服务。这时物业公司要与中介代理公司形成规范的工作程序（如收楼入伙手续、装修手续、进驻手续、搬家

手续以及在物业管理方面对客户的承诺等），否则就会影响对客户服务的质量。

4. 物业公司与政府主管部门之间的关系

建设部和地方的房屋土地管理局是物业管理行业的主管部门，物业公司在业务上应接受政府主管部门的指导和监督。

5. 物业公司与专业管理单位的关系

绿化、环卫、交通、治安、消防、供水、供气、供电、供热、邮政电信、人防等市政相关部门和物业所在地街道办事处按职责分工，负责物业管理中相关工作的服务、监督和指导。

6. 物业公司与供货商的关系

物业公司会从各种相关商品的供货商那采购各种用品，以保证物业管理工作的需要。

7. 物业公司与承包商（分包商）的关系

物业公司通常委托专业公司（承包商及分包商）如装修公司、设备维保公司、供餐公司等承担相关服务工作。物业公司应注意择优选取专业公司，在合同中注明违约和奖惩条款，在操作过程中要严格监理、检查和验收。

8. 物业公司与律师、会计师事务所的关系

物业公司与开发商、业主委员会、业主及使用人、中介代理公司、供货商、承包商等等的关系都需要以法律文件为依据。物业公司需要和律师及会计师事务所保持密切联系，以维护其利益不受损害和物业管理工作的顺利进行。

### 三、大厦物业管理的基本内容

1. 房屋及设施设备管理：包括对物业及其配套设施的维护和保养。

2. 环境卫生管理。

3. 安全和消防管理。

4. 绿化管理。

5. 停车场车辆及交通的管理。

6. 其他公共管理：包括物业及附属设备的财产保险管理，多种配套服务设施管理，维修基金及储备金的接收和管理，管理费用的管理等。

### 四、大厦服务的基本内容

1. 公共服务

公共服务即常规性服务，是为全体业主和租户提供的经常性服务，贯穿物业管理的始终，是管理规约中规定的、管理费包含的服务内容。

2. 专项服务

专项服务是针对某些用户群体提供的服务，如机票代理、商务中心、装修服务等。

3. 委托代办性服务

委托代办性服务是为满足业主的特别需要而提供的代办购物、特殊保安等个别服务。

### 五、大厦物业管理的几个要点

1. 物业管理的基本法律文件

物业管理的基本法律文件有物业管理委托合同、管理规约、租赁合同、保险合同。

2. 主要公众制度

主要公众制度有用户手册、业主委员会章程、装修管理规定、停车场管理规定、搬家规

定、消防安全协议和消防手册等。

3. 基本档案

基本档案有人事档案、财务档案、钥匙档案、电话档案、业主（产籍）档案、租户档案、工程图样档案、设备档案、电表、水表、气表编号档案、消防报警点编号档案等。

4. 重要工作程序

重要工作程序有交接验收程序、入伙程序、入住程序、派工单程序、投诉处理程序、退租程序、收费程序、非标准工作时间出入程序、携带物品出入程序等。

5. 重要内部管理制度

重要内部管理制度有机构设置和人员编制、管理范围及岗位职责、工作程序、规章制度、各种表格及考核标准等。

### 六、大厦的工程管理

1. 提前介入，参与物业开发的全过程

物业公司积极参与物业开发的全过程，在完善物业的使用功能、改进房屋设计的具体要求、严肃监理施工质量、为竣工验收和接管验收奠定基础、便利日后物业管理方面大有益处。提前介入时需要把好以下几关。

（1）设计关：配套设施的完善；水电供应量；安全保卫系统；消防设备的设置；垃圾处理的方式；建筑材料的选用等。

（2）施工建造关：工程进度监理；工程质量监理（特别是施工过程及工序的检查、设施设备的选型及与之相关的合同条款洽商和安装调试等）。

（3）验收交接关：档案资料（产权资料、技术资料和设备资料）的查收交接；各系统设备及材料物品的验收交接（培训及维保安排、专用工具及备品备件）。

2. 设备的登记及建档

物业公司一旦开始接管物业，工程管理人员就应根据房屋设备的分类和目录对设备进行登记，建立设备台帐，以便清查核对。

（1）设备管理的内容：基础资料管理；设备维修管理；设备运行管理；运行要求（标准）管理；文明安全管理。

（2）设备维修的分类：零星维修保养工程；中修工程；大修工程；设备更新和技术改造。

3. 楼宇修缮管理

楼宇修缮管理按照楼宇建筑的完好情况进行管理，制定和执行年度修缮计划，审核修缮方案和工程预决算，有计划地对房屋进行养护维修，延长楼宇的使用年限。

4. 建立相关档案

建立相关档案包括电话档案、业主装修档案、设备大中修档案、计量表（电、水、气）档案等。

5. 理清和抓住各个机电系统的管理要点

大厦机电系统有给排水系统，燃气设备系统，供暖、供冷、通风设备系统，通信系统，保安消防系统，供电系统，楼宇自控系统，要求熟悉每个系统图，制定和执行预防性检查维护计划。

6. 制定和落实详细检修计划

制定分系统、分设备的检修计划，并安排到每一周的检修计划。

7. 节能管理

节能管理即充分发挥楼宇自控的作用，编制各种计量表档案，核查所有区域的能源计量或分摊原则，制定相应的规章制度以达到节能的目的。

### 七、大厦的财务管理

1. 租金的测算

（1）计算可出租面积：出租单元内建筑面积包括单元内使用面积和外墙、单元间分隔墙和单元与公用建筑空间之间的分隔墙水平投影面积的一半。可出租面积是出租单元内建筑面积和分摊公用建筑面积的总和。

每个独立出租单元的可出租面积 = 出租单元内建筑面积 ×（1 + 公用建筑面积分摊系数）

公用建筑面积分摊系数 = 整栋建筑物的公用建筑面积/
整栋建筑物各出租单元内建筑面积总和

（2）基本租金与市场租金：在确定租金时，一般首先根据业主希望达到的投资收益率目标和可接受的最低租金水平确定一个基本租金。在大厦（写字楼、综合楼宇）租赁市场较理想的情况下，市场租金一般高于基本租金。

（3）出租单元的面积规划和室内装修费用：出租单元的面积规划是通过综合考虑租户规模、组织构架、品味偏好、需要安装的设备和财务支付能力等确定其所需承担的单元内建筑面积大小。

室内装修的费用由谁支付一般有四种选择：业主支付、租户支付、业主和租户分担、业主支付后由租户在租约期限内按月等额偿还本息（作为租金的一部分）。

2. 物业管理的资金来源及开办费预算

3. 物业管理费的核算

在对一座大厦（写字楼、综合楼宇）进行物业管理的过程中所发生的各项支出之和就是该大厦（写字楼、综合楼宇）的物业管理费用，此费用除以大厦（写字楼、综合楼宇）有效总面积就可得出各业主单元所应交纳的管理费。

为了测算与收费管理的方便，可把各项费用分为十一类：行政办公费、一般公共设施维护及发生的水电费、电梯费、空调费、环卫清洁绿化费、采暖费、保安费、保险费、管理者酬金、税项等。要想对管理费进行准确地测算，除了合理预算每项费用外，关键是不要漏项，要把所有发生的费用项目尽可能全部计算在内。

4. 大厦（写字楼、综合楼宇）的保险

大厦的保险包括财产一切险、机器损坏险、公众责任险。

5. 理清和制定各种收费项目及标准（包括能源费的分摊），编制年度收支预算

6. 应收客帐的管理

重要的基础工作——业主档案，电话档案，电表、水表、气表的编号档案及能源费的分摊原则，各项有偿服务单据及各项市政收费托收单据的处理等。

7. 成本控制

预算计划控制，分解落实；定期严格考核，与奖惩挂钩。成本控制重点要控制能源费用、工程维修材料费、主要易耗品的用量、采购程序及合同审核程序等。往来帐目的管理需要每月清理核对。

## 八、服务质量管理

**1. 日常管理工作**

日常管理工作主要包括以下四个方面。

（1）计划：战略计划、年度经营管理计划、预算、每日工作清单。

（2）组织：人、财、物及时间资源组织；组织架构及人员编制。

（3）领导：培训、指导、命令、激励、榜样作用。

（4）控制：检查、跟踪、反馈、纠正、处理。

**2. 具体管理手段**

（1）培训：思维习惯、行为习惯、服务意识及服务标准、工作习惯。

（2）检查：确定检查项目及检查频率，建立跟踪反馈系统。

（3）整改：及时采取纠正措施，根治同类问题。

（4）处理：表扬、处罚。

**3. 管理服务水平的衡量标准**

业主主要从以下几个方面衡量物业公司的管理服务水平。

（1）清洁有序：环境、交通、物品摆设、公共区域及机房。

（2）礼仪礼貌：员工的着装、精神面貌、服务意识和态度、语言和动作。

（3）方便程度：指示牌、配套服务设施和项目、员工对大厦（写字楼、综合楼宇）及周围环境的认知、工作效率。

（4）舒适程度：大厦（写字楼、综合楼宇）硬件设施及机电设备的正常运行。

（5）安全感：保安消防系统的配置、安保人员的工作状态。

（6）收费合理程度：成本控制、零预算及财务收支透明度、收支有根有据。

**4. 服务质量形成的特点及管理要点**

（1）生产和消费同时产生，难事先控制，可返修性差。

（2）由于员工的素质和水平高低不一，也由于人的不确定性因素，服务质量难以稳定。

（3）管理办法如下：

①制定标准、程序和制度，尽量扩大稳定范围，减少不确定性的影响面。

②加强培训和台下排演，提高上岗前的服务意识和服务技能。

③做好服务前的各种准备工作，消除服务前的不足方面。

④理清并注意重点环节和重点员工，加强现场督察密度。

⑤不断整改，不断培训，使员工形成新的言行习惯和工作方式。

## 第二节　大厦物业管理系统的需求与功能分析

大厦物业管理信息系统一般采用 MS Windows 的操作界面，考虑了大厦物业管理方面所遇到的几乎所有的问题，如消防、保安值勤、清洁卫生、设备管理、房间租售、图样管理等一系列情况，同时还详细地列出了消防部门的各项管理功能和具体的工作记录，并对财务部门的工作内容进行了全面而详细的考虑。

商品化软件应对几乎所有的大厦都具有通用性。

软件的具体功能模块，从各部门来划分，包括消防部、办公室、财务部、经营部、客务部、保安部、工程部。

按对数据的操作功能来划分，包括数据浏览、数据编辑（包括增加、删除、修改等）、数据查询、数据打印（包括数据文本打印、报表打印）、数据统计、系统维护。

**一、系统要求**

为使软件能够正常运行，要求系统配置如下：

（1）硬件环境：应达到486主频66以上，或更高配置，内存8MB以上。

（2）操作系统：采用Windows 3.2/Windows 95或更新的操作系统。

**二、系统功能**

系统功能有物业概况、制度法规、文档管理、辅助工具、查询统计、打印输出、系统维护及帮助。

1. 物业概况

物业概况包括物业基本情况、验收接管、工程图样以及物业公司简介和退出。

（1）物业基本情况：存储物业的文字和图形信息。

（2）验收接管：记载工程验收的一切内容。

（3）工程图样：列出在大厦（写字楼、综合楼宇）整个施工中所需的全部图样的详细列表，其中包括图样的具体内容。用户用鼠标右击图样时，出现弹出菜单，可以选择放大、缩小及打印等一系列操作。

（4）物业公司简介：描述物业公司的大致情况。

2. 制度法规

制度法规包括法律法规和管理制度两项。

（1）法律法规：进入法律法规的查看、编辑界面，可以查阅与物业管理相关的法律法规。

（2）管理制度：存储物业公司自身规定的一系列的规章制度。

3. 文档管理

文档管理包括公司文档和部门文档两项。

4. 查询统计

查询统计包括综合查询、统计汇总和楼层平面空间管理图。

（1）综合查询：用户可以对不同方面的信息采用不同的检索条件，检索自己所需的结果。

（2）统计汇总：主要针对财务以及对大厦的整个使用情况的统计结果，采用了形象的图表方式，非常直观。

（3）楼层平面空间管理图：这里采用平面图的形式将各个房间的使用状况展现出来。

5. 打印输出

打印输出包括表格打印、报表打印以及打印设置。打印设置是指对打印格式进行设置。

6. 系统维护

系统维护包括口令设置、系统备份和系统恢复。

7. 帮助

帮助包括如何使用帮助、帮助目录和版本信息。

### 三、系统的模块与功能

1. 消防部

（1）消防制度管理：在此模块中用户可以看见与消防相关的各项规章制度，包括其制订日期、制度名称、制度类型、具体的制度内容等。用户可以进行浏览、编辑以及增加、删减的一系列操作。

（2）消防培训记录：显示员工进行消防培训的时间、地点、参加人数和培训内容等各种详尽的资料。

（3）消防检查记录：主要展示每次消防检查的各项信息，包括检查的时间、地点、检查重点、检查单位以及查出的问题还有检查过程中的具体事项等。

（4）消防报警记录：主要显示每次消防报警的各项信息，包括报警的时间、地点、报警装置、处理方法以及事故原因等一系列详尽的内容。

2. 经营部

（1）房间档案：显示每个房间的使用状况，包括客户、房间号、楼层、房间里的各项设施以及各项其他信息。

（2）客户档案：双击此分支进入客户档案管理界面，显示各个客户的相关信息，包括客户简称、客户编号、客户全称、负责人、直拨电话、分机、国家、境外地址、境外电话、详细情况等。

（3）客户迁入：主要列出客户在迁入时的一些情况，包括客户简称、迁往日期、合同编号、电表底数、收取押金、收取户租、车位租金、收取管理费、水表底数、燃气表底数、其他费用和备注。

（4）客户迁出：记录客户在退房时的各项信息，包括客户简称、合同编号、迁出日期、退还租金以及备注。

（5）租售管理：主要显示每个房间的使用情况，各方面信息包括租价和售价等。具体的有房间编号、销售日期、客户简称、起租日期、截止日期、销售方式等。

3. 财务部

（1）水电费管理：显示各个房间的电表读数、水表读数、燃气表读数及其所需交付的金额，具体有房间编号、抄表日期、客户简称、水表读数、电表读数等。

（2）应收帐款：显示各个客户应该交付的款项及金额，具体包括客户简称、发生日期、管理费、房租、水费、电费、燃气费等。

4. 客务部

（1）清洁排班：显示清洁人员进行清洁工作的时间安排，包括从星期一到星期日的各个清洁部位的人员工作安排。

（2）卫生检查：显示某时间某楼层的各个地方的卫生检查情况。采用打分的形式，填入的数据为数字型。

（3）清洁标准：显示四个清洁卫生标准，具体为公共区域卫生标准、办公区域卫生标准、卫生间卫生标准和消防通道卫生标准。

（4）客户投诉：显示客户向物业公司提出的投诉。

5. 门警排班

（1）交接班记录：显示保安人员交班时的记录，包括日期、交班时间、接班时间、交接地点、值班班组、班组长等。

（2）停车场管理：显示停车场中车位管理的情况，包括车位编号、客户简称、月租金、起始日期、截止日期等。

（3）巡更管理：显示保安夜间巡逻的记录，包括日期、巡逻开始时间、巡逻结束时间、巡逻班组、班组长等。

6. 工程部

（1）设备清单：显示大厦（写字楼、综合楼宇）中维持正常运行所需的各种设备的具体情况，包括设备名称、设备编号、设备类型、出厂日期、安装日期、安装位置、单价等。

（2）设备运行记录：显示设备运行过程中的各项记录，包括设备编号、记录时间、运行状态等。

（3）设备维修保养：显示设备在维修中的各项记录，包括设备编号、维修日期、更换部件名称等。

### 四、统计汇总和数据查询

软件采用条状和饼状图将统计结果进行形象直观的显示。通过统计汇总和数据查询能够方便地了解最近12个月内各项经营指标的变化趋势。

本系统还支持对多种范围的数据进行无条件或多条件查询。操作简洁，界面直观。

### 五、快速报表打印

报表打印主要是将某一具体范围的数据快速地以报表的形式显示出来，同时允许授权用户对这些内容进行打印输出。

可打印的内容范围包括：消防部的消防制度、消防培训记录、消防报警记录、消防检查记录；经营部的房间档案、客户档案、客户迁出、客户迁入、租售管理；财务部的水电费管理、应收帐款、费用支出；客务部的清洁排班、卫生检查、清洁标准、客户投诉；保安部的门警排班、交接班记录、停车场管理、巡更记录；工程部的设备清单、设备运行记录、设备维修保养记录。

## 思 考 题

1. 商用大厦物业管理信息系统的一般构成是什么？
2. 简述大厦物业管理中各主体之间的相互关系。
3. 简述大厦物业管理信息系统与居住小区物业管理信息系统的系统模块与功能的相同和不同之处。

# 第四章 物业管理信息系统实例介绍及上机操作

前面几章就物业管理信息系统的概念、基本结构与功能进行了讲解。下面就根据目前行业中比较流行的一套物业管理信息系统来进行实例介绍，旨在使读者通过本章的学习，对物业管理信息系统有一个感性认识，同时也为将来走上工作岗位进行实战演习。目前，行业内的物业管理信息系统软件品牌数量不少，但真正可用性强的并不多，根据编者考察，由北京维思力信息系统有限公司研发的"维思力物业管理信息系统"功能较为实用，能够切实提高物业公司的管理水平，因此在业内得到了认可，一致评价其性价比较高。本章将以此套物业管理信息系统为例进行讲解。

此套物业管理信息系统采用 MS SQL Server2000 作为系统后台数据库，前台操作系统采用 Delphi 7.0 作为编译工具，功能涵盖现代物业公司各项业务流程，针对国内实行物业管理的小区进行设计，同时结合我国国情，有选择地借鉴了国外物业管理软件的先进经验，对物业公司的日常事务和管理信息进行计算机管理，以提高物业公司的工作效率和管理水平，改进服务质量，降低管理成本，具有较强的先进性和实用性，操作方便，界面简洁美观，功能设置合理，成为物业公司提高管理水平的好帮手。

本章节将使用下列字体和符号来表示各种特定的文字：
- 【　】：本章节中，方括号表示该项目为按钮。

例如：【确认】
- 〖　〗：本章节中，此方括号表示该项目为列表字段标签。

例如：〖房间编号〗
- 《　》：本章节中，书名号表示系统的菜单。

例如：《财务收费》
- "　"：本章节中，双引号表示系统的列表选项。

例如："自用房"、"出租房"
- <　>：用来表示键盘中的按键或按键组合。

例如：<ESC>键。

## 第一节 系统安装指南

《维思力物业管理软件——专业版》是基于 Windows 平台上的应用程序，所以，其硬件环境首先必须满足 Windows 正常运转的要求。在安装《维思力物业管理软件——专业版》之前应该对系统的硬件环境和软件环境进行检查。若不能达到基本要求，则应考虑升级。

**一、系统运行环境**

由于《维思力物业管理软件——专业版》运行于 Microsoft Windows 操作系统和 SQL Server 2000 数据库平台之上，所以硬件环境首先应满足这两者的要求，也就基本满足本系统的要求了。系统运行的硬件与软件环境如下。

1. 服务器端
- 操作系统：推荐 Windows XP /NT
- CPU：推荐 P4 2.0，最小 PIII 800
- 内存：推荐 512M，最小 256M
- Database（数据库）：推荐 MS SQL Server 2000 服务器版

2. 客户端
- 操作系统：推荐 Windows XP/2000
- CPU：推荐 PIII 800 以上，最小 P166MMX
- 内存：推荐 256M，最小 128M
- Database Engine：推荐 BDE 5.11、MDAC 2.6，最小 BDE 5.01

二、系统安装指南

1. 系统安装前的准备

《维思力物业管理软件——专业版》的各种版本都是以 Windows 98/2000/XP 为工作平台的，所以在安装系统前必须先安装 Windows 操作系统和 SQL Server 2000 数据库平台。关于 Windows 的安装请用户参阅其他相关章节，当前假定用户已经安装了 Windows 操作系统。安装本系统前，需要将显示器的分辨率调整至 1024×768，以便本系统中所有的窗口或对话框在不需移动的情况下就能看清全貌。在 1024×768 分辨率的情况下，通常有大字体（LF）和小字体（SF）两种字体选择，请选择小字体，大字体将导致界面混乱。具体操作步骤如下：

1）第一步：启动 Windows；打开"控制面板"。

2）第二步：选择打开"显示"，弹出"显示属性"窗口，选择单击"设置"标签。

3）第三步：在"屏幕区域"栏中，用鼠标将滑杆拖动至 800×600 处放手。显示分辨率由所使用计算机显示器和显示卡决定。如果不能拖动滑杆，请仔细对照检查硬件配置是否达到系统的基本配置。如未达到，请立即更换相应的硬件设备，或请教专业技术人员。

4）第四步：在"颜色"栏中选择颜色，尽可能使颜色多一些。颜色设置并不影响系统的正常运行，只是对系统的背景图片有影响。颜色的选择与计算机的显示卡有关。

5）第五步：单击【高级（D）】按钮在"字体大小（F）"栏中选择小字体。

6）第六步：单击【确定】按钮。计算机将可能要求您重新启动机器。

7）第七步：选择重新启动，设置完成。

如果使用的是网络版，除了在服务器上安装 SQL Server 2000 外，工作站不用安装，但每个工作站应安装 TCP/IP 协议和 NetBEUI 协议，下面以 NetBEUI 协议为例介绍在 Windows2000 上安装的步骤，其他协议的安装与此类似。

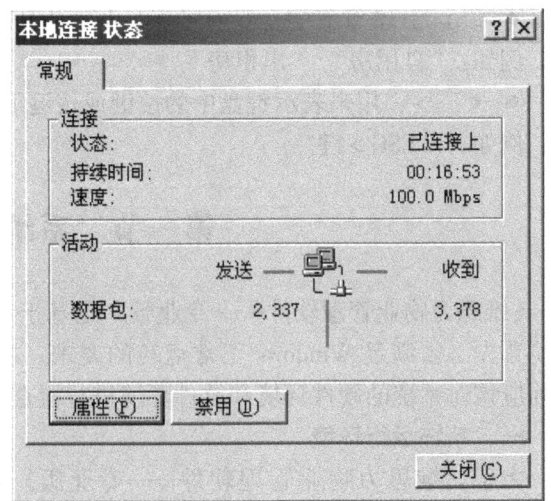

图 4-1

1）第一步：启动 Windows2000；打开"控制面板";打开"网络和拨号连接"。

2）第二步：双击"本地连接"图标,弹出"本地连接状态"窗口（图 4-1）

3）第三步：单击【属性】按钮,如果在"本地连接属性"（图 4-2）中没有 NetBEUI 协议,则单击【安装(I)】按钮,在弹出框中选择"协议",单击【添加（A）】,在弹出的窗口中选择 NetBEUI 协议,单击【确定】按钮,然后关闭"本地连接属性"窗口,NetBEUI 协议即安装完成。

本软件要求将 Windows 系统日期格式设置为长日期格式：YYYY-MM-DD。操作步骤如下：启动 Windows2000；打开"控制面板";双击"区域选项",按照图 4-3 所示的格式选择〖短日期格式〗和〖日期分隔符〗,然后单击【确定】按钮即可。

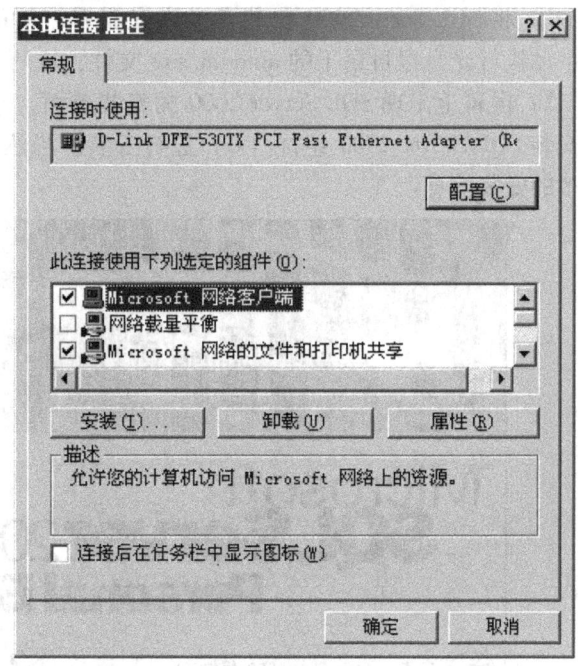

图 4-2

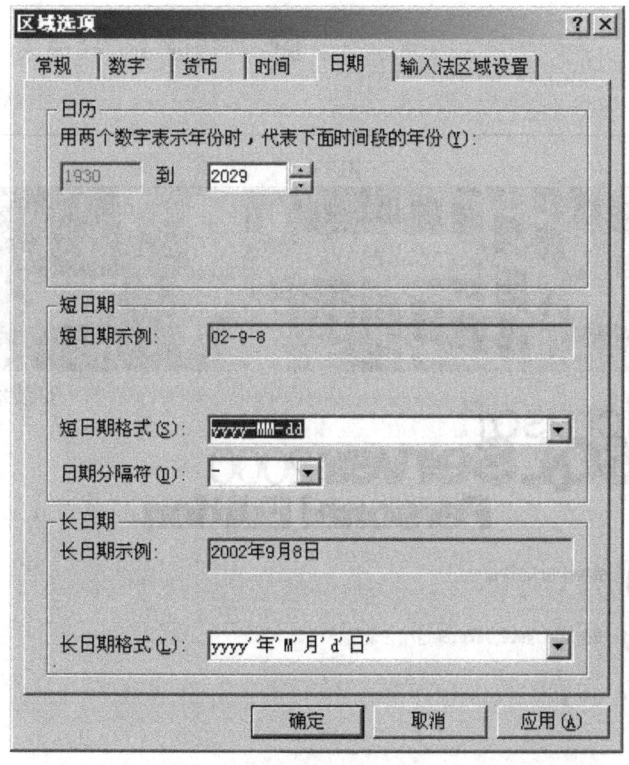

图 4-3

SQL Server 2000 的安装

1）将 SQL Server2000 安装盘插入光驱后，SQL Server2000 安装盘将自启动安装程序；或手动执行光盘根目录下的 autorun.exe 文件，这两种方法都可进行 SQL Server 2000 的安装。

2）屏幕上出现 SQL Server 2000 的安装界面，它共有 5 个选项，如图 4-4 所示。选第 1 项安装 SQL Server 2000 组件（C）进行安装。当然，用户也可以浏览其他几项，以便获得更多的安装信息。

图 4-4

图 4-5

3）在安装界面中又出现 3 个选项，如图 4-5 所示。选择第 1 项安装数据库服务器（S）。

4）在接下来的 3 个界面中都单击【下一步】按钮，在第四个界面中输入使用单位的基本信息，然后单击【下一步】按钮，在出现的软件许可协议中单击【是】按钮，在接着出现的 3 个窗口中都单击【下一步】按钮，然后按照如图 4-6 所示进行设置，单击【下一步】按钮，按照如图 4-7 所示进行设置，然后单击【下一步】按钮，在接着出现的窗口中再单击【下一步】按钮，然后安装程序开始复制文件，文件复制完全后，单击【确定】按钮即可完成 SQL Server 2000 的安装。

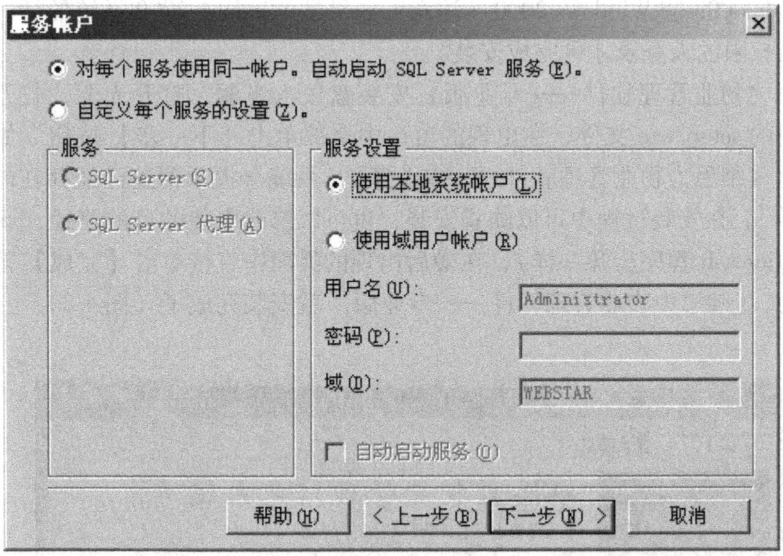

图 4-6

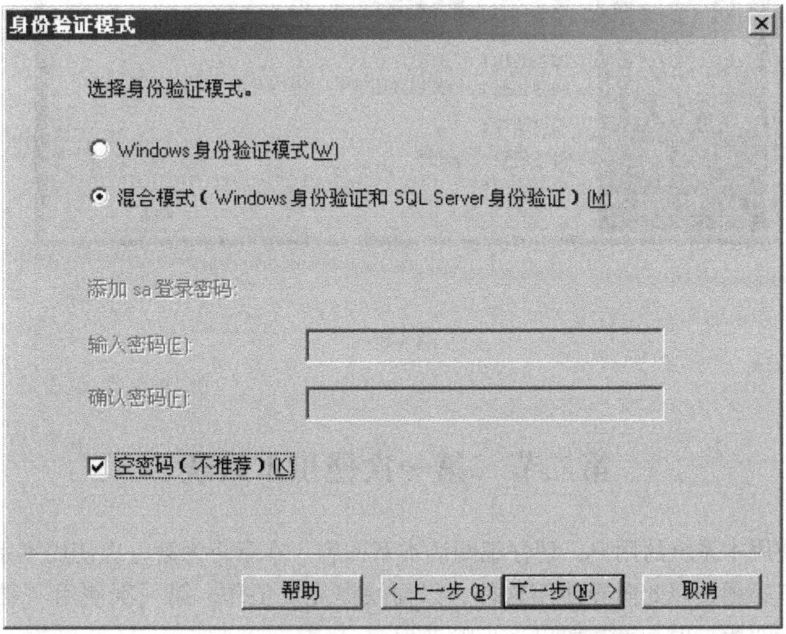

图 4-7

2. 《维思力物业管理软件——专业版》的安装

《维思力物业管理软件——专业版》分为单机版和网络多用户版，单机版和网络多用户版都采用软加密注册方式，不管站点还是服务器，一台机器拥有唯一的软件注册码，注册码发回到软件提供商，得到反馈的注册确认号，即可正常使用软件，否则自动作为试用软件使用。注册码不变，则注册确认号唯一。

不论是网络版还是单机版，都必须在每一个需要使用的站点上进行一次安装，安装程序会生成所有的文件，安装程序简单明了，容易操作。接下来，将逐步讲解系统的安装步骤。

进入 Windows 98 或 Windows 2000（注意：如果是 Windows 2000 系统的话，必须使用拥有系统管理员权限的人登录才可完成安装）。

将《维思力物业管理软件——专业版》安装盘放入光驱，打开光驱，打开 install 文件夹，双击里面的 setup.exe 文件，在出现的窗口中全部单击【下一步】按钮。如果系统已经安装过早期的《维思力物业管理软件——专业版》，系统会提示覆盖已经存在的文件，请选择"全部覆盖"，在安装过程中可以缺省安装，也可以修改安装的目的路径，逐步进行（同安装大部分 Microsoft 程序步骤一样），在最后出现的界面中直接单击【完成】按钮，系统将自动重新启动，《维思力物业管理软件——专业版》就安装完成了（图 4-8）。

图 4-8

## 第二节 第一次使用本系统

第一次使用本系统的用户，请仔细阅读本章内容。本章将为第一次使用本系统的用户提供向导，用户必须按照此向导使用软件，以便快捷完成工作。第一次使用《维思力物业管理软件——专业版》时，请按照以下步骤进行：

1. 第一步：启动 SQL Server 服务

打开 SQL Server 2000 的"服务管理器",按照图 4-9 所示进行设置,然后单击【开始/继续】按钮。

2. 第二步:建立帐套

运行软件,首先进入启动界面(图 4-10),之后进入用户登录窗口。

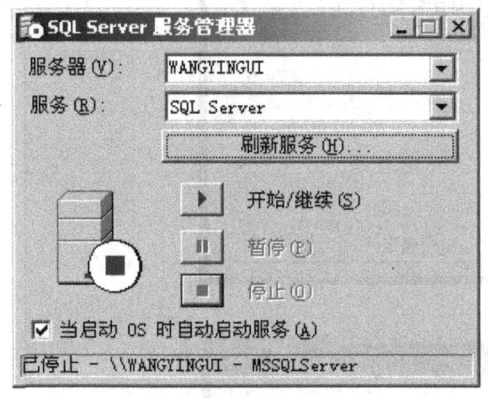

图 4-9

图 4-10

在"用户登录"窗口(图 4-11),单击【数据维护】按钮,进入"帐套维护"窗口(图 4-12),首先单击【服务器选择】,之后输入服务器名称(即数据库 SQLServer 所在的机器,网络版中需要与服务器保持联机状态,单机版即为第一步的机器名称),确认与服务器 SQL 保持连接,然后单击【新建】,进入"新建帐套"窗口(图 4-13),输入帐套名称及数据库设备文件存放路径(一般选择硬盘空间比较大的磁盘中的固定目录,此目录保证不会被删除),单击【确定】按钮,系统将自动创建好帐套数据库以供使用。在图 4-13 中选择一个帐套,单击【确定】按钮,重新进入图 4-11 的"用户登录"窗口。

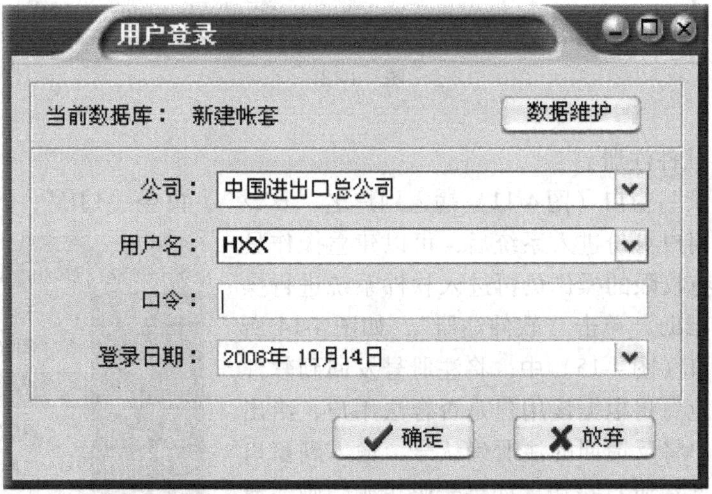

图 4-11

图 4-12

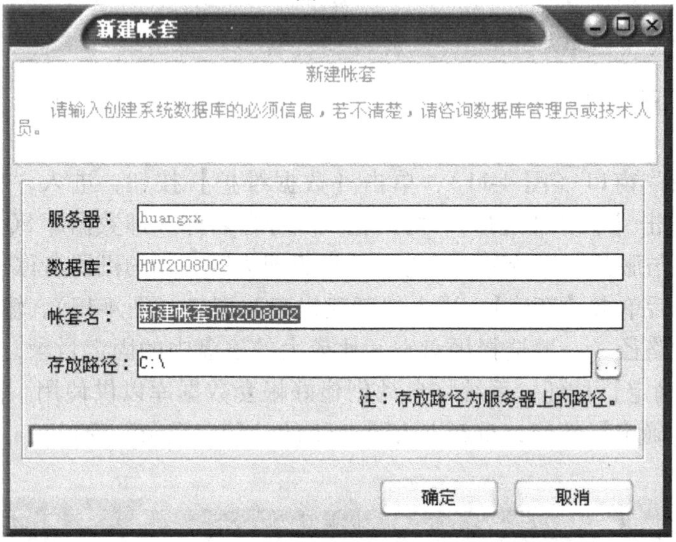

图 4-13

3. 第三步：软件注册

在"用户登录"窗口（图4-11）输入用户名'HXX'，口令'LJH'，此用户为软件超级用户，以超级用户身份进入系统后，可以建立操作员信息，然后选择有权限的操作员再进入软件系统进行操作。打开菜单《帮助》单击"软件注册"，如图 4-14 所示，在出现的窗口（图4-15）中，将注册号发回到软件供应商，软件供应商将根据该用户是否合法用户，给出注册确认号，用户将反馈回的注册确认号，输入到窗口编辑框中，单击【注册】按钮，如果号码正确，则注册成功，软件自动由试用版转换为正式注册版，否则需要重新输入确认号，直到注册成功。一般用户需要购买正

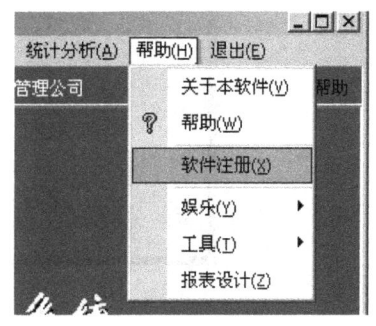

图 4-14

式软件后方可得到注册确认号。

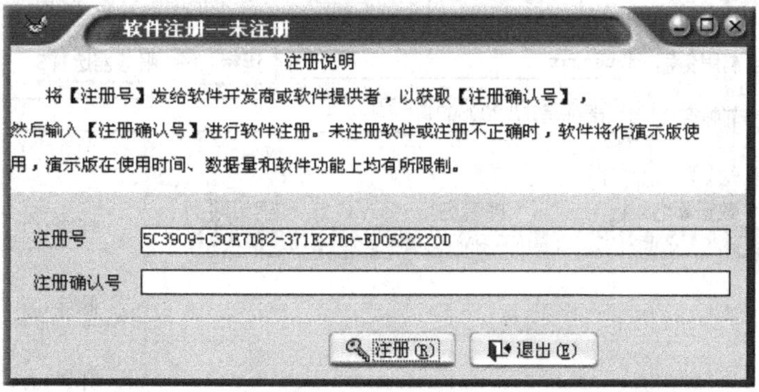

图 4-15

4. 第四步：初始设置

1）第一次以"超级用户"身份（'HXX'，'LJH'）进入主程序；以后以具体操作员身份登录。

2）进行单位设置、权限设置、数据设置、基础信息录入、房产资源档案录入、费用设置等。

5. 第五步：处理日常业务

处理日常业务包括房产查询、入住管理、产权确认、物业收费、表数录入、保洁绿化日常工作、工程维修保养、房屋维修等内容，这部分内容将在后面的章节中详细介绍。

## 第三节 帐套维护

在《维思力物业管理软件——专业版》中，帐套是处理业务数据的基本单位，它包含一套完整的数据，在这套数据中，包括本企业内的各种房产资源信息、住户、租户、产权人、车位等信息以及各种业务单据记录等。一个企业可能有不同类型互不关联的业务需要处理，这时可以设置多个帐套。帐套维护可以完成针对帐套的各项操作，帐套维护包括：新建帐套、选择帐套、删除帐套等。

在 Windows 主界面，单击《开始》菜单，在《程序》中找到《维思力物业管理软件》，选择其子菜单《专业版》，如果是第一次使用本系统，系统会提示用户先建立帐套。单击【确定】按钮，会弹出如图 4-16 所示的窗口。

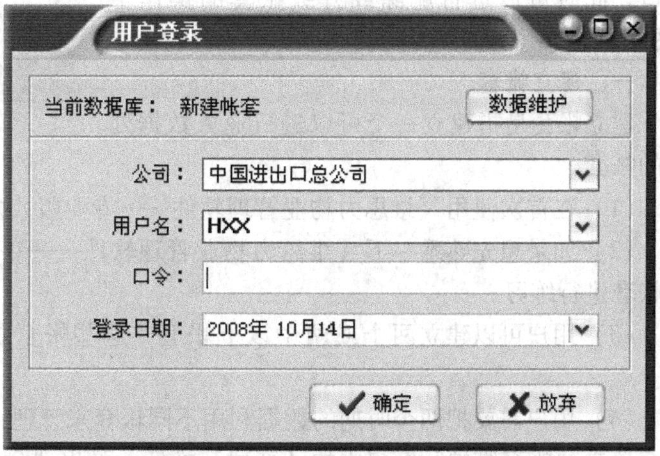

图 4-16

图 4-17

单击右上方的【数据维护】按钮,弹出帐套维护和连接服务器的窗口(图4-17)。

直接在〖当前服务器〗后面的输入框中输入要连接的服务器的名字,然后单击【连接】按钮,可以直接连接到服务器。

如果不能够确定要连接的服务器可以单击右上方的【服务器选择】按钮,系统会弹出"浏览计算机"窗口,如图4-18所示,让用户选择要连接的计算机。

选择好要连接的计算机后单击【确定】按钮,系统连接到指定计算机并回到"帐套维护"窗口,此时可以进行删除或升级帐套的操作了(图4-19)。

图 4-18

一、建立帐套

建立帐套是指建立一个可以进行业务数据处理的帐套。

(1)在首次使用《维思力物业管理软件——专业版》之前,必须建立一个帐套。

(2)如果想先熟悉一下《维思力物业管理软件——专业版》的业务流程,可以建立一个帐套进行练习。

(3)用户可以建立两个或两个以上帐套,这些帐套之间的数据互不影响,也不能合并。

(4)用户需要把两个时期的数据利用不同帐套来管理,也可以再建立一个新帐套。

单击"帐套维护"窗口中的【新建】按钮,弹出"创建帐套"窗口,帐套名可以任意定义容易记忆的名称以便于识别和查找。

图 4-19

存放路径中写入需要存放帐套的地址（注意：存放路径为服务器上的路径），用户根据需要设置好后，单击【确定】按钮，系统出现等待的提示窗口，当帐套创建完成时，系统会出现完成的提示窗口（图4-20）。

图 4-20

选择帐套的步骤如下：
1）进入"帐套维护"窗口。
2）双击选定的帐套。
3）单击【确定】按钮就选择好了帐套。

### 二、删除帐套

当一个帐套已经不再需要使用时，可以将该帐套删除，删除后的帐套无法恢复。
删除帐套的过程如下：
1）进入"帐套维护"窗口。
2）单击选定要删除的帐套。
3）单击【删除】按钮，系统会提问："确实要删除帐套×××吗？"单击【确定】按钮删除选定帐套，单击【取消】按钮，返回"帐套维护"窗口。

### 三、帐套升级

帐套升级的过程如下：
1）进入"帐套维护"窗口。
2）单击要升级的帐套。
3）单击【升级】按钮，系统会提问："确实要对帐套××××进行升级吗？"单击【确定】按钮升级选定帐套，单击【取消】按钮，返回"帐套维护"窗口。

### 四、进入系统

在用户选择好了帐套之后，用户就可以进入《维思力物业管理软件——专业版》了，在Windows主界面，单击《开始》菜单，在《程序》中找到《维思力物业管理软件》，选择其子菜单《专业版》，进入"用户登录"窗口（图4-21）。

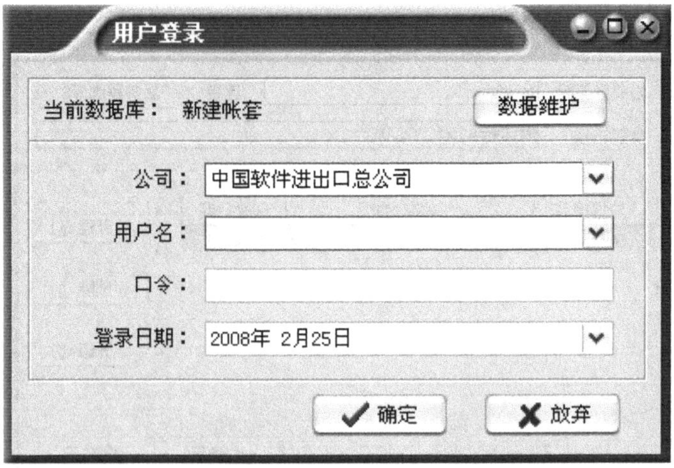

图 4-21

用户可以在〖公司〗处选择进入的公司，如果是第一次登录，公司可以为空。

如果是第一次登录，则用户名是超级用户：'HXX'，密码为'LJH'。这是系统提供的系统管理员，不可以删除和修改该用户名，但可以修改密码。登录日期将作为业务的默认日期，可以单击向下的箭头进行修改。

以上各项确定后用鼠标单击【确定】按钮，或按＜Enter＞键即可进入主系统了（图4-22）。

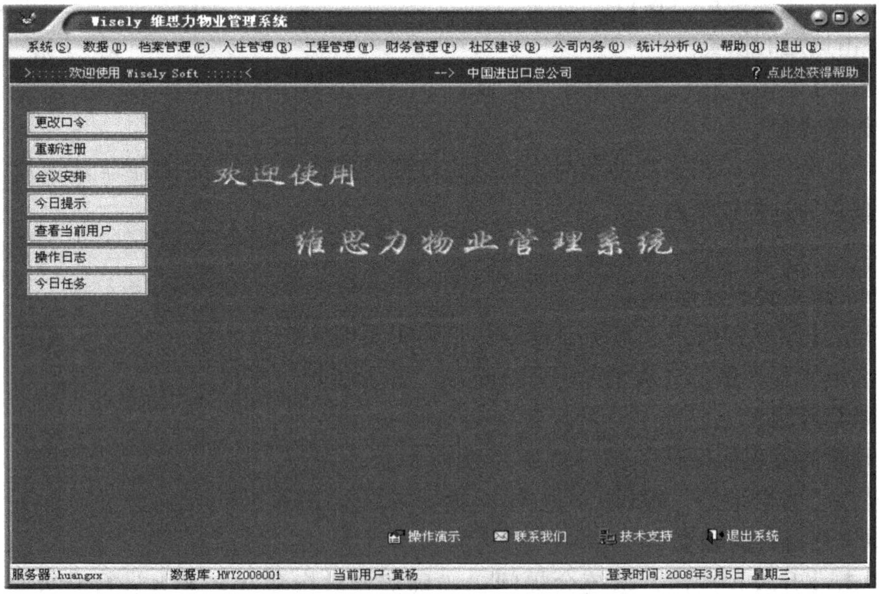

图 4-22

如果用户进入主系统后又设置了操作员，则可以用新设置的操作员的用户名进入系统，口令请在《系统》中的《更改口令》中进行设置，如果未曾设置，系统默认无口令。

物业管理信息系统功能描述：
（1）系统与数据：包括公司设置、用户、权限、参数设置、基础信息（数据字典）录入等。
（2）档案管理：包括房产资源（小区档案、楼宇档案、房间方案）、住户档案（包括家庭成员信息）、产权人档案、资源图片、房产验收记录、车位信息、委员会信息（包括成员）。
（3）入住管理：包括住户迁入、住户退房、产权确认、产权取消、换房管理、看房记录、房间预定、租户档案、租户合同。
（4）工程管理：包括岗位设置、维修项目、工具器材、临时用工、工程计划、工程任务、派工单、工程实施记录、工程验收记录、设备档案、设备保养计划、设备保养记录、设备运行记录、设备普查、住户维修、住户装修等。
（5）财务管理：包括费用项目设置、租金设置、表数录入、费用计算、收费、抵押金预付款、公共维修基金管理、应收款分析。
（6）社区建设：包括社区文化、公告、信件管理、大事记等。
（7）公司内务：包括以下功能。
保洁绿化：包括保洁绿化项目、区域管理、保洁绿化计划、计划执行普查、工作记录、工具管理、人员考核。
保安消防：包括班次岗位、钥匙管理、报案登记、保安巡视、消防设备检查、异常情况登记、交接班记录、出入管理、失物招领等。
库存管理：包括商品设置、入库、出库、盘点、库存查询等。
公司内务还包括投拆管理、人事管理、文档管理等。
（8）统计分析：包括资源档案查询、费用查询、工作记录查询、设备普查记录等。

## 第四节 初 始 设 置

初始设置是在一个新建帐套中进行的基础数据录入，为系统进行业务处理提供必要的准备工作。这部分内容包括系统数据设置和档案设置两部分。

在系统数据设置中，包括本单位设置、数据信息、基础数据、权限设置四部分。在这部分，用户可以根据本物业公司的实际情况来设置相应的类型。如公司信息、系统参数、本公司的部门等设置。

在档案设置中，为以后能够顺利进行业务处理，要对一些档案信息进行初始的设置。设置内容包括：

- 房产资源
- 图片资料
- 车位信息案
- 客户信息
- 合同信息
- 委员会信息
- 设施设备等

### 一、单位设置

在实际情况中，一个物业公司往往不是一个单独的管理公司，其下通常有几个分公司或物业管理处，分别管理着不同的物业社区，因此本系统可以设置多个公司单位。通过进入不同的分公司或管理处可以浏览其管辖的物业社区信息，非本分公司或管理处的物业数据则不被浏览。

从主菜单项《系统》中选择《单位设置》一项，系统弹出"单位设置"窗口，来进行增设单位、部门的操作（图 4-23）。

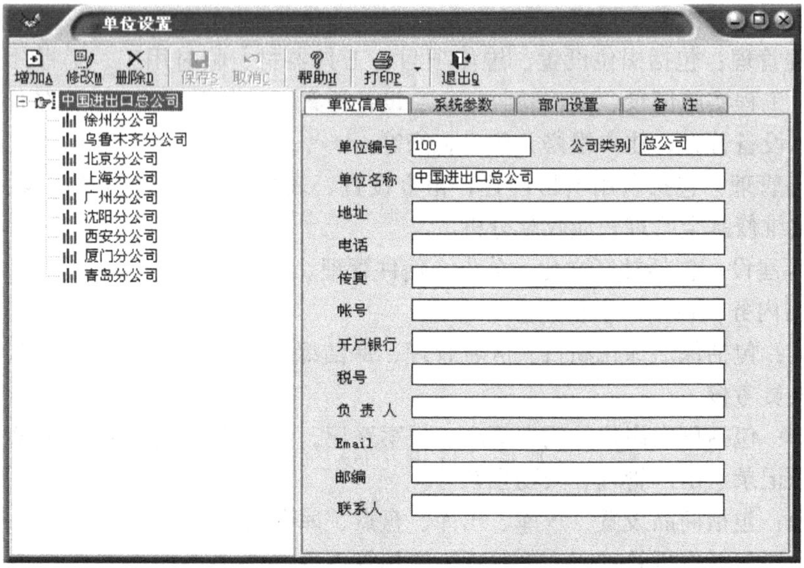

图 4-23

用户使用功能图标键即可完成单位设置，操作步骤如下：

1. 增加

单击【增加】按钮，单位信息处于编辑增加状态。在〖单位编号〗、〖单位名称〗等的空白处输入要设置的内容，然后单击【保存】按钮即可。此过程中【增加】按钮变灰，【保存】、【取消】按钮变亮，"部门设置"选项卡消失，因为此时单位尚未保存，所以其下目前不能设置部门。只有单位信息保存后，部门选项卡显示出来，才可以为该单位增加部门信息。

2. 修改

单击【修改】按钮，单位信息处于编辑修改状态，修改时，直接在各输入框中编辑，单击【保存】按钮保存修改结果，单击【取消】按钮取消本次修改。

3. 删除

删除单位时，应该先删除其下设置的部门，否则无法删除。

4. 部门操作（图 4-24）

单击【增加】按钮后，出现输入框（图 4-25）。

输入名称后，单击【确定】按钮，即可保存部门。修改操作同增加相似。部门也可以删除。修改或删除时需要先选中部门树列表中的节点。

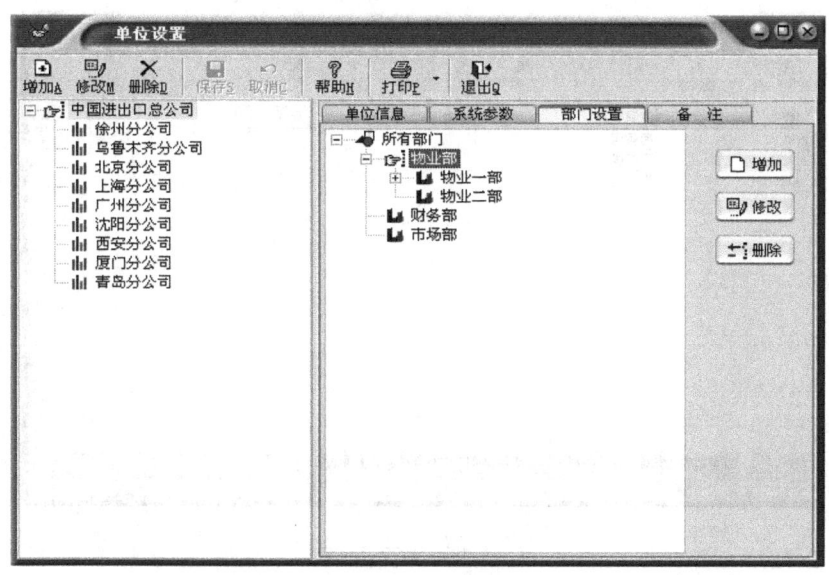

图 4-24

5. 参数设置

系统中常用参数的设置，比如：收费金额小数位数的显示等（图 4-26）。

单击【修改】按钮，输入相应参数值后，保存即可。

**二、基础数据**

在系统的使用过程中，常常会用到一些列表选择或项目选择框，有些常用信息可以事先保存起来，用时选择即可，这样可以减少重复输入操作。如房间类别、房间状态、器材分类、学历学位等信息，本系统均允许事先录入资料（图 4-27）。

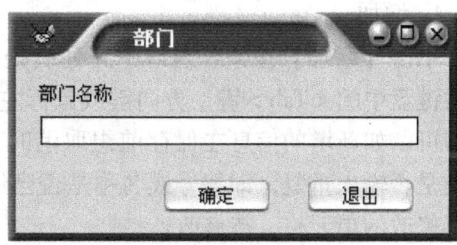

图 4-25

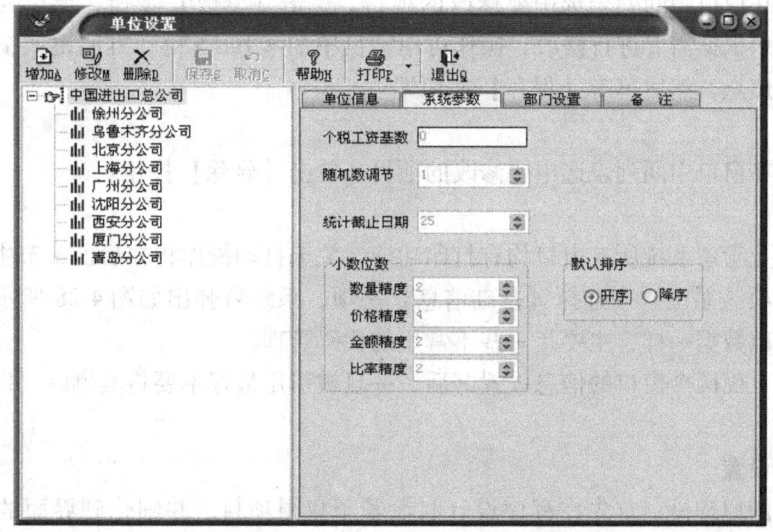

图 4-26

图 4-27

从主菜单项《系统》中选择《基础设置》一项,系统将弹出如图 4-27 所示的窗口。

首先可以选择需要填加信息的项目,在窗口的底部选择对应的选项卡即可,如选择"房间状态"选项卡。

1. 增加

单击【增加】按钮,窗口中间列表处于编辑增加状态,用户根据需要进行输入,操作可用键盘中的 <Tab> 键、方向键或鼠标左键来控制所需输入的焦点。然后单击【保存】按钮即可。如新增的信息在保存前想取消时,可以单击【取消】按钮。保存时,系统会自动检测是否输入重复,即编号或名称是否已经录入过,如重复输入,则不允许保存,光标停在需要修改的单元格,待修改。

2. 修改

修改时,在窗口中间列表选中要修改的项目,单击【修改】按钮,窗口列表处于编辑修改状态,用户根据需要进行修改,操作可用键盘中的 <Tab> 键、方向键或鼠标左键来控制所需输入的焦点,然后单击【保存】按钮即可。

3. 删除

删除时,在窗口中间列表选中要修改的项目,单击【删除】按钮。

4. 打印

维思力物业管理系统所有窗口均有打印功能,关于打印操作将在后面章节中详细介绍。

从主菜单项《系统》中选择《基础信息》一项,系统将弹出如图 4-28 所示的窗口,此窗口操作同基础数据一样,主要是一些不常用的代码管理。

注意:如上面两个窗口的信息设置好后,一旦被引用最好不要将其删除,以保证系统数据的完整性。

### 三、权限设置

权限设置的原理是:首先在程序设计时设若干权限项目,并细化到界面的按钮和菜单级,我们可以设置许多不同的权限组,一般可以按部门或管理人员来划分,给所有不同的权

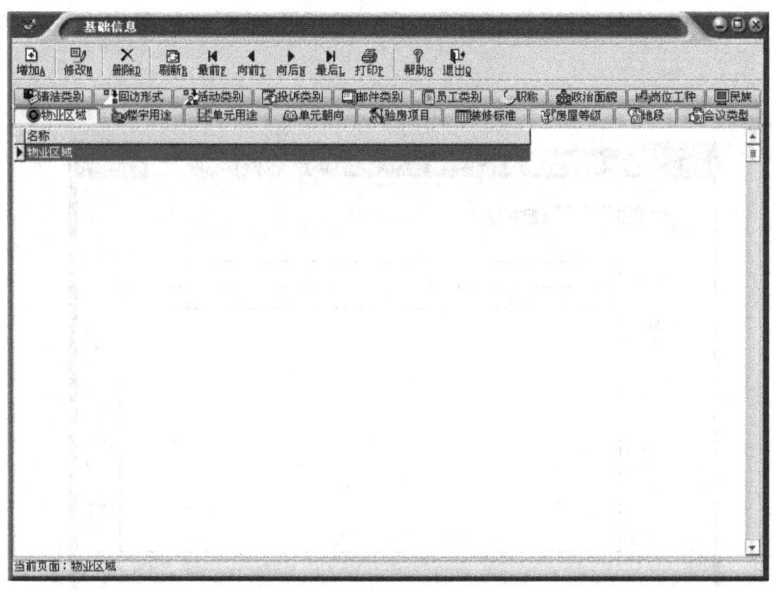

图 4-28

限组分配相应的权限，然后将操作员分配到所属的权限组，一个操作员可以同时属于不同的权限组，将该操作员的所有权限组的权限合并后，即得到其操作权限。

从主菜单项《系统》中选择《权限管理》一项，系统将弹出"权限管理"窗口，如图 4-29 所示。

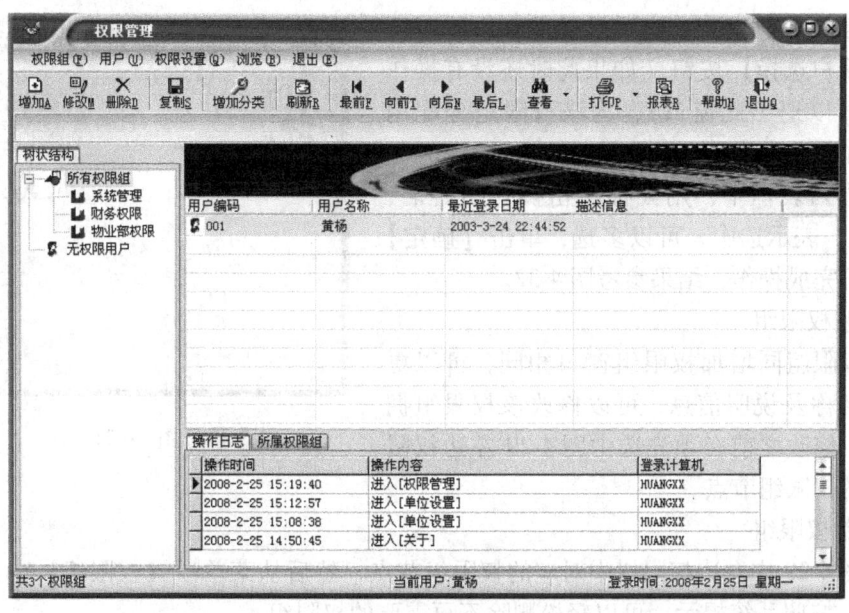

图 4-29

操作步骤如下：

1. 增加权限组

从菜单项《权限组》中选择《增加》一项，系统将弹出"权限组设置"窗口，如图 4-30 所示。

图　4-30

在权限组编辑框中，输入权限组名称，单击【确定】按钮，该权限组就保存成功了，此时【确定】按钮变灰，表示已经保存。此时可以单击【用户选择】按钮（如果此时还没有操作员用户，可以退出此窗口），为该权限组分配用户，窗口如图 4-31 所示。

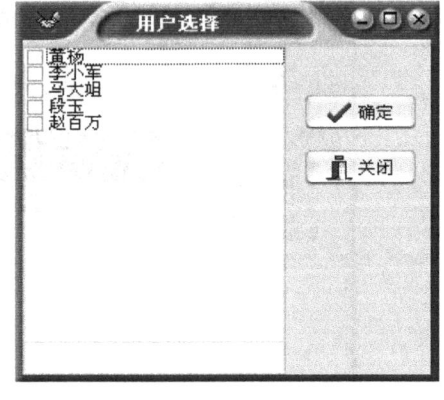

图　4-31

在左边列表框中，用鼠标单击操作员姓名，画上'√'，表示选中，可以多选，单击【确定】按钮，即可完成操作，结果参考图 4-32。

2. 修改权限组

修改权限组同增加权限组窗口相同，可以更改权限组名称及说明信息，可以修改该权限组拥有的用户。修改之前必须先选中图 4-29 左边权限树中对应的权限组节点。

3. 删除权限组

选中图 4-29 中左边权限树中对应的权限组节点，然后从菜单项《权限组》中选择《删除》一项，按照系统提示，可以轻松删除不再需要的权限组。

4. 增加用户

从菜单项《用户》中选择《增加》一项，系统将弹出"用户设置"窗口，如图 4-33 所示。

图 4-32

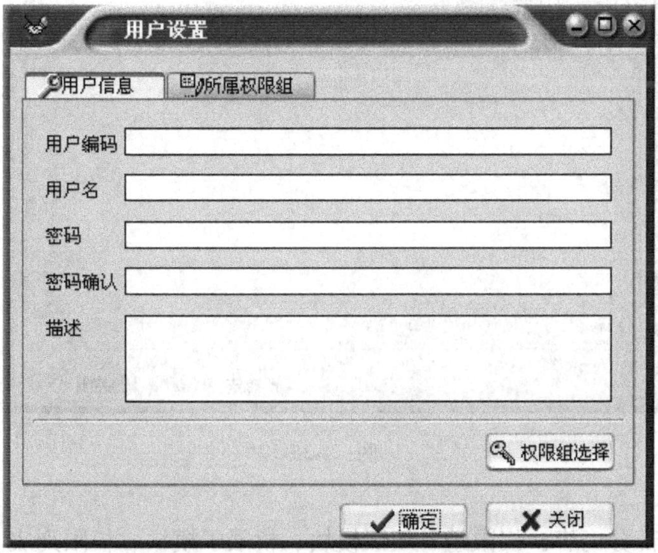

图 4-33

在〖用户编码〗、〖用户名〗、〖密码〗、〖密码确认〗、〖描述〗各编辑框中,输入对应的值,单击【确定】按钮,该用户就保存成功了,此时【确定】按钮变灰,表示已经保存。〖密码〗和〖密码确认〗栏必须保持一致,也可以为空。现在可以单击【权限组选择】按钮(如果此时还没有权限组,可以退出此窗口),为该用户设置权限组,窗口如图 4-34 所示。

在左边列表框中,用鼠标单击权限组,画上'√',表示选中,可以多选,单击【确定】按钮,即可完成操作,结果参考图 4-35。

5. 修改用户

修改用户同增加用户窗口相同,可以更改用户名称及其他信息,可以修改该用户所属的权限组。修改之前必须先选中图 4-29 中间用户列表中对应的用户。

6. 删除用户

选中图 4-29 中间用户列表中对应的用户,然后从菜单项《用户》中选择《删除》一项,按照系统提示,可以删除不再使用的用户。

7. 权限设置

权限设置中,比较重要同时也是比较繁琐的工作就是设置权限,即为权限组分配不同权限。在图 4-29 中选择菜单项《权限设置》,进入"权限设置"窗口如图 4-36 所示。

图 4-34

图 4-35

本窗口包括四部分内容:权限组、权限模块、权限子模块、权限列表。

操作步骤:首先选中一个权限组,再选择权限模块,随着选定权限模块的改变,权限子模块也相应改变,然后选择一个权限子模块,权限列表呈现该权限子模块的权限项,此时在权限列表中选择(可多选或全选,权限项前画上'√',表示选中),单击【保存当前设置】按钮,即保存了当前权限组的当前权限子模块的权限;然后选下一个权限子模块,为其设置权限,直到所有权限子模块权限设置完成,再选择下一个权限模块,直到所有模块权限设置完成,再选择下一个权限组。如此操作,虽繁琐,但也比较清晰,可以直接找到某个

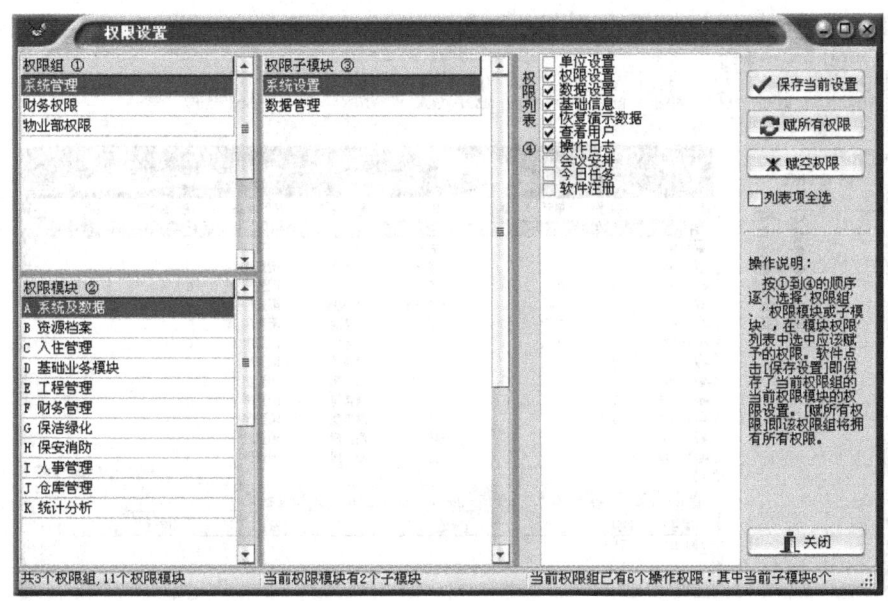

图 4-36

权限为权限组设置权限。系统为了操作简便，设置了【赋所有权限】和【赋空权限】按钮，单击【赋所有权限】按钮可以给当前权限组赋所有的权限，同样，单击【赋空权限】按钮可以取消当前权限组所赋的任何权限。

### 四、房产资源设置

房产资源设置是《维思力物业管理软件——专业版》的核心内容，是一切物业管理业务的基础，通常我们所说的物业管理无非包括两个方面的因素：'物'的因素和'人'的因素，这部分内容就是软件当中的'物'，其中包括社区档案、楼宇档案、房间档案、车位信息等。

从主菜单项《档案管理》中选择《房产资源》一项，系统弹出"房产资源"窗口（图4-37）。

用户使用功能图标键即可完成房产资源的录入，操作步骤如下：

1. 增加社区

首先用鼠标选中图 4-37 中树状结构下的"居住社区"，然后单击【增加】按钮，系统弹出增加社区信息的窗口（图 4-38）。

在上面的窗口中，可以输入社区名称、位置、辖区、管理单位、总建筑面积等所有与整个社区有关的信息，注意：在所有××面积及××数标签后的输入框内，只能输入小数或整数值。信息录入确认无误后单击【保存】按钮，即增加了一个社区，同时窗口关闭。在录入过程中，单击【取消】按钮，可以放弃当前操作。

2. 修改社区

首先用鼠标选中图 4-37 中的树状结构下的"居住社区"下的某个社区，然后单击【修改】按钮，系统弹出修改社区信息的窗口（图 4-38），在各编辑框中自动带出该社区原来设置的信息，可以修改其中的部分信息，然后单击【保存】按钮保存退出。

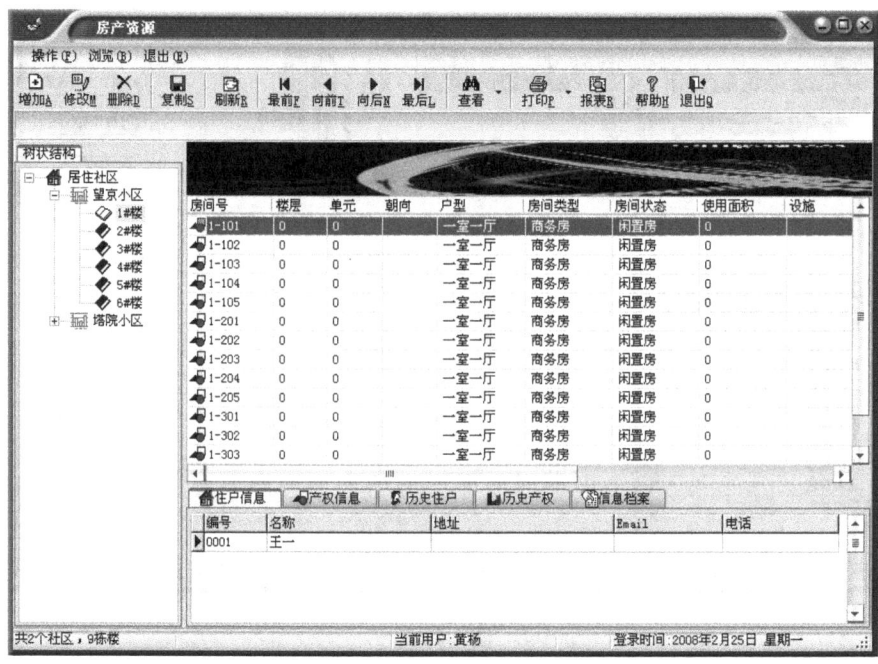

图 4-37

图 4-38

### 3. 删除社区

首先用鼠标选中图 4-37 中的树状结构下的"居住社区"下的某个社区，然后单击【删除】按钮，系统提示是否确定删除，确定后正式删除，之后窗口树状结构自动刷新。

4. 增加楼宇

首先用鼠标选中图 4-37 中的树状结构下的"居住社区"下的某个社区下的某个楼,然后单击【增加】按钮,系统弹出增加楼信息的窗口(图 4-39)。

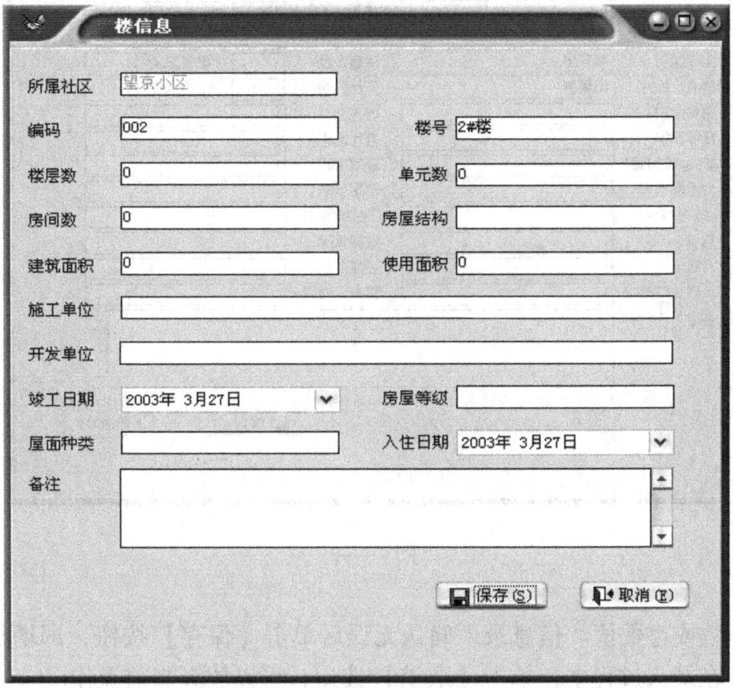

图 4-39

在上面的窗口中,所属社区自动带出,不可以修改,我们可以输入楼号、楼层数、单元数、开发单位、入住日期等所有与整个楼有关的信息,注意:在所有××面积及××数标签后的输入框内,只能输入小数或整数值。信息录入确认无误后单击【保存】按钮,即增加了一个楼信息,同时窗口关闭。在录入过程中,单击【取消】按钮,可以放弃当前操作。

5. 修改楼宇

首先用鼠标选中图 4-37 中的树状结构下的"居住社区"下的某个社区下的某个楼,然后单击【修改】按钮,系统弹出修改楼信息的窗口(图 4-39),在各编辑框中自动带出该楼原来设置的信息,可以修改其中的部分信息,然后单击【保存】按钮保存退出。

6. 删除楼宇

首先用鼠标选中图 4-37 中的树状结构下的"居住社区"下的某个社区下的某个楼,然后单击【删除】按钮,系统提示是否确定删除,确定后正式删除,之后窗口树状结构自动刷新。

7. 增加房间

首先用鼠标选中图 4-37 中的树状结构下的某个楼,然后单击【增加】按钮,系统弹出增加房间信息的窗口(图 4-40)。

在上面的窗口中,楼号自动带出,不可修改。我们可以输入房间号、户型、朝向、套内建筑面积等所有与整个房间有关的信息,注意:在所有××面积及××数标签后的输入框

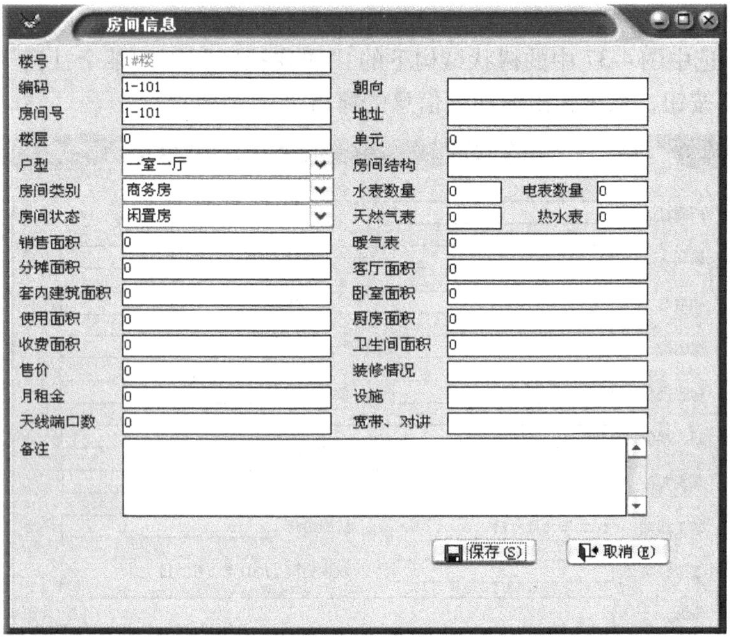

图 4-40

内，只能输入小数或整数值。信息录入确认无误后单击【保存】按钮，即增加了一个房间，同时窗口关闭。在录入过程中，单击【取消】按钮，可以放弃当前操作。

8. 修改房间

首先用鼠标选中图 4-37 中的右边房间列表中的某个房间，然后单击【修改】按钮，系统弹出修改房间信息的窗口（图 4-40），在各编辑框中自动带出该房间原来设置的信息，可以修改其中的部分信息，然后单击【保存】按钮保存后退出。

9. 删除房间

首先用鼠标选中图 4-37 中的右边房间列表中的某个房间，然后单击【删除】按钮，系统提示是否确定删除，确定后正式删除，之后房间列表自动刷新。

五、图片资料

在房地产行业管理软件中，图片资料是比较重要的一部分，可以储存房间的布局图、设计图样、布线图、甚至合同样本等所有与物业相关的图片，以供快速浏览查询。我们可以将图片分类，按类别存储，查询将更方便、快捷。

从主菜单《档案管理》中选择《图片资源》一项，系统弹出"图片资源"窗口（图 4-41）。

本窗口分为左右两个部分：左边窗口显示各个级别的图片分类（相当于 Windows 资源管理器），用于浏览图片分类和选定图片分类；右边窗口用于新增或修改某图片分类下的所有图片信息。

用户使用功能图标键即可完成图片分类及图片的设置，操作步骤如下：

1. 增加分类

单击〖图片类别〗，在其下拉菜单中单击《增加》，这时弹出如图 4-42 所示的窗口。

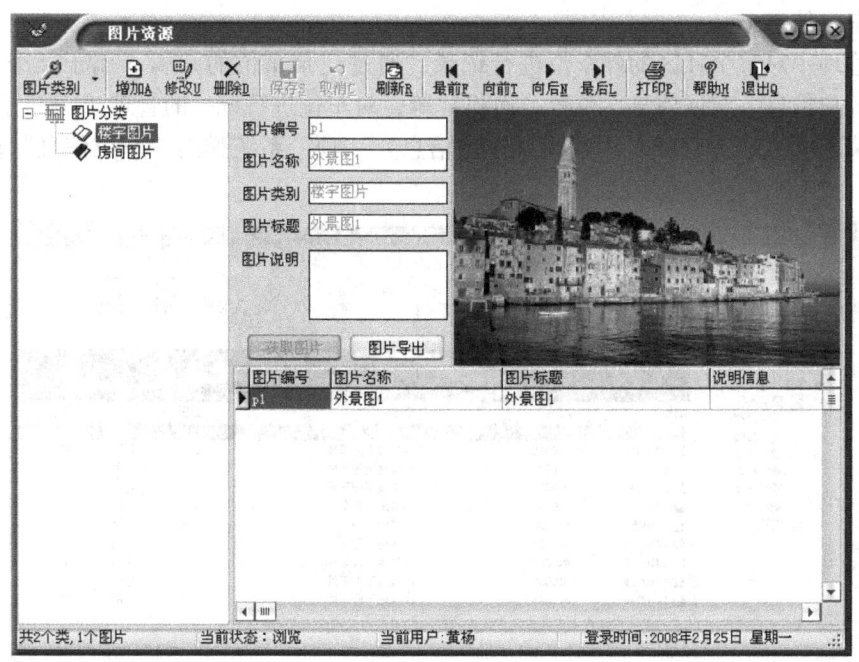

图 4-41

直接在编辑框中输入〖图片类别〗的具体名称,单击【确定】按钮。

2. 修改分类

修改分类同增加操作相同,操作前应当选择需要修改的图片类别。

3. 删除分类

选择需要删除的图片类别,单击〖图片类别〗,在其下拉菜单中单击《删除》,按照提示即可删除。

图 4-42

4. 增加图片

选择某个图片类别后,单击【增加】按钮,界面右边的各编辑框处于可编辑状态,在〖图片编号〗、〖图片名称〗、〖图片类别〗、〖图片标题〗等编辑框内输入正确的值后,单击【获取图片】按钮,将弹出 Windows 文件选择界面,找到正确的文件后确定,则在右边空白处显示完整的图片,单击【保存】按钮保存本张图片信息。通过在图片列表中单击,可以浏览不同图片内容,也可以单击【向前】、【向后】等逐张浏览图片。

5. 修改图片

首先选择图片列表中的某张图片,单击【修改】按钮,界面右边的各编辑框处于可编辑状态,在〖图片编号〗、〖图片名称〗、〖图片类别〗、〖图片标题〗等编辑框内输入正确的值后,单击【获取图片】按钮,将弹出 Windows 文件选择界面,找到正确的文件后确定,则在右边空白处显示完整的图片,单击【保存】按钮保存本张图片信息。

6. 删除图片

首先选择图片列表中的某张图片,单击【删除】按钮,完成删除操作。

### 六、车位信息

物业管理中对整个社区的停车位进行记录，通过记录车位的归属（属于某个楼、车位的业主、客户信息、车证信息、位置、面积）等，对车位进行统一的管理。

从主菜单项《档案管理》中选择《车位信息》一项，系统弹出"车位信息"窗口（图4-43）。

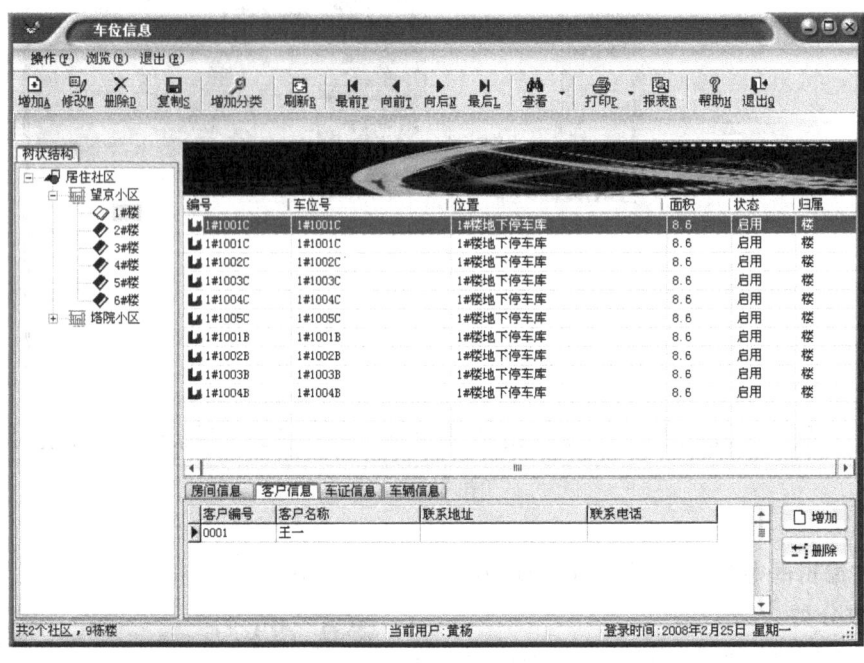

图 4-43

本窗口分为3个部分：左边窗口显示小区、楼号目录；右上窗口显示选定左边的楼号对应的车位信息；右下窗口是选定的车位号对应的"房间信息"、"客户信息"、"车辆信息"、"车证信息"等4个选项卡。我们将对此一一说明。用使用功能图标键即可完成商品档案的设置，操作步骤如下：

1. 增加

首先在左窗口的楼号上单击，变蓝色为选中状态，然后单击【增加】按钮，弹出车位信息的录入窗口（图4-44）。

车位归属自动带出，不能修改。可以录入编号、名称、位置、面积等信息，单击【保存】按钮

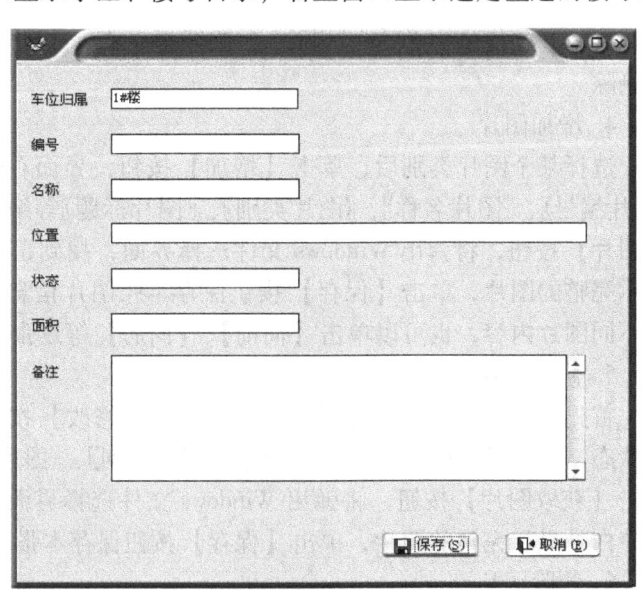

图 4-44

保存后退出。

2. 修改

首先在右上窗口的车位列表中选择需要修改的车位，然后单击【修改】按钮，弹出车位信息录入窗口（图4-44），修改正确的信息后保存退出。

3. 删除

首先在右上窗口的车位列表中选择需要删除的车位，然后单击【删除】按钮，根据系统提示删除。注意：如果该车位信息录入了对应的"房间信息"、"客户信息"、"车证信息"等，需要先删除这些信息后，才可以删除车位信息。

4. 录入房间信息

选择"房间信息"选项卡，单击【增加】按钮，弹出房间选择窗口（图4-45）。

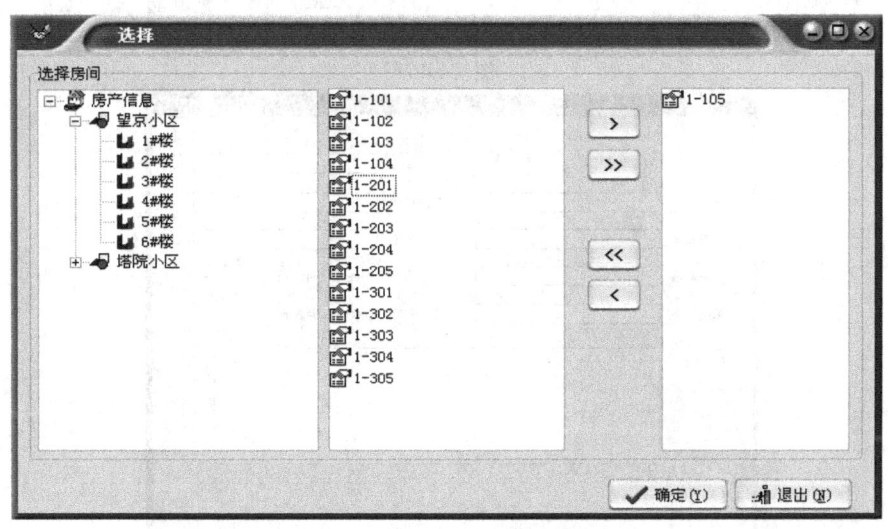

图 4-45

将车位对应的房间选择到右边的已选房间列表，通过单击按钮【>】（向右单选）、【<<】（向左全选）、【<】（向左单选）、【>>】（向右全选），实现不同操作，单击【确定】按钮，即可为该车位添加对应的房间号。

5. 录入客户信息

选择"客户信息"选项卡，单击【增加】按钮，弹出客户选择窗口（图4-46）。

选择车位对应的客户，也可以通过输入查询条件对客户过滤，快速地找到客户，单击【确定】按钮，即可以为该车位添加对应的客户信息。

6. 录入车证信息

选择"车证信息"选项卡，单击【增加】按钮，弹出车证信息的录入窗口（图4-47）。

输入对应的各信息项后，单击【保存】按钮，即可以为该车位添加对应的车证信息。修改车证信息时，需要选中一个车证记录，单击【修改】按钮后，出现上面的窗口，修改各信息项后，保存退出。

图 4-46

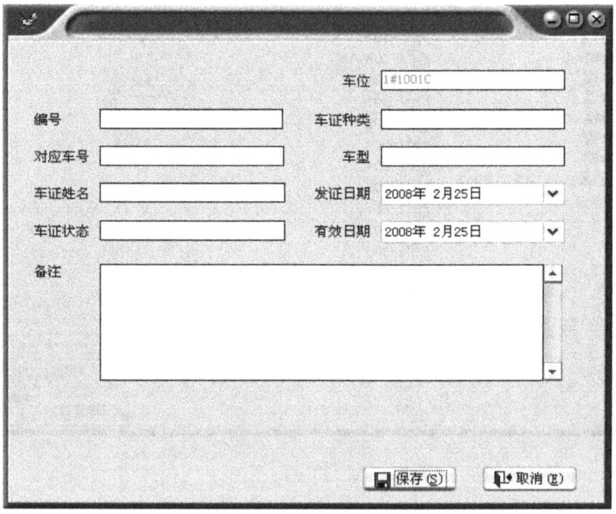

图 4-47

### 7. 录入车辆信息

录入车辆信息的操作方法同车证信息的操作相同,车辆信息的录入窗口如图 4-48 所示。

### 七、房产验收

物业管理中,在楼盘由开发商移交给物业公司或业主时,一般都需要对房产做一些基本的验收工作,本模块主要是对日常的房产验收做记录,用于以后物业管理中的房产查询、责任纠纷处理等。

从主菜单项《档案管理》中选择《房产验收》一项,窗口如图 4-49 所示。

窗口左边是对所有验收记录按时

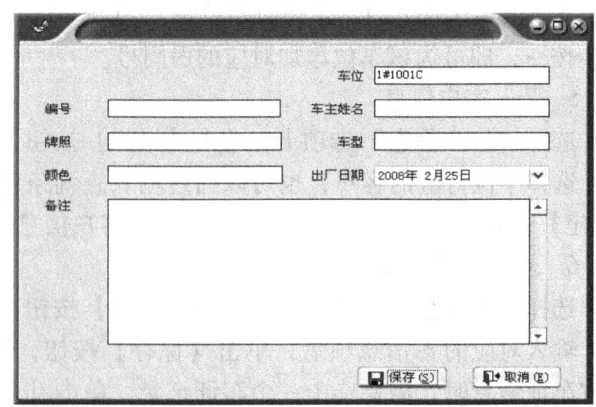

图 4-48

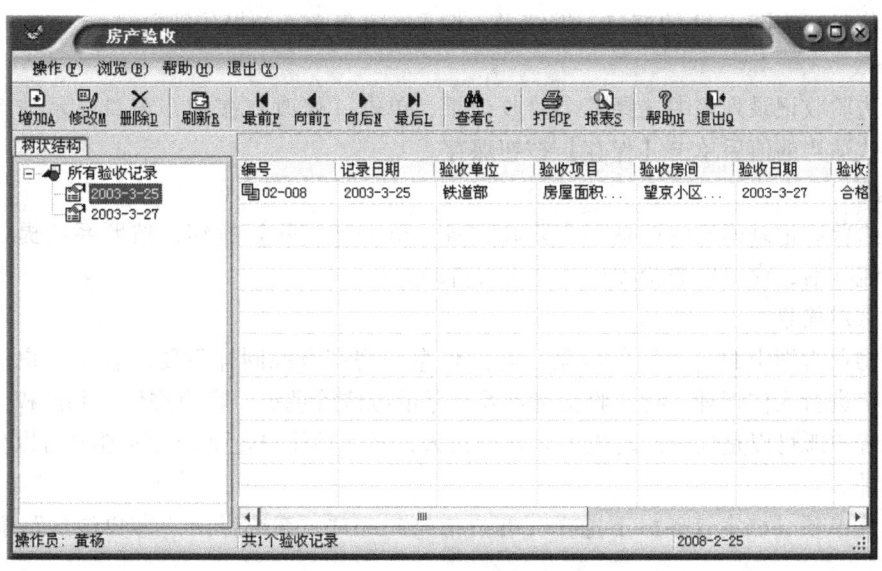

图 4-49

间（年-月-日）进行分组显示；右边的列表是选择某个日期后，显示在这一天发生的验收记录。操作步骤如下：

1. 增加

单击【增加】按钮，窗口发生改变（图4-50）。

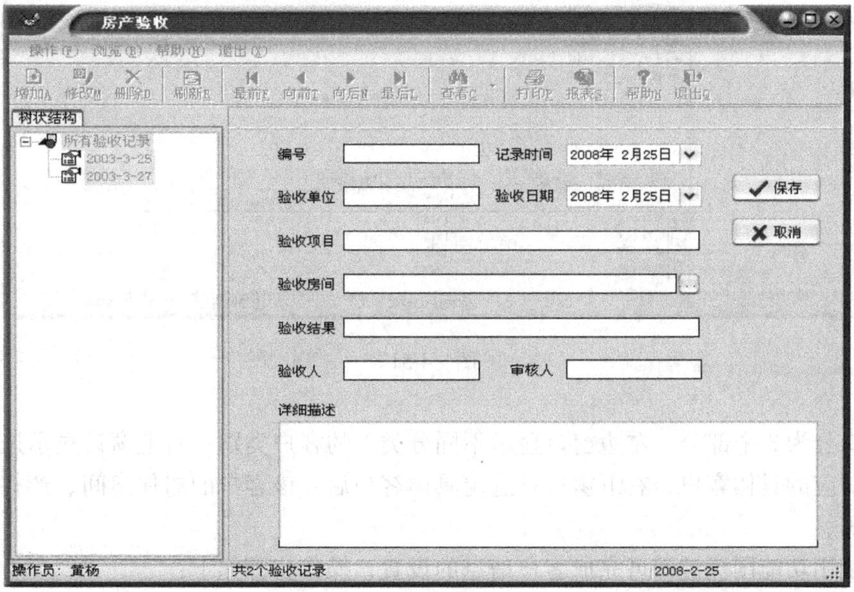

图 4-50

增加状态，窗口顶端的各按钮状态变灰，右边列表呈现记录信息的编辑状态，可以在各信息框中输入对应的验收信息，信息录入正确后，单击【保存】按钮，完成增加记录操作，此时窗口将显示为图 4-49 的窗口。继续录入记录，重复上面的操作即可。

2. 修改

在右边验收记录列表中选择某个验收记录，单击【修改】按钮，窗口显示与新增窗口相同，修改适当的值后单击【保存】按钮保存。

3. 删除

在右边验收记录列表中选择某个验收记录，单击【删除】按钮，按照系统提示进行删除操作，删除后，窗口中的验收记录列表将自动更新。

八、客户信息

作为物业管理中的'人'的因素，客户信息同房产资源同样重要。有了客户信息，才可以对客户进行入住管理、物业收费管理及日常的维修管理等。客户按住户和产权人分为两类，一个客户既可以是住户同时也可以是产权人，不管是住户还是产权人都又可以分为个人或单位两种。

从主菜单项《档案管理》下选择《客户信息》一项，系统弹出"客户信息"窗口（图4-51）。

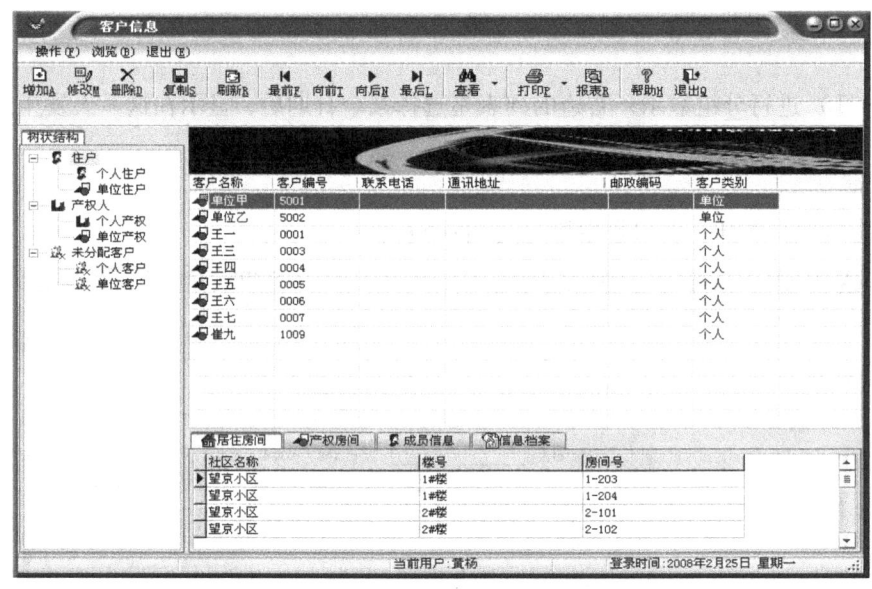

图 4-51

本窗口分为 3 个部分：左边窗口显示不同分类下的客户类别；右上窗口显示选定左边的客户类别对应的具体客户；右下窗口是选定具体客户后，该客户的居住房间、产权房间、及成员信息等。

用户使用功能图标键即可完成客户信息的设置，操作步骤如下：

1. 新增

首先在左边窗口的树状结构中选择"未分配客户"下的"个人客户"或"单位客户"，然后单击【增加】按钮。单击其他分类后，再单击【增加】按钮时将不起作用。这时弹出客户资料的编辑窗口，如图 4-52、图 4-53 所示。

图 4-52

上面两个图分别是新增个人客户和新增单位客户的显示窗口。在窗口中输入适当的值后，然后单击【保存】按钮，保存后退出。

2. 修改

首先在右边窗口中选择具体客户，然后单击【修改】按钮。如果在具体客户列表中没有需要的客户，可以单击其他分类，刷新右边的客户列表后，再选择。这时弹出客户信息的编辑窗口如图 4-53 所示，修改信息后保存即可。

3. 删除

删除同修改操作相同，选中客户后，单击【删除】按钮。

4. 增加成员信息

选定客户后，选择窗口右下边"成员信息"选项卡（图 4-54）。

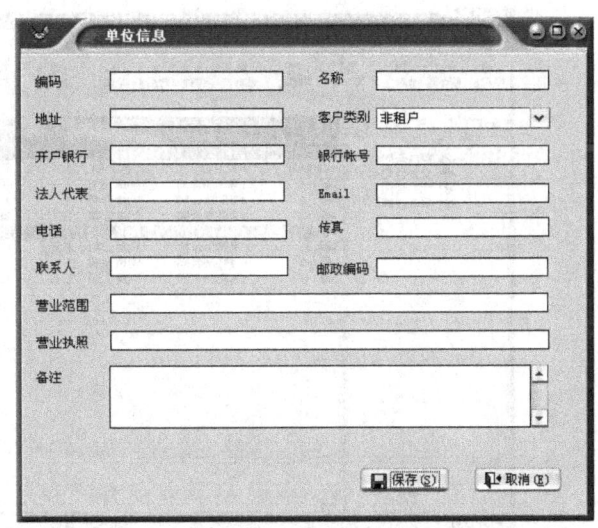

图 4-53

图 4-54

单击【增加】按钮，进入成员信息编辑窗口（图 4-55）。

输入相应的信息后保存。修改操作与新增操作基本相同；删除操作同其他信息的删除基本一致。

### 九、合同信息

合同信息主要是对交费合同、租赁合同以及委托代收代缴合同等的记录。便于查询、对帐，以及根据相应的合同，物业公司对业主、租户及雇员提供相应的服务。

从主菜单项《档案管理》中选择《合同信息》一项，系统弹出"合同信息"窗口（图 4-56）。

用户使用功能图标键即可完成合同信息的设置，关于合同类别在前面的基础数据设置中已经录入，本窗口将直接调用合同类别，操作步骤如下：

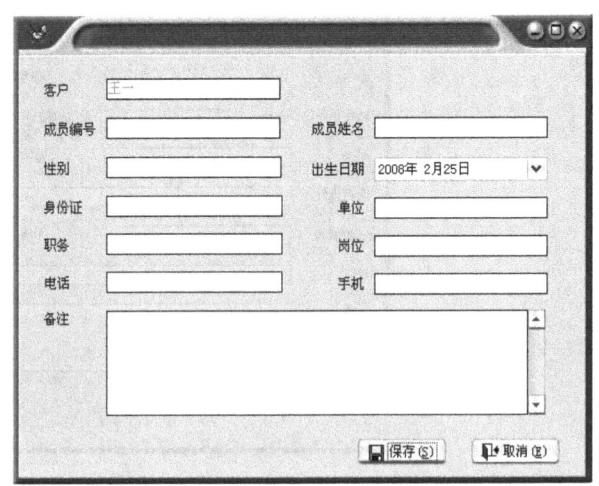

图　4-55

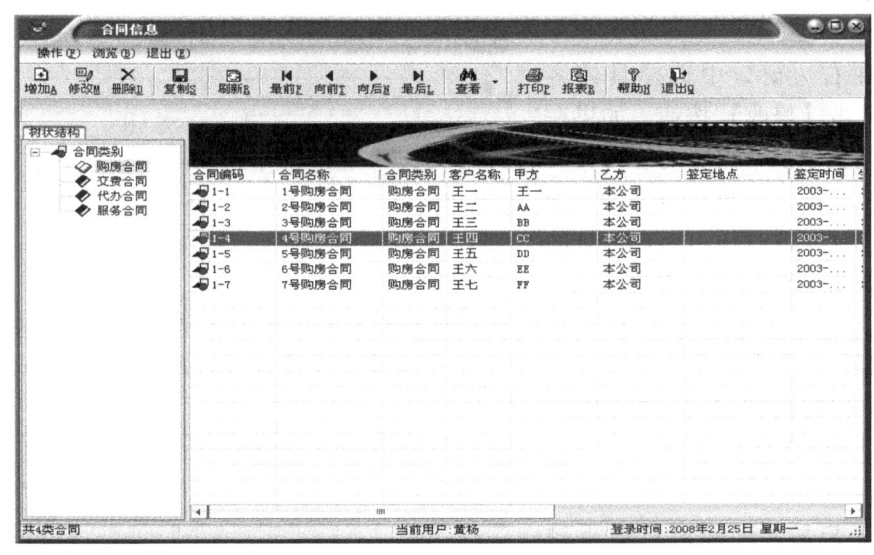

图　4-56

1. 增加

首先选中树状结构中的一个合同类别，然后单击【增加】按钮，进入合同信息的编辑窗口（图 4-57）。

在各编辑框中输入相应的值后，单击【保存】按钮，就可以保存当前的合同记录；单击【取消】按钮，放弃当前的设置。

图 4-57

**2. 修改**

首先在合同列表中选中某合同记录，单击【修改】按钮，将弹出如图 4-57 所示的窗口，直接修改需要修改的信息，然后单击【保存】按钮，就可以保存当前的合同记录的修改。

**3. 删除**

首先在合同列表中选中某合同记录，单击【删除】按钮，将删除该合同记录，同时窗口将刷新。

**十、社区委员会**

从主菜单《档案管理》中选择《委员会》一项，系统弹出"委员会档案"窗口（图 4-58）。

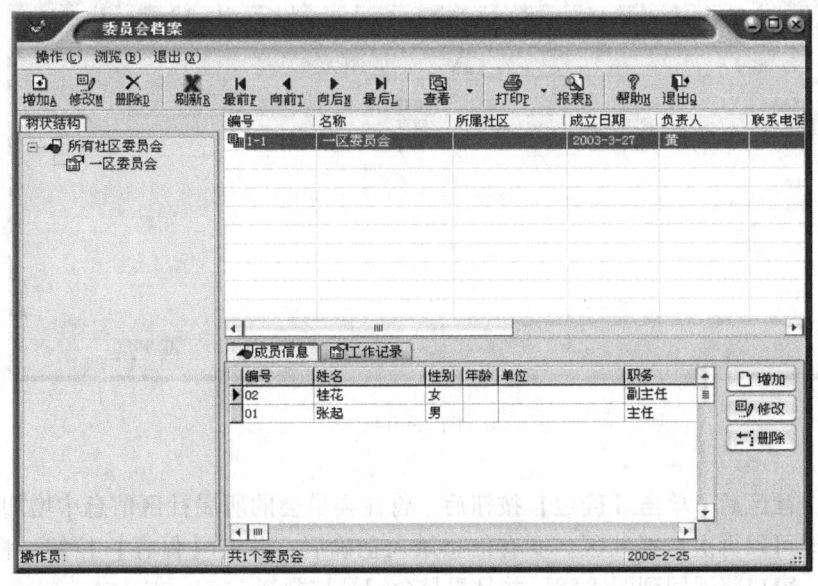

图 4-58

以上窗口分为 3 部分：左边是所有委员会名称的树状结构列表；右上部分是委员会信息列表；右下部分是选中的某委员会对应的成员信息、工作记录等。

操作流程如下：

1. 增加

单击【增加】按钮，窗口右边出现信息输入框（图 4-59）。

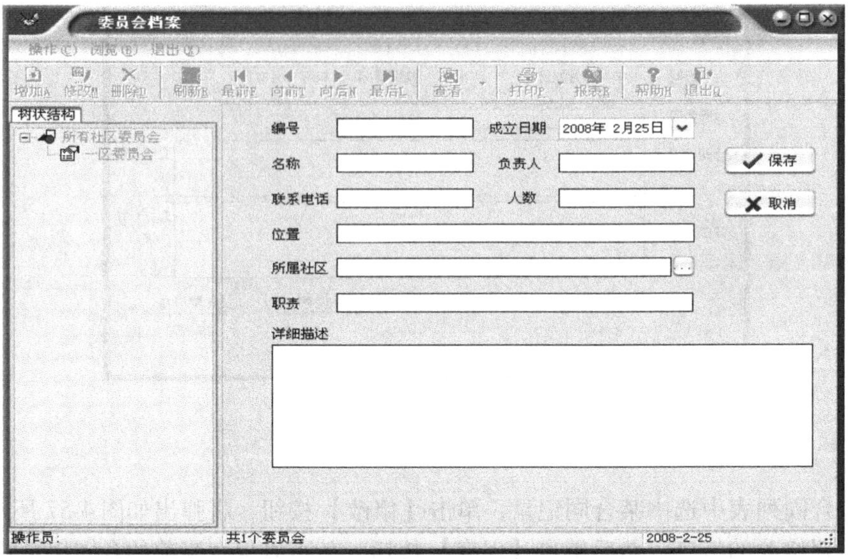

图　4-59

窗口中除了各字段编辑框允许修改外，其余按钮等均不可操作。在各编辑框中输入相应的信息，如：编号、名称、负责人、联系电话等。所属社区需要单击〖所属社区〗编辑框右边的小按钮，将弹出社区选择窗口（图 4-60）。

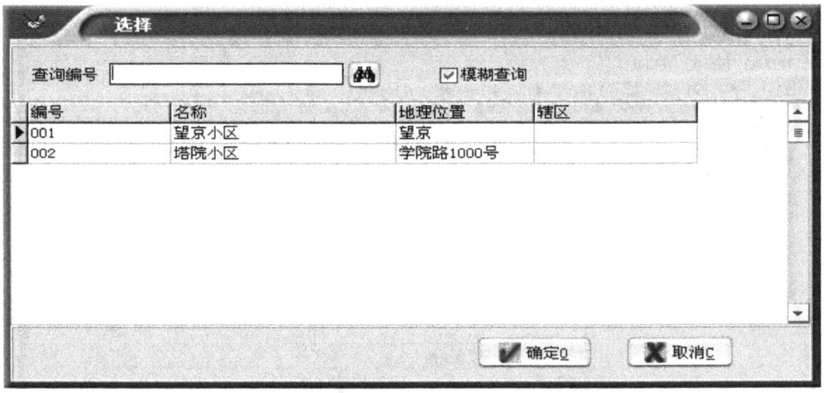

图　4-60

选择某个社区后，单击【确定】按钮后，将在委员会的所属社区信息中增加社区名称，如果需要修改可以再次选择社区。所有信息录入正确后，单击【保存】按钮，将新增一个委员会记录。窗口将返回到图 4-58，并且委员会记录被刷新。

## 2. 修改

首先在委员会列表中选择一个委员会，单击【修改】按钮，窗口将变为图 4-59，修改需要修改的信息后，单击【保存】按钮，以保存本次修改，如果单击【取消】按钮，则本次修改无效，窗口返回到图 4-58。

## 3. 删除

选中一个委员会记录后，单击【删除】按钮，在确认提示时回答"是"，则该委员会被删除。

注意：已录入委员会成员信息的委员会不能直接删除，需要先删除其成员信息后再删除。

## 4. 增加成员

选中列表中的委员会后，单击"成员信息"选项卡，将出现委员会成员列表。单击【增加】按钮后，出现委员会成员信息录入窗口（图 4-61）。

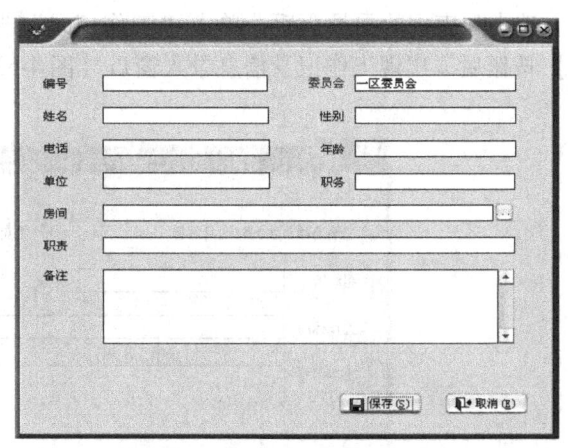

图 4-61

录入〖姓名〗等字段信息，房间信息可以录入，也可以不录入。需要录入房间信息时，则单击〖房间〗编辑框右边的小按钮，在弹出的房间选择列表中选择（图 4-62）。

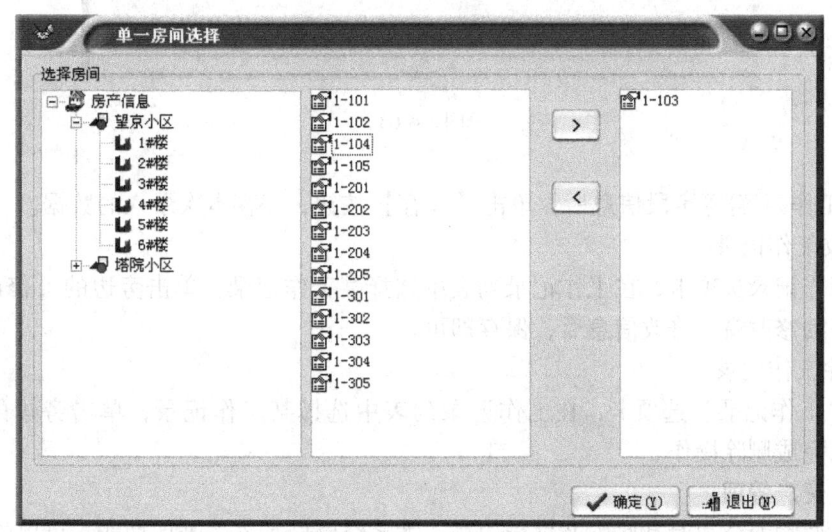

图 4-62

选择一个房间后，单击【确定】按钮，返回到图 4-61 的委员会成员信息录入窗口，单击【保存】按钮，保存本次录入的数据。

## 5. 修改成员

单击"成员信息"选项卡，在委员会成员列表中选择某成员记录，单击旁边的【修改】按钮，在成员信息修改窗口修改信息后，保存即可。

6. 删除成员

单击"成员信息"选项卡，在委员会成员列表中选择某成员记录，单击旁边的【删除】按钮，可以完成删除操作。

7. 增加工作记录

选中列表中的委员会后，单击"工作记录"选项卡，将出现工作记录列表。单击【增加】按钮后，出现工作记录信息录入窗口（图4-63）。

图 4-63

录入〖工作内容〗等字段信息后，单击【保存】按钮，保存本次录入的数据。

8. 修改工作记录

单击工作记录选项卡，在工作记录列表中选择某工作记录，单击旁边的【修改】按钮，在工作记录的修改窗口修改信息后，保存即可。

9. 删除工作记录

单击"工作记录"选项卡，在工作记录列表中选择某工作记录，单击旁边的【删除】按钮，可以完成删除操作。

**十一、资产管理**

为了方便物业公司对某些资产进行记录，本系统增设了资产管理功能，可以将资产进行分类，在各资产类下录入具体的资产档案信息，方便管理、查询。

从主菜单《档案管理》中选择《资产管理》一项，系统弹出"资产管理"窗口（图4-64）。

该窗口分为两部分：左边的窗口用来显示资产类别，按类别的层次以树状结构显示；右边为具体的资产列表信息，包括〖资产名称〗、〖设备编号〗、〖购进日期〗等字段。

为了操作方便，将资产分类及资产档案在同一窗口操作。

1. 增加分类

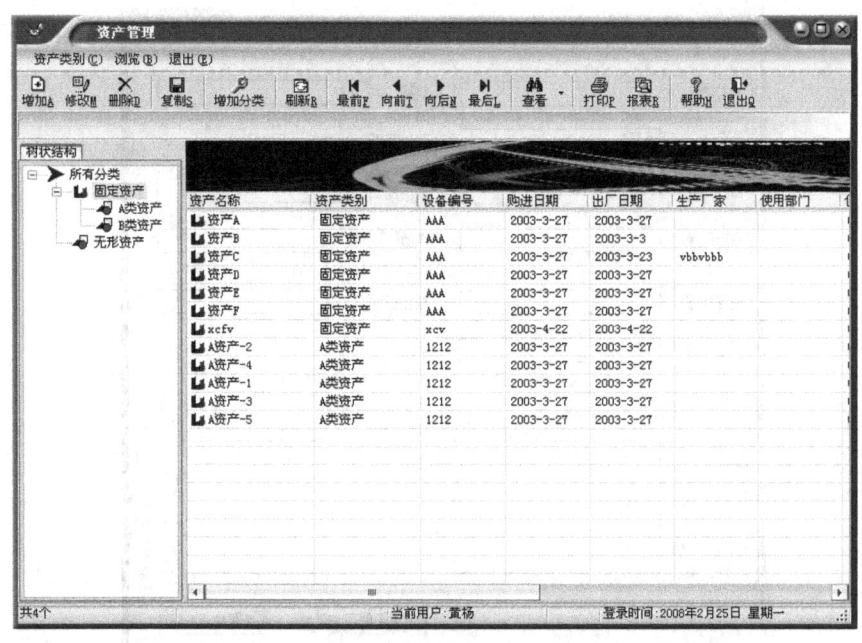

图 4-64

首先选择菜单《资产类别》下的《增加》一项，将弹出资产类别输入窗口，（图4-65）。

输入类别名称后，单击【确定】按钮，将在图4-64中增加一个资产类别。在具体资产类别下还可以增加子类别，操作方法是：选中一个类别后，单击菜单《资产类别》下的《增加》一项，就可以增加分类了。

2. 修改分类

选中一个类别后，单击菜单《资产类别》下的《修改》一项，在弹出的窗口中直接修改资产类别名称即可。

3. 删除分类

选中一个类别后，单击菜单《资产类别》下的《删除》一项，即可删除。

图 4-65

4. 增加资产

选中一个类别后，单击【增加】按钮，弹出资产信息新增窗口（图4-66）。

资产类别自动带出，不可修改，在其他各编辑框中输入信息后，单击【保存】按钮，将增加该资产记录。

5. 修改资产

在资产列表中选择一个资产后，单击【修改】按钮，在资产信息修改窗口修改信息后，单击【保存】按钮，就可以保存本次的修改。

6. 删除资产

在资产列表中选择一个资产后，单击【删除】按钮即可。

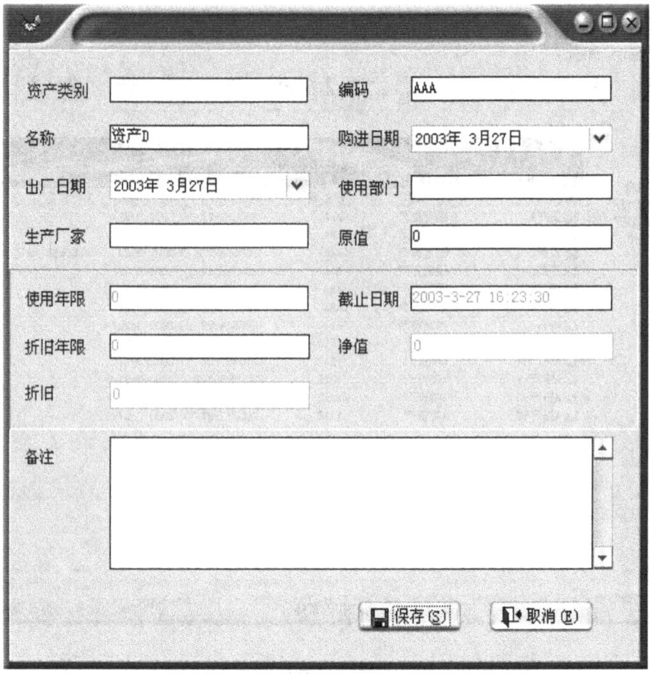

图 4-66

## 十二、设施设备

设施设备也是物业管理中比较重要的内容，一切维修保养等工程工作都需要围绕设施设备展开。以下主要讲解设施设备档案的录入、修改等操作。

从《档案管理》下选择《设施设备》一项，系统弹出"设施设备"窗口（图 4-67）。

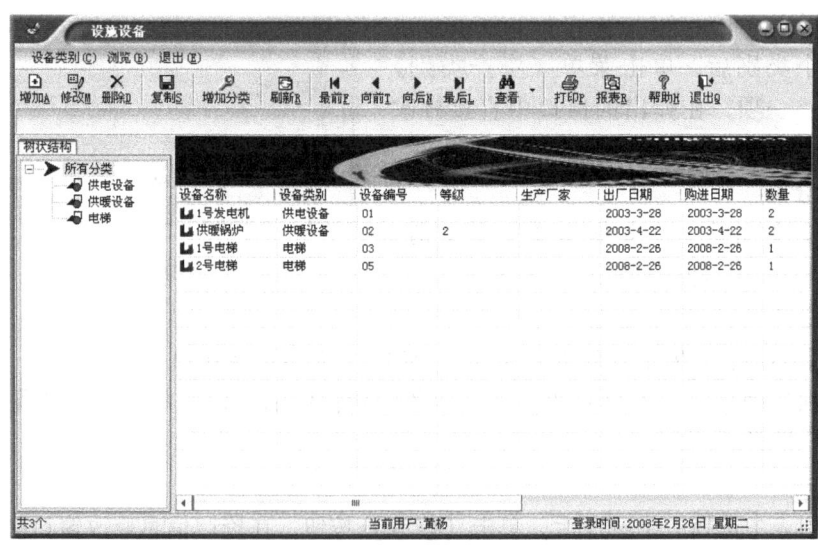

图 4-67

该窗口分为两个部分：左边的窗口用来显示设备类别，按类别的层次以树状结构显示；

右边为具体的设备列表信息,包括〖设备名称〗、〖设备编号〗、〖生产厂家〗等字段。

为了操作方便,将设备分类及设备档案在同一窗口操作。

1. 增加分类

首先选择菜单《设备类别》下的《增加》一项,将弹出设备类别输入框(图 4-68)。

输入类别名称后,单击【确定】按钮,将在图 4-67 中增加一个设备类别。在具体设备类别下还可以增加子类别,操作方法是:选中一个类别后,单击菜单《设备类别》下的《增加》一项,就可以增加分类了。

2. 修改分类

选中一个类别后,单击菜单《设备类别》下的《修改》一项,在弹出的窗口中直接修改设备类别名称即可。

图 4-68

3. 删除分类

选中一个类别后,单击菜单《设备类别》下的《删除》一项,即可删除。

4. 增加设备

选中一个类别后,单击【增加】按钮,弹出设备信息新增窗口(图 4-69)。

图 4-69

设备类别自动带出,不可修改,在其他各编辑框中输入信息后,单击【保存】按钮,将增加该设备记录。

5. 修改设备

在设备列表中选择一个设备后,单击【修改】按钮,在设备信息修改窗口修改信息后,单击【保存】按钮,就可以保存本次的修改。

6. 删除设备

在设备列表中选择一个资产后,单击【删除】按钮即可。

## 第五节 入住管理

在《维思力物业管理软件——专业版》中，入住管理是物业部门对客户与房间关系的确认，也是以后开展业务的基础。入住管理主要包含以下内容：入住管理、退房管理、产权管理、销权管理、换房管理、产权变更、看房记录、房间预定、租户资料、租赁合同。

### 一、入住管理

入住管理业务主要是指某个房间由哪个客户居住，何时开始入住，将这种关系进行确认的过程。

在主菜单项《入住管理》下选择《入住管理》一项，系统弹出"入住管理"窗口（图4-70）。

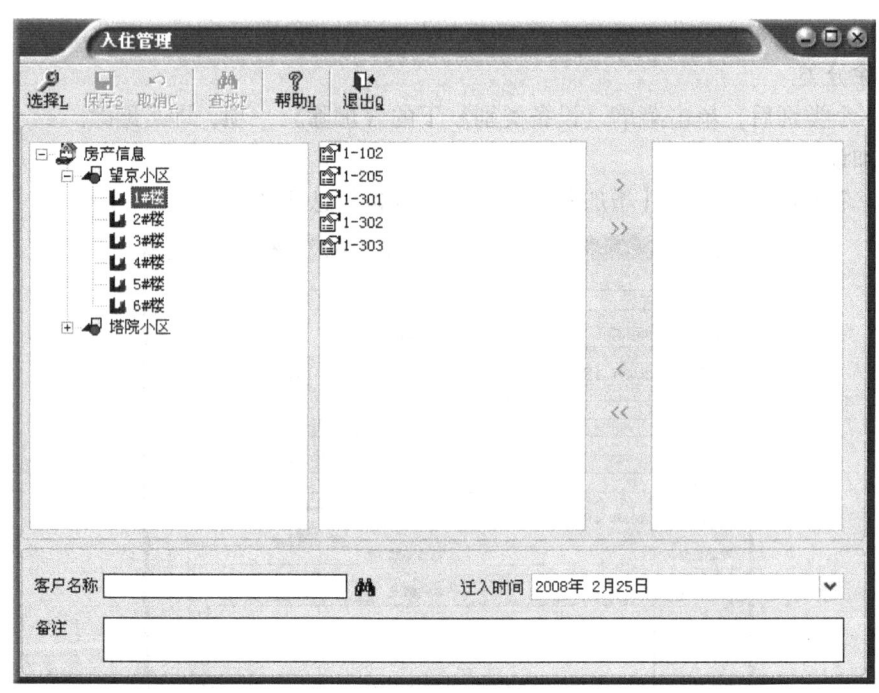

图 4-70

本窗口分为3个部分：楼宇列表（左）、可选房间列表（中）、已选房间列表（右）。
操作步骤如下：

首先单击【选择】按钮，使各方向选择按钮有效，然后选择某小区下的某个楼，可选房间列表中房间刷新，选中一个房间，单击【>】按钮，将该房间挪到已选房间列表中，然后单击〖客户名称〗选择框右边的按钮，弹出客户选择列表（图4-71）。

选择正确的客户后，单击【确定】按钮，将该客户选择到如图4-70所示的窗口中。

此时，窗口上方的【保存】按钮变亮，检查入住信息是否正确：将业主王先生迁入到望京小区的5#楼的5-101房间，如图4-72所示，如果正确，可以单击【保存】按钮，入住操作则完成（图4-73）。

图 4-71

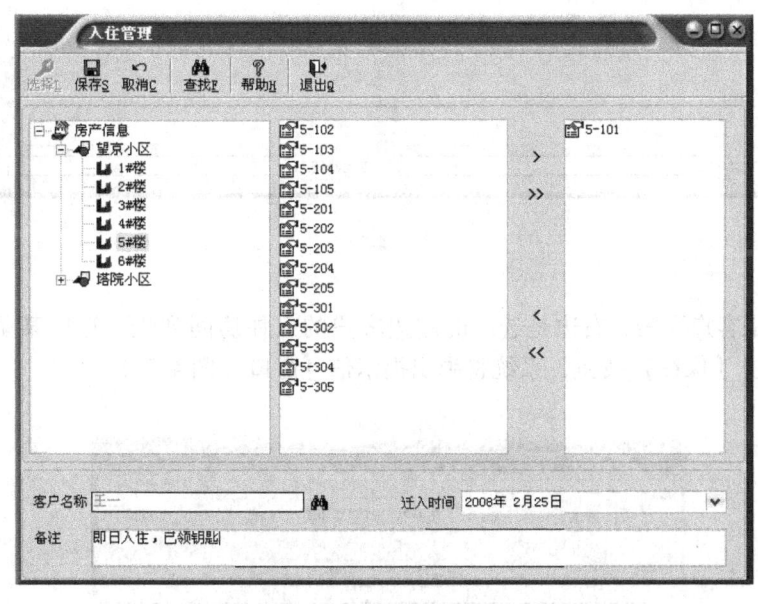

图 4-72

窗口返回到图4-70,并且刷新。可以继续将其他客户迁入到各自的房间中,重复操作即可。

窗口操作说明如下

【>】:将可选房间中的一个移到右边的已选房间中。

【>>】:将可选房间中的所有移到右边的已选房间中。

【<<】:将已选房间中的所有移到左边的可选房间中。

【<】:将已选房间中的一个移到左边的可选房间中。

图 4-73

在可选房间中双击某个房间将自动移动到右边已选房间中；在已选房间中双击某个房间将自动移动到左边可选房间中。

选中某个楼后，可选房间只列出未入住的房间，入住的房间不能重复入住。

## 二、退房管理

从主菜单《入住管理》中选择《退房管理》一项，系统弹出"退房管理"窗口（图4-74）。

图 4-74

窗口左边是客户列表，右边是选定的左边客户的入住房间列表，选中某条记录（某个房间）后，单击【保存】按钮，系统将弹出提示信息窗口（图4-75）。

图 4-75

选择"是"将完成退房操作。

注意：退房操作不能恢复，操作时要看清楚提示信息，然后操作。

## 三、产权管理

给客户分配产权房间是产权确认的过程。只有给客户进行产权确认，以后的费用收取（尤其是产权人费用）才可以有效地进行，否则将没有收费对象，无法收费。

从主菜单《入住管理》中选择《产权管理》一项，弹出"产权管理"窗口（图4-76）。

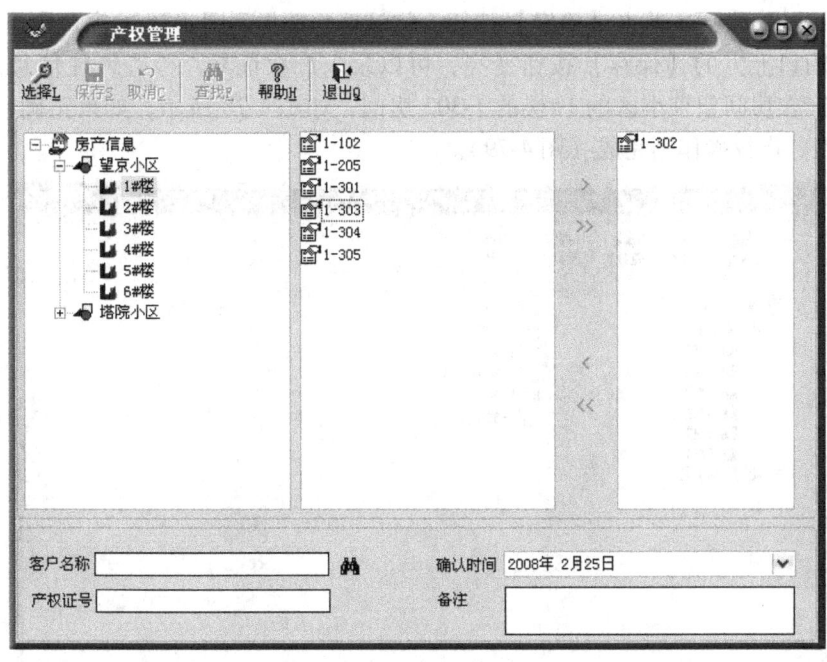

图 4-76

本窗口分为3个部分：楼宇列表（左）、可选房间列表（中）、已选房间列表（右）。

操作步骤如下：

首先单击【选择】按钮，使各方向选择按钮有效，然后选择某小区下的某个楼，可选房间列表中房间刷新，选中一个房间，单击【＞】按钮，将该房间挪到已选房间列表中，然后单击〖客户名称〗选择框右边的按钮，弹出客户选择列表（图4-77）。

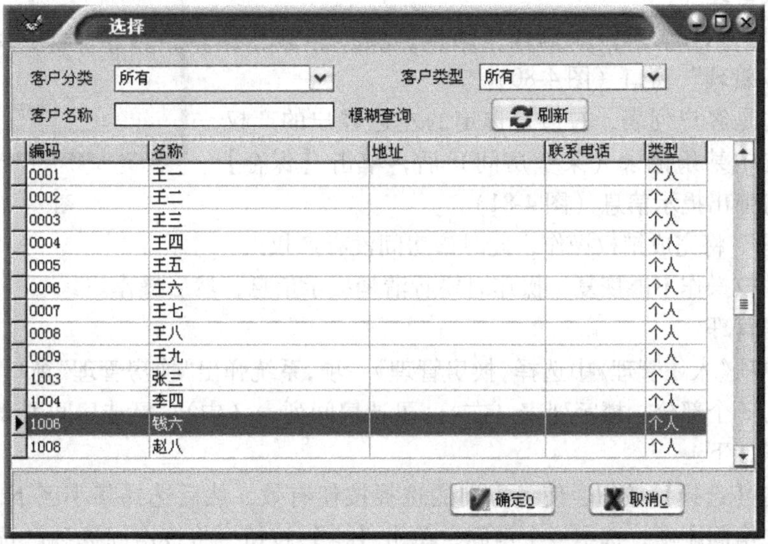

图 4-77

选择正确的客户后，单击【确定】按钮，将该客户选择到图 4-76 的窗口中。

此时，窗口上方的【保存】按钮变亮，可以录入产权证号，检查入住信息是否正确：将钱六分配产权房间望京小区的 1#楼的 1-302 房间，如图 4-78 所示，如果正确，可以单击【保存】按钮，产权操作则完成（图 4-79）。

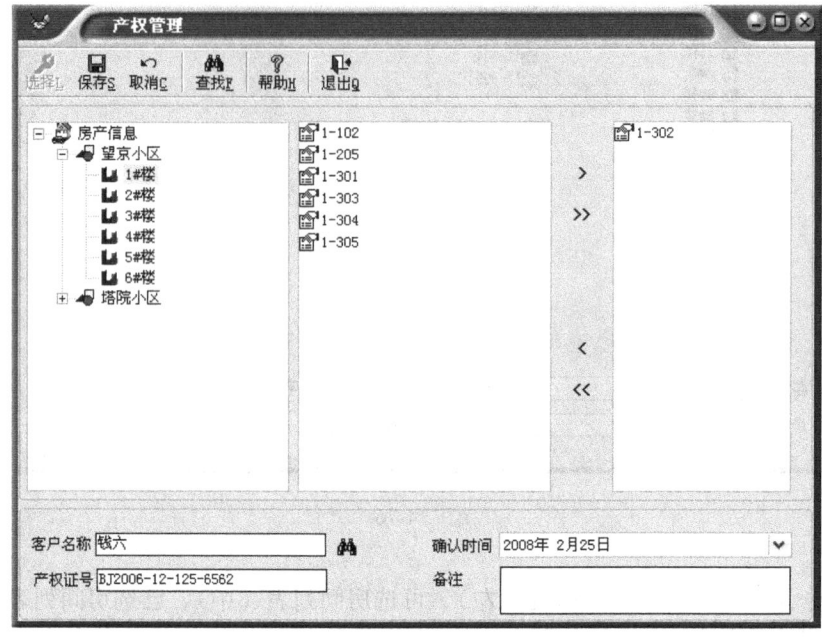

图 4-78

窗口返回到图 4-76，并且刷新。可以继续将其他客户分配产权房间中，重复操作即可。

窗口操作说明：参见本节入住管理中的操作说明。

### 四、销权管理

从主菜单《入住管理》中选择《销权管理》一项，系统弹出"销权管理"窗口（图 4-80）。

窗口左边是客户列表，右边是选定的左边客户的产权房间列表，选中某条记录（某个房间）后，单击【保存】按钮，系统将弹出提示信息（图 4-81）。

图 4-79

选择"是"将完成销权操作，此时该房间没有产权人。

注意：销权操作不能恢复，操作时要看清楚提示信息，然后操作。

### 五、换房管理

从主菜单项《入住管理》中选择《换房管理》一项，系统弹出"换房管理"窗口（图 4-82）。

窗口分为 3 个部分：楼宇列表（左）、可选房间列表（中）、已选房间列表（右）。

操作步骤如下：

首先单击【选择】按钮，使各方向的选择按钮有效，然后选择某小区下的某个楼，可选房间列表中房间刷新，选中一个房间，单击【＞】按钮，将该房间挪到已选房间列表中，然后单击〖客户名称〗选择框右边的按钮，弹出客户选择列表（图 4-83）。

图 4-80

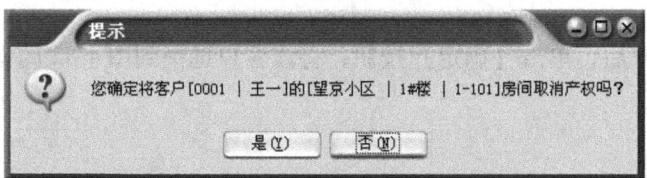

图 4-81

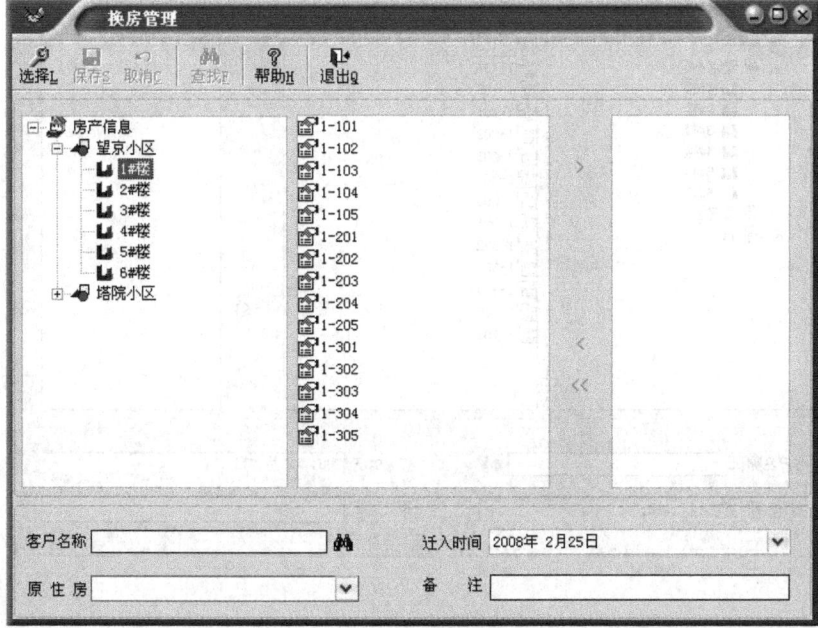

图 4-82

图 4-83

选择正确的客户后,单击【确定】按钮,将该客户选择到图 4-82 的窗口中。

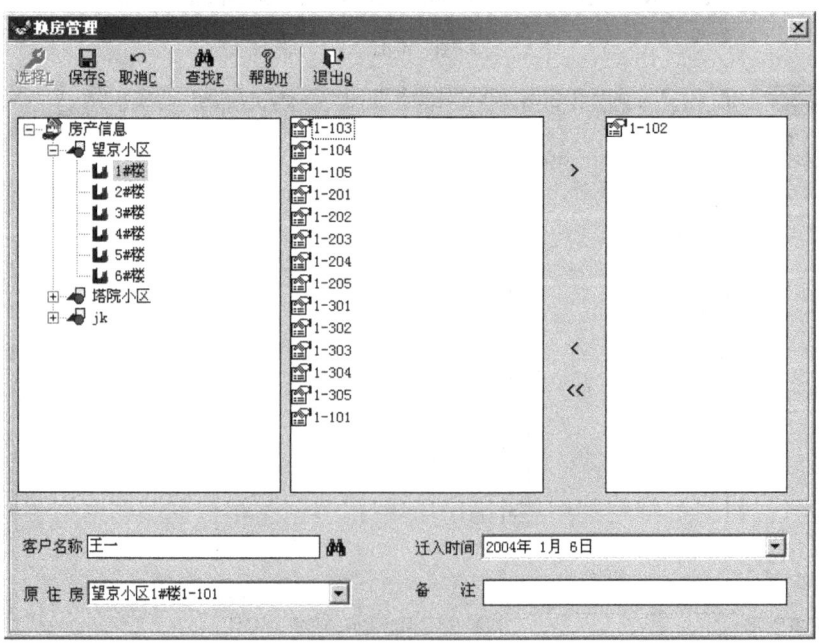

图 4-84

此时，窗口上方的【保存】按钮变亮，在原住房下拉框中选择需要换的房间号，已选房间列表中的房间为将要换入的房间，检查信息是否正确：如将王一的望京小区的1#楼的1-101房间换到望京小区的1#楼的1-102房间，如图4-84所示，如果正确，可以单击【保存】按钮，换房操作则完成（图4-85）。

窗口返回到图4-82，并且刷新。可以继续为其他客户换房，重复操作即可。

### 六、产权变更

从主菜单项《入住管理》中选择《产权变更》一项，系统弹出"产权变更"窗口（图4-86）。

本窗口分为3个部分：楼宇列表（左）、可选房间列表（中）、已选房间列表（右）。

图 4-85

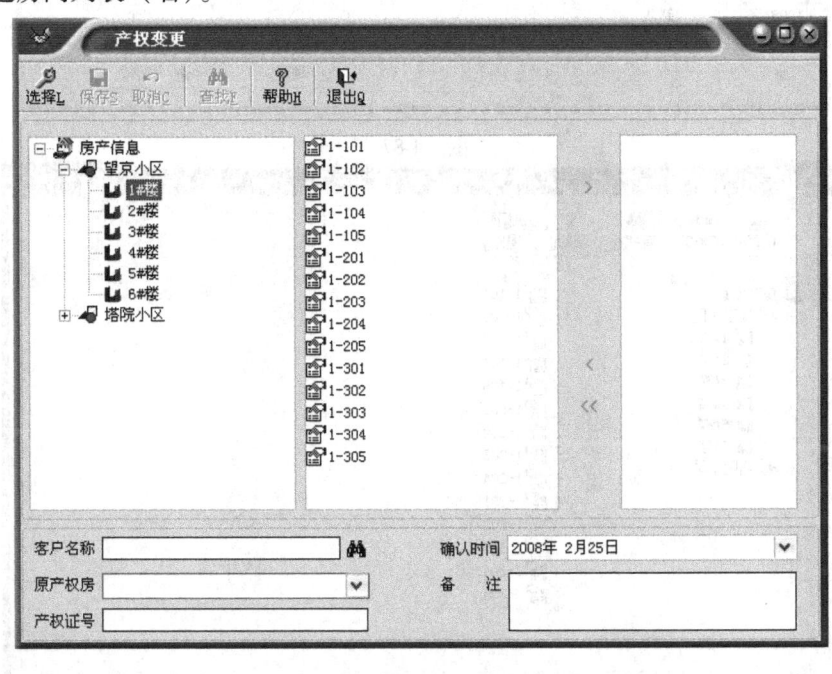

图 4-86

操作步骤如下：

首先单击【选择】按钮，使各方向选择按钮有效，然后选择某小区下的某个楼，可选房间列表中房间刷新，选中一个房间，单击【>】按钮，将该房间挪到已选房间列表中，然后单击〖客户名称〗选择框右边的按钮，弹出客户选择列表（图4-87）。

选择正确的客户后，单击【确定】按钮，将该客户选择到图4-86的窗口中。

此时，窗口上方的【保存】按钮变亮，在原产权房下拉框中选择需要退产权的房间号，已选房间列表中的房间为将要换入的产权房间，检查信息是否正确：如将王四的望京小区的1#楼的1-104房间产权变更到望京小区的1#楼的1-205房间，如图4-88所示，如果正确，可以单击【保存】按钮，换房操作则完成（图4-89）。

图 4-87

图 4-88

图 4-89

窗口返回到图4-86，并且刷新。可以继续为其他客户更换产权房间，重复操作即可。
**七、看房记录**

从主菜单《入住管理》中选择《看房记录》一项，系统弹出"看房记录"窗口（图4-90）。

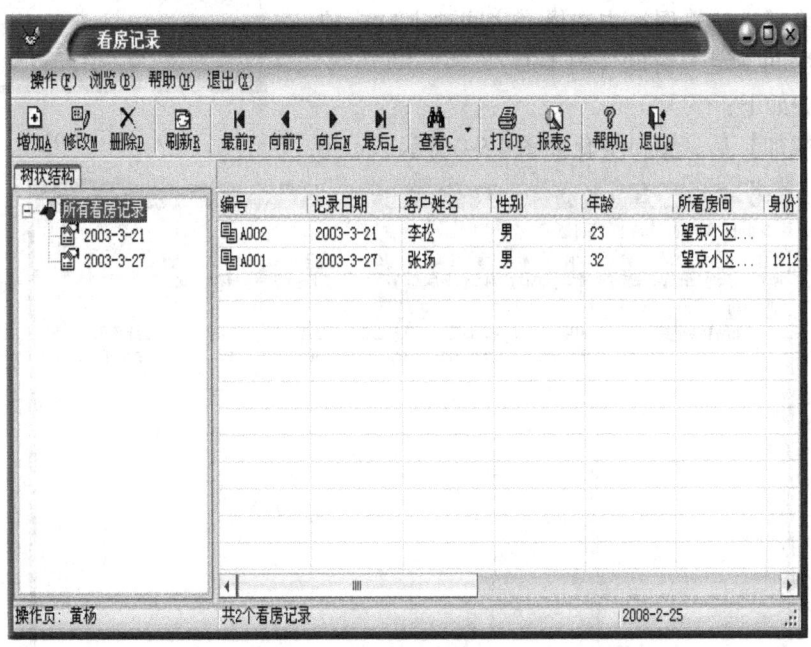

图 4-90

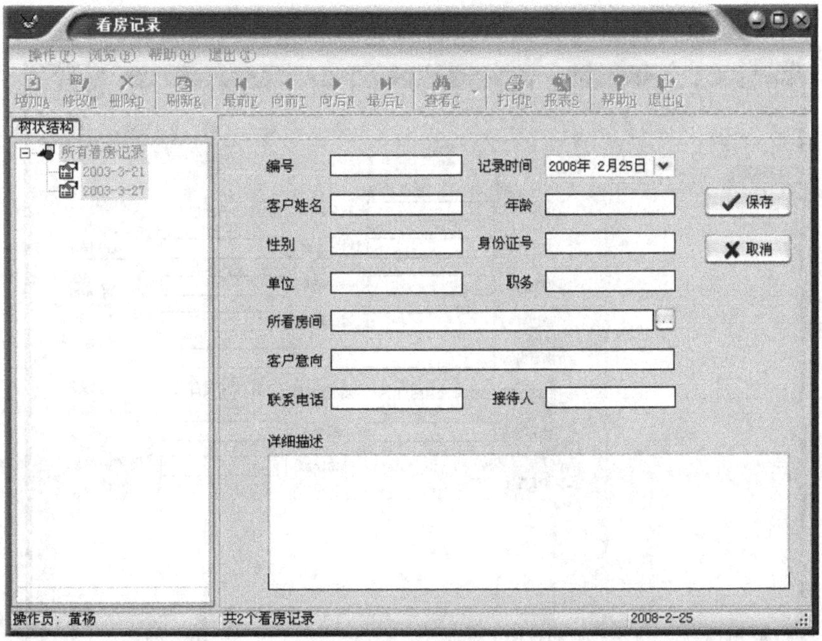

图 4-91

操作方法为：单击【增加】按钮后，窗口变化如图 4-91 所示。输入对应信息后，单击【保存】按钮，信息保存后（图 4-92），窗口返回到图 4-90。可以重复操作。

**八、房间预定**

从主菜单《入住管理》中选择《房间预定》一项，系统弹出"房间预定"窗口（图 4-93）。

操作方法如下：

单击【增加】后，窗口变化如图 4-94 所示。

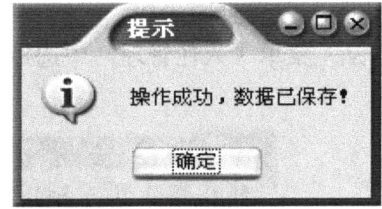

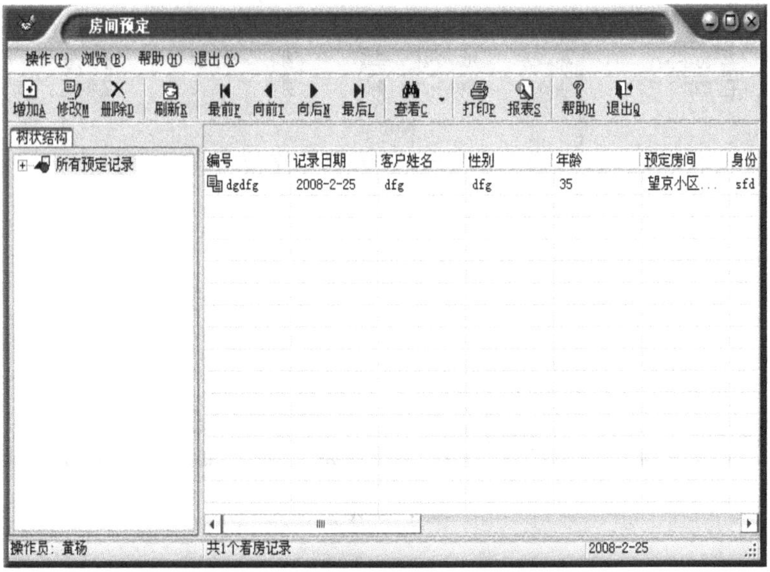

图 4-92

图 4-93

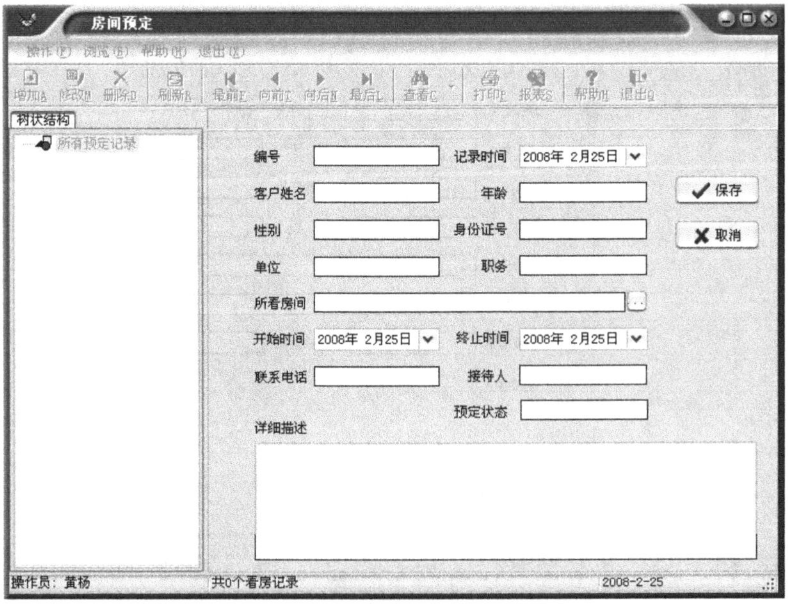

图 4-94

输入对应信息后,单击【保存】按钮,信息保存后(图4-95),窗口返回到图4-93。可以重复操作。

### 九、租户资料

物业管理中可能有一部分房屋属于出租房,这就需要记录承租人姓名等资料信息。租户资料即是对租户的信息进行管理、查询等。

从主菜单项《入住管理》中选择《租赁管理》,再选择《租户资料》一项,系统弹出"租户资料"窗口(图4-96)。

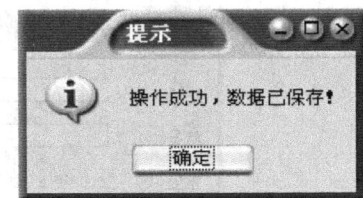

图 4-95

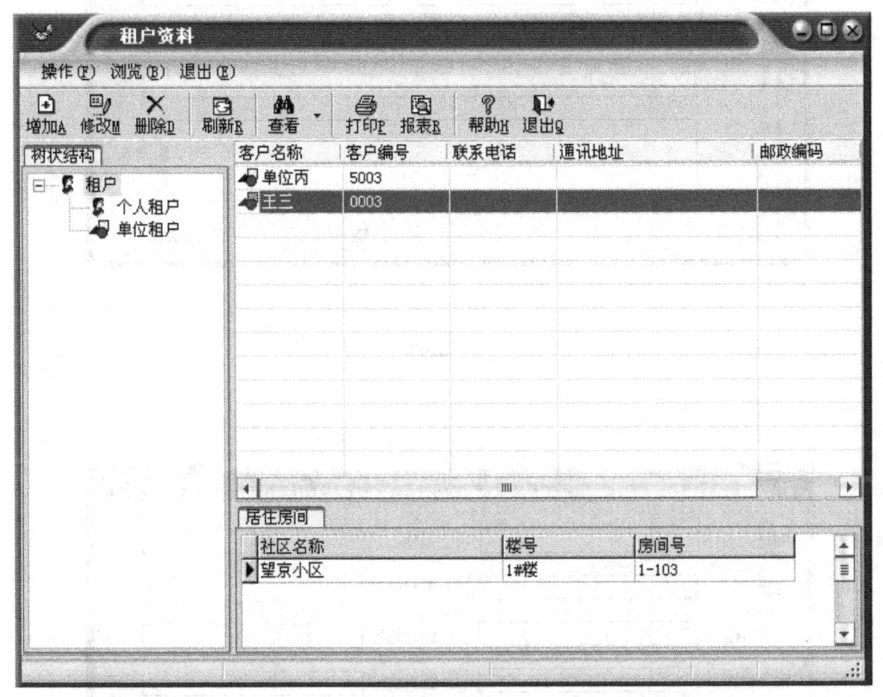

图 4-96

租户分为两类:个人和单位。在个人租户下录入的租户将是个人租户,在单位租户下录入的租户就是单位租户。首先选中个人租户或者单位租户,单击【增加】按钮,将弹出租户的录入窗口(图4-97)。

录入信息后,单击【保存】按钮,租户信息将增加;修改操作基本相同,首先选中一个租户,单击【修改】按钮,进入信息修改界面,修改信息后,单击【保存】按钮,租户信息将被修改。删除操作为:首先选中一个租户,单击【删除】按钮按照程序提示就可完成删除。单位租户信息窗口如图4-98所示。

### 十、租赁合同

从主菜单项《入住管理》中选择《租赁管理》,再选择《租赁合同》一项,系统弹出"租赁合同"窗口(图4-99)。

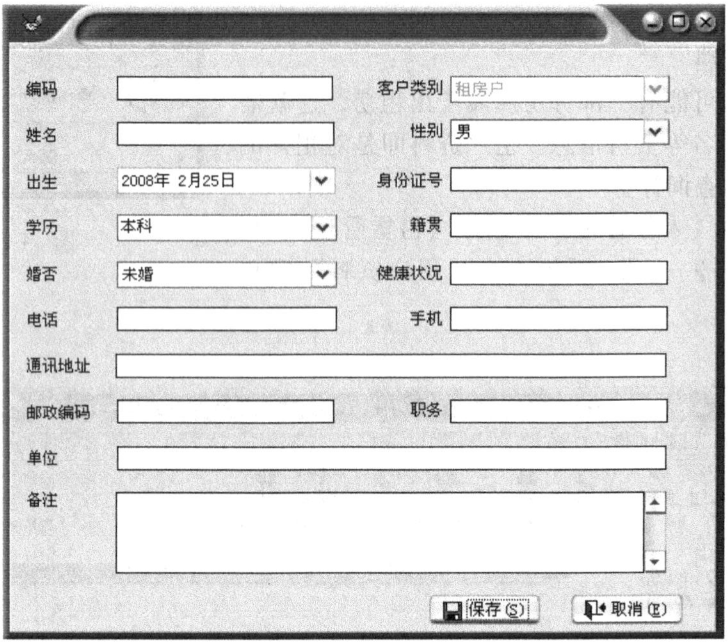
编码
客户类别
租房户
姓名
性别
男
出生
2008年 2月25日
身份证号
学历
本科
籍贯
婚否
未婚
健康状况
电话
手机
通讯地址
邮政编码
职务
单位
备注
保存(S)
取消(E)

图 4-97

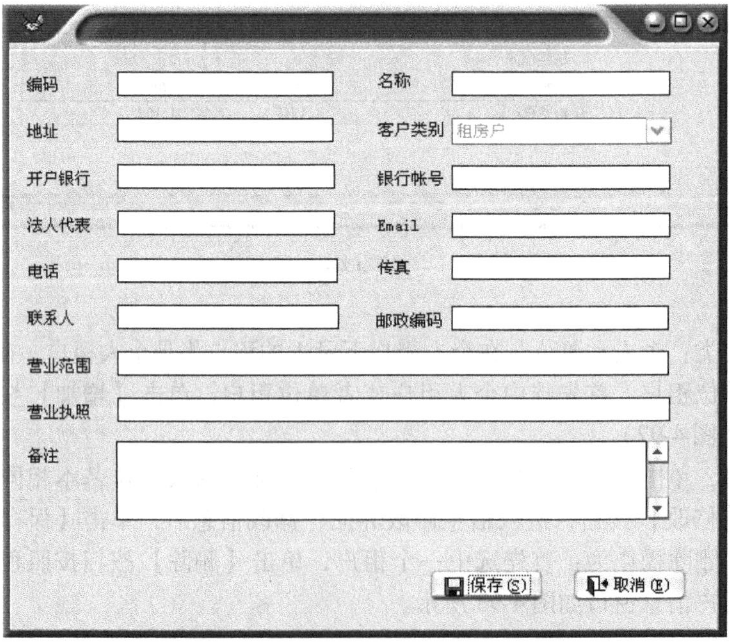
编码
名称
地址
客户类别
租房户
开户银行
银行帐号
法人代表
Email
电话
传真
联系人
邮政编码
营业范围
营业执照
备注
保存(S)
取消(E)

图 4-98

图 4-99

租赁合同主要是对物业公司与租户所签合同档案进行录入、查询等操作。单击【增加】按钮后，进入增加窗口（图4-100）。选择客户窗口如图4-101所示，选择房间窗口如图4-102所示。保存后将新增一条租赁合同记录，窗口如图4-103所示。

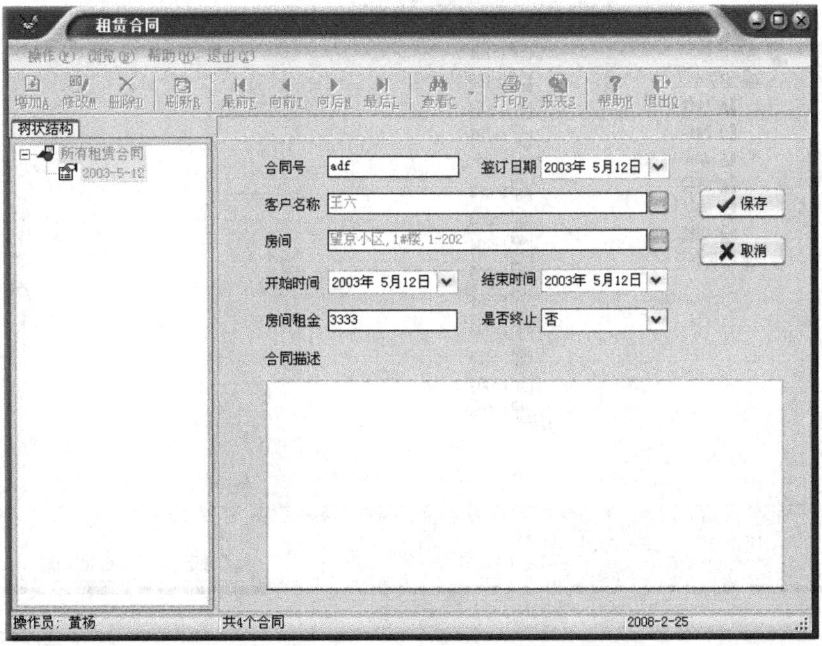

图 4-100

图 4-101

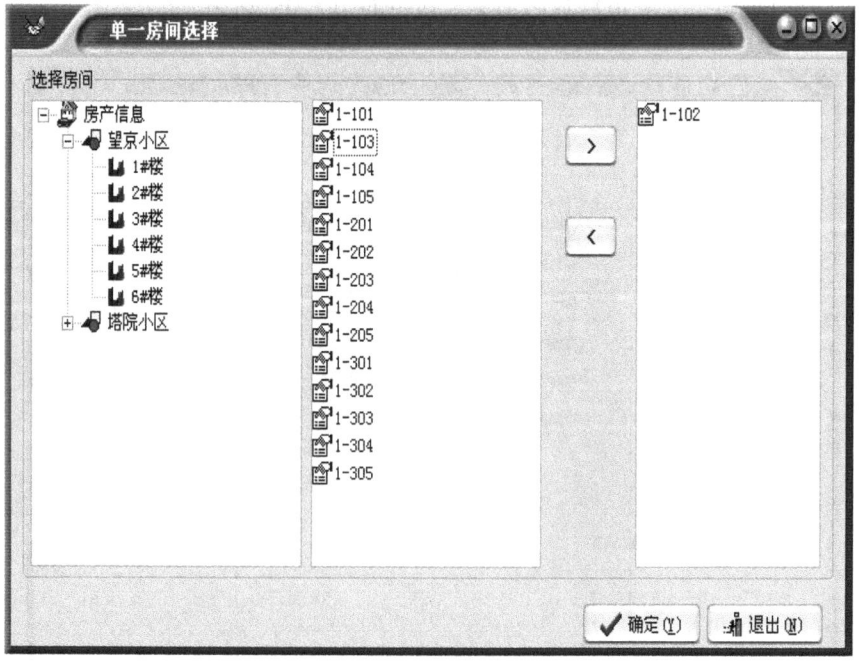

图 4-102

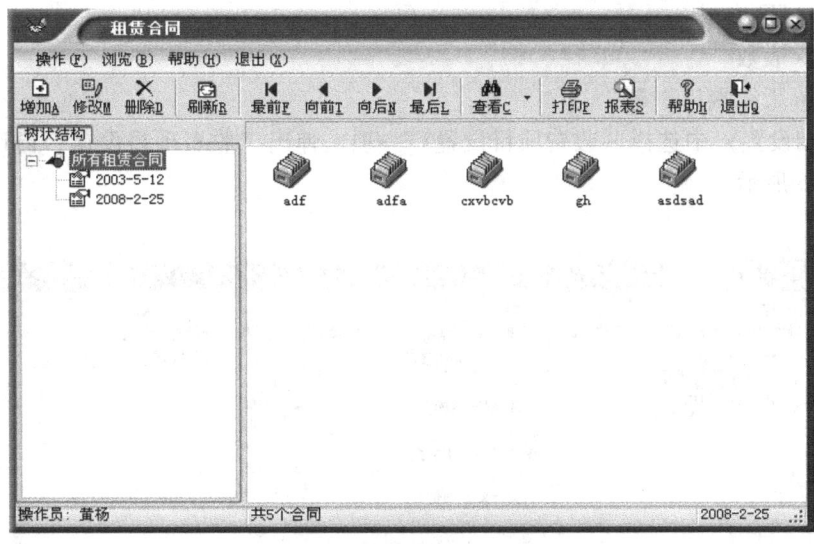

图 4-103

## 第六节 财务管理

财务管理是物业管理的核心内容。财务管理主要包括：收费项目设置、租金设置、水电气表数录入、费用计算、普通收费、押金、预缴款交退、临时收费、公共维修基金的管理、财务报表、统计分析等。

单击主菜单项《财务管理》，进入财务管理模块（图4-104）。

图 4-104

### 一、收费项目设置

只有设置了收费项目，才可以进行费用计算。收费项目是周期性费用，需要设置单价、收费周期、收费对象、收费标准等。收费标准有以下几种：

● 单价

- 单价×面积
- 单价×表数
- 单价×天线端口，等

从《基础设置》中选择《收费项目设置》一项，弹出"收费项目设置"窗口，如图4-105、图4-106所示。

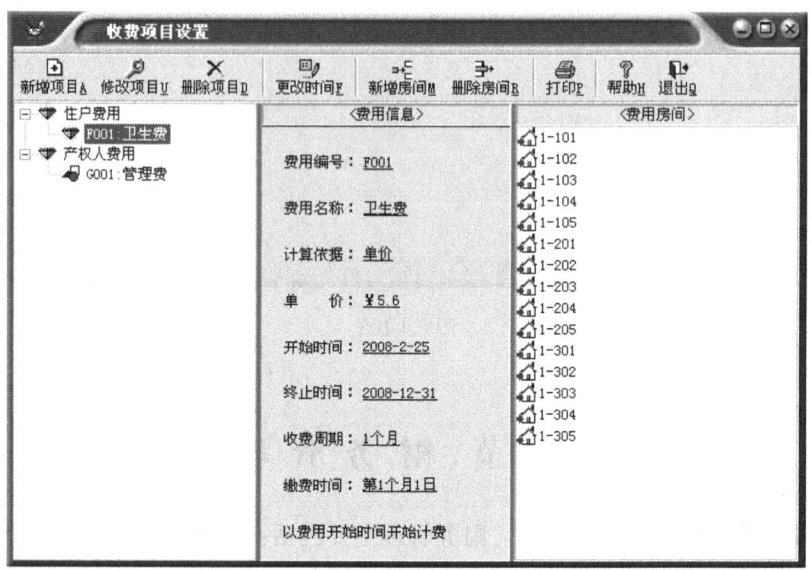

图 4-105

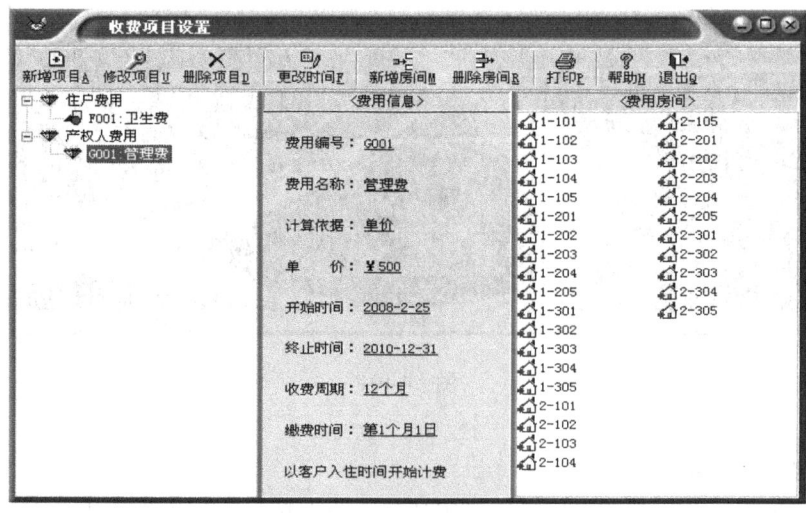

图 4-106

费用项目分为两类：住户费用、产权人费用。

1. 新增项目

单击【新增项目】按钮，进入费用项目信息设置窗口（图4-107）。

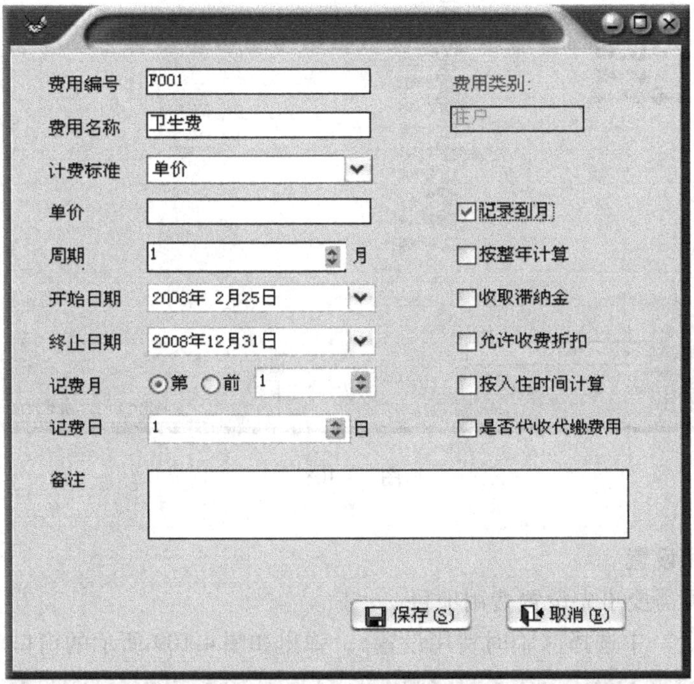

图　4-107

输入基本信息后，单击【保存】按钮，费用项目内容即可保存。

2. 修改项目

选中需要修改信息的费用项目，单击【修改项目】按钮，进入图4-107的窗口，修改需要修改的信息后，单击【保存】按钮，费用项目内容即可修改。

3. 删除项目

选中需要删除的费用项目，单击【删除项目】按钮，确认后完成删除。

4. 更改时间

更改时间是指更改项目的终止时间。

5. 增加计费房间

首先选择某个费用项目，单击【新增房间】按钮，弹出"收费房间设置管理"窗口（图4-108）。

根据情况选择房间，此界面操作方法前面有介绍，可以参考前面的讲述。

6. 删除计费房间

在图4-105窗口中，选择费用房间列表中的某个房间，单击【删除房间】按钮，完成删除，房间删除后，以后的费用计算将不再计算该房间费用。

图 4-108

## 二、临时费用设置

临时收费计算需要事先设置费用项目。

从《基础设置》中选择《临时费用设置》，弹出如图 4-109 所示的窗口。

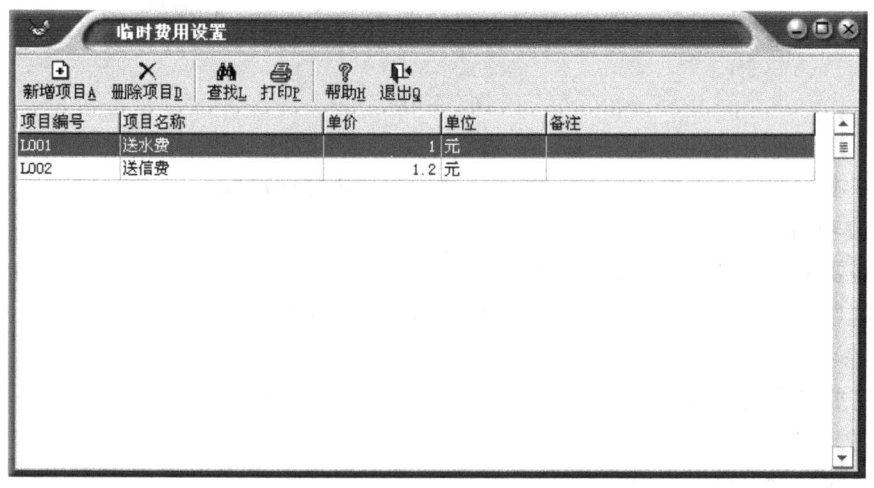

图 4-109

单击【新增项目】按钮，在弹出的信息录入窗口（图 4-110）中输入费用的各项内容，单击【保存】按钮，将新增记录。修改操作与此相同。

## 三、房间五表设置

从《基础设置》中选择《五表设置》，系统弹出"五表设置"窗口，如图 4-111、图 4-112 所示。

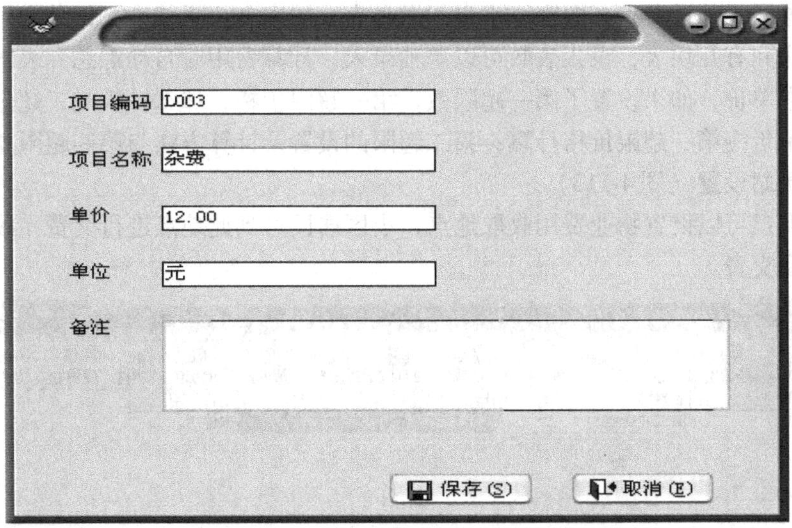

图 4-110

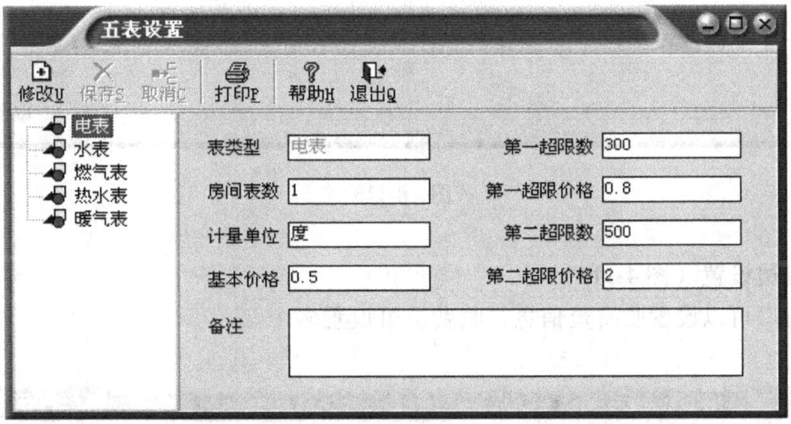

图 4-111

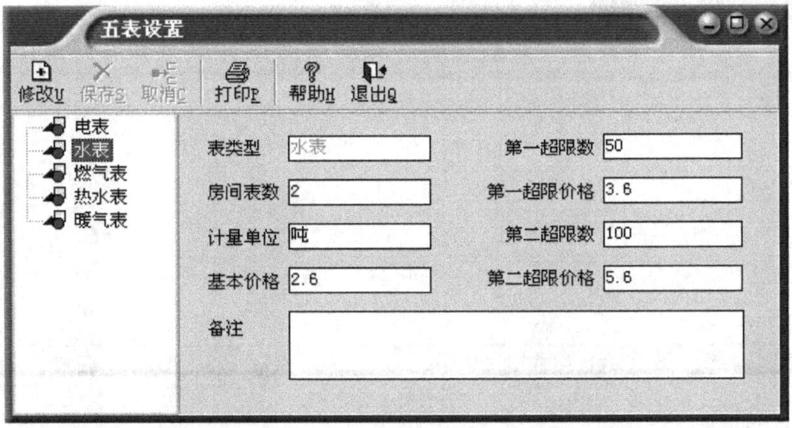

图 4-112

系统设置了5种计费表：电表、水表、燃气表、热水表、暖气表。每种表可以设置表数量，即每个房间有几块表，录入表数可以单独录入，计算费用时自动汇总。表的单价也可以设置，有基本单价，如果设置了第一超限数、第一超限价格，那么计算时，超过第一超限数部分表数的单价按第一超限价格计算；第二超限的设置及计算方法与第一超限相同。

**四、收费站设置**（图4-113）

通过此窗口可以设置物业费用收取地点，小区居民可到此地点进行交费，收费点可设置多处，以方便交费。

图 4-113

**五、收费员设置**（图4-114）

通过此窗口可以设置收费员信息，收费员可设置多个。

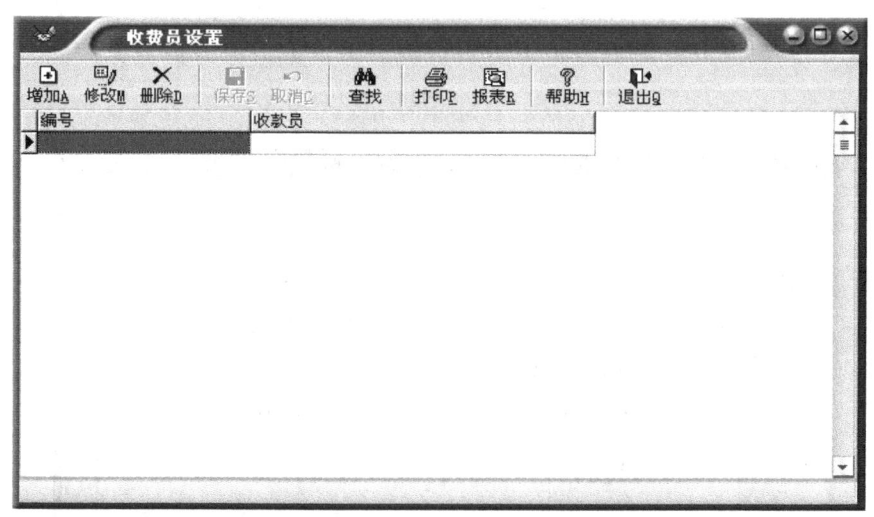

图 4-114

## 六、收付款方式（图4-115）

通过此窗口可以设置物业费付款方式，一般有现金和支票等几种收费方式。

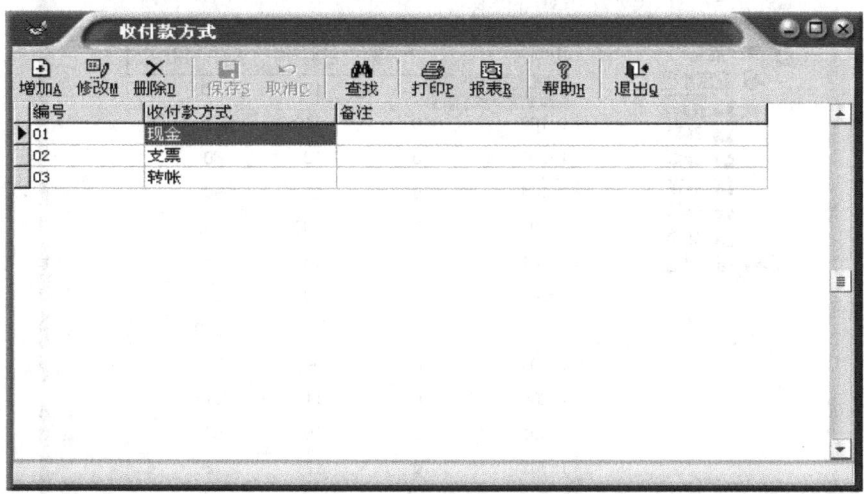

图 4-115

## 七、发票类型（图4-116）

通过此窗口可以设置物业费收取后开具发票的发票种类。

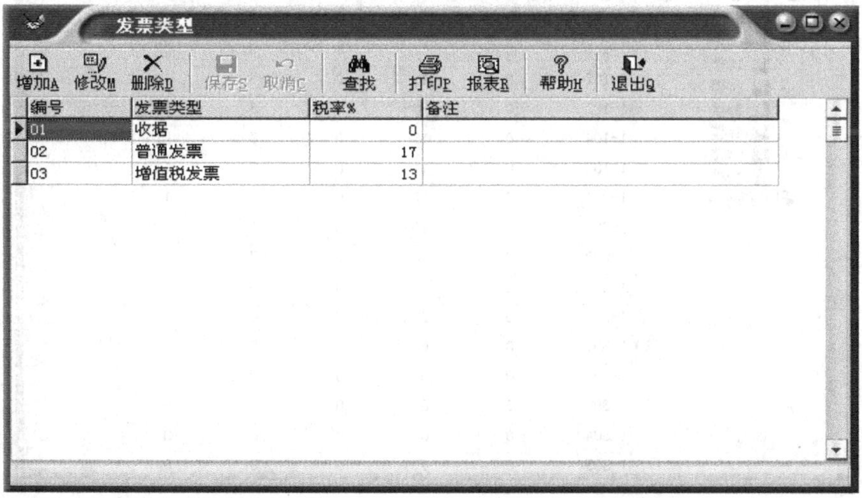

图 4-116

## 八、表数录入

从《表数录入》中选择《电表表数录入》，弹出如图4-117所示的窗口。

为了操作方便，我们可以按楼录入表数，选中某个楼后，房间列表在窗口的右半部分，只可以录入本月数，录入完后，单击【保存】按钮，当前楼宇当前月的表数就录入完了。循环选择其他楼宇，继续录入其他房间的表数。

下面是水表表数录入，由于图4-112的每个房间设置了2块水表，因此录入窗口如图4-

图 4-117

图 4-118

118 所示,可同时输入表一和表二的当前表数,系统自动算出实际消耗的水吨数。

录入结束后,单击【保存】按钮即可(图4-119)。其他费用表的表数录入方法相同。

### 九、五表读数审核

以下主要是对各种费用表的表数录入进行校验,根据校验结果判断是否有漏掉的或数据不合理的,进而决定是否需要修改表数录入。

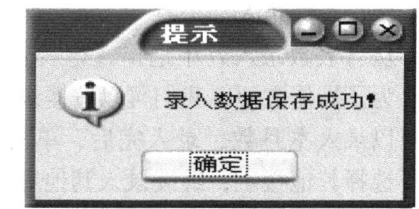

图 4-119

从主菜单《费用计算》中选择《五表读数审核》，弹出如图 4-120 所示的窗口。

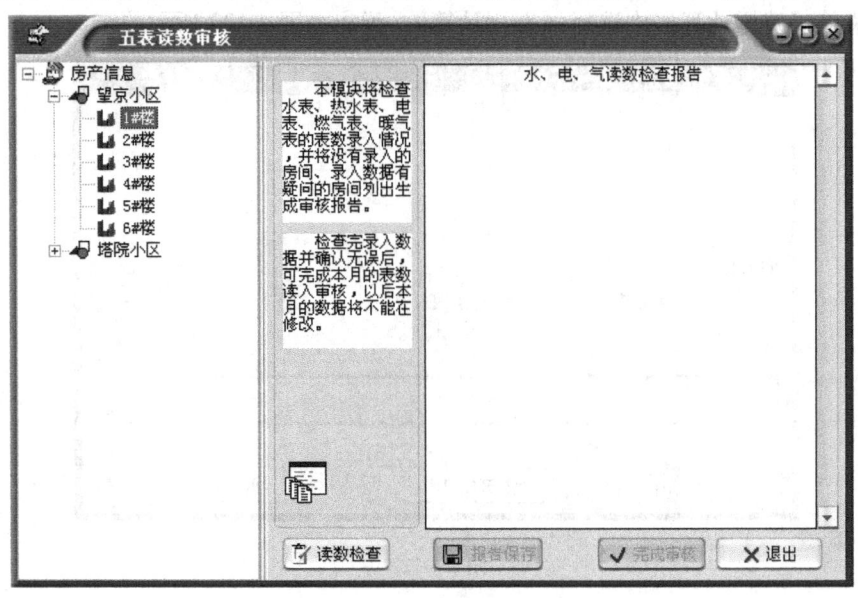

图 4-120

操作方法：按顺序逐个选择楼宇，然后单击【读数检查】按钮，则窗口右边生成水、电、气检查报告（图 4-121）。

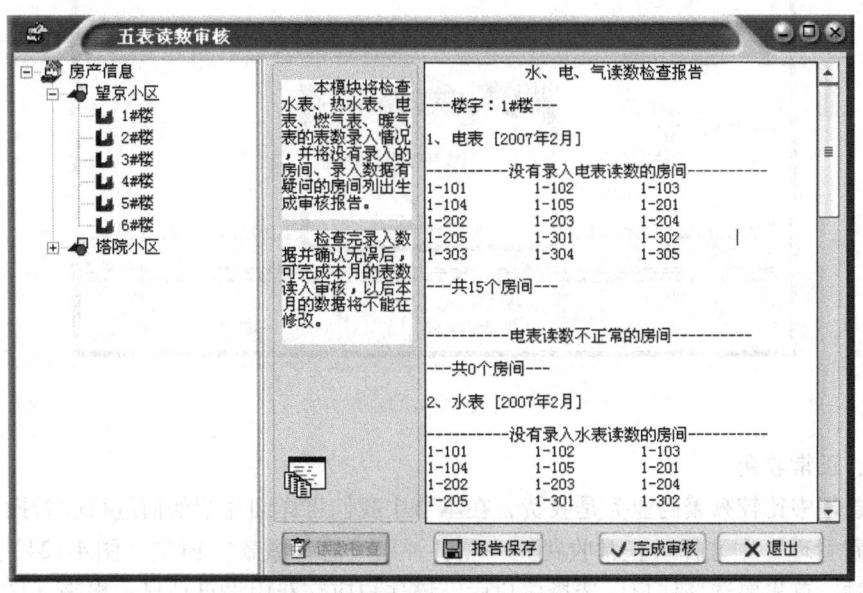

图 4-121

如果发现有表数录入不正确的房间或漏输入的房间，应回到表数录入窗口，首先补充录入，最后再次进行录入检测，最后单击【完成审核】按钮，则审核完成，窗口退出。

## 十、费用计算

从主菜单《费用计算》中选择《费用计算》，弹出如图 4-122 所示的窗口。

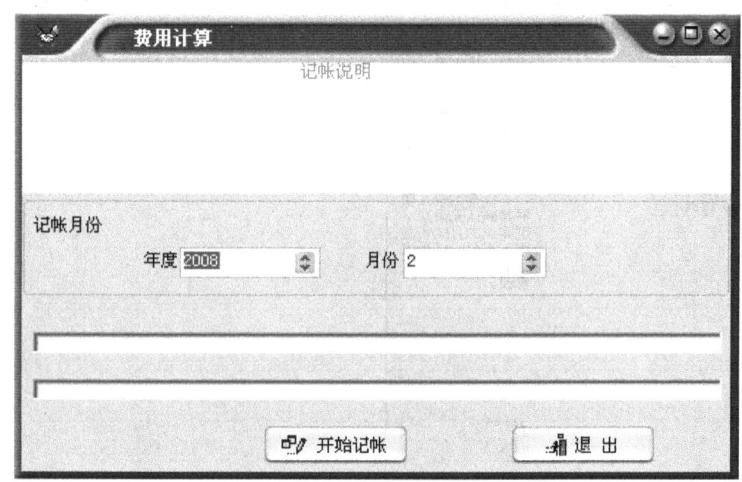

图 4-122

单击【开始记帐】按钮，则系统自动计算各房间的所有应发生的费用，并生成费用记录清单，根据费用清单，我们可以出凭据，以此向住户或产权人收费（图 4-123）。

图 4-123

## 十一、正常收费

财务管理中比较频繁的业务是收费，在本节中我们将详细介绍如何进行收费操作。从主菜单《收费管理》中选择《正常收费》一项，弹出"客户缴款"窗口（图 4-124）。

操作时，首先要选择住户，选择住户后，该住户应交费用将自动显示出来（图 4-125）。

然后可选择费用类型。在这里我们将费用分为三类：住户费用、产权人费用、临时费用。当选择不同的费用类型时，右边费用明细表中将列出客户应交的费用。费用表上方列出了客户的总体信息，包括应交金额、押金及预付款金额等。在费用列表中选择客户本次交的费用项目，在费用行前的小方框内画'√'，表示选中该项费用。然后单击【缴款】按

图 4-124

图 4-125

钮,进入"缴款"窗口(图4-126)。

应收金额自动算出,实际交纳可以修改,当实际交纳的金额多于应收金额时,则弹出提示信息(图4-127)。

如果选"是",则继续进行收费,否则退出,重新输入实际交纳金额。收费确定后,窗口退回到图4-124所示的窗口,我们可以继续重复的操作,选择其他客户进行收费。

**十二、抵押金**

下面是对客户的抵押金进行收退的操作,窗口如图4-128所示。

首先选择客户,单击"客户编码"右边的小按钮,在弹出的"客户选择"窗口进行选择,也可以在〖客户编码〗中直接输入客户编码,然后按<回车>键,也可以自动带出客户信息。选择抵押金类型、选择付款方式、输入金额(图4-129),单击【确定】按钮,本次操作将完成。

图 4-126

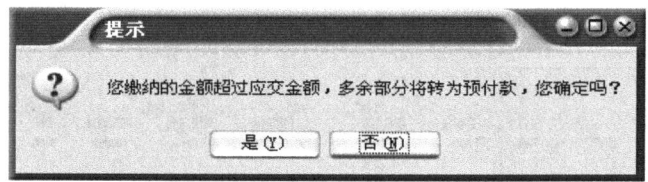

图 4-127

图 4-128

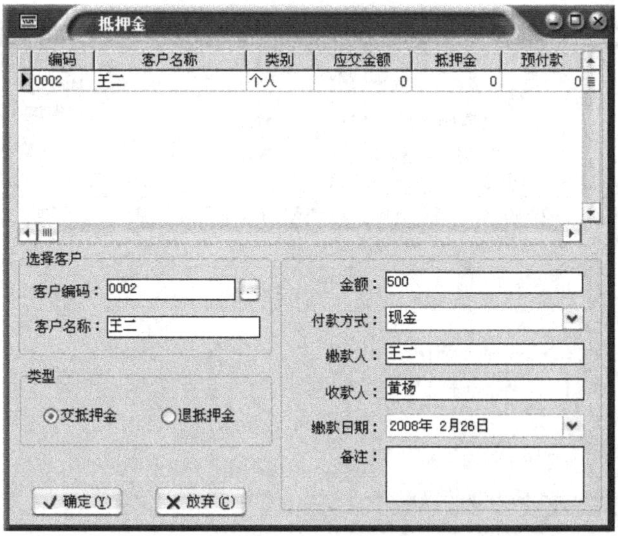

图 4-129

需要退押金时,窗口将自动显示剩余押金数,输入要退的金额,类型选择"退抵押金",单击【确定】按钮即可完成。

### 十三、预付款

预付款的收退操作窗口如图 4-130 所示。操作方法与抵押金操作基本相同。

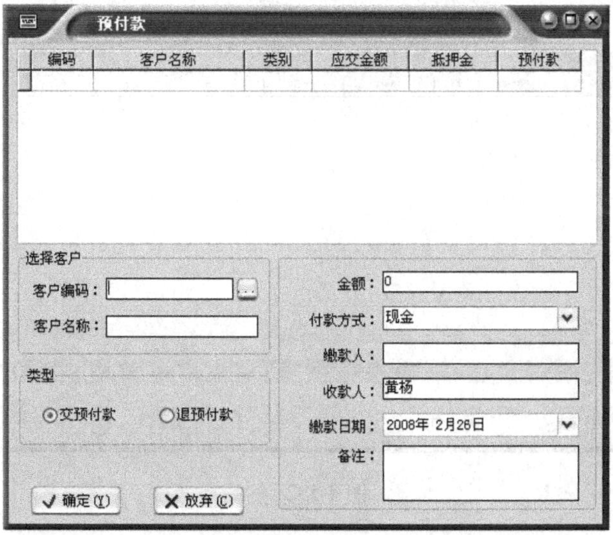

图 4-130

### 十四、临时收费

对物业管理中的一些临时发生的费用,我们可以在"临时收费"模块中进行操作,窗口如图 4-131 所示。

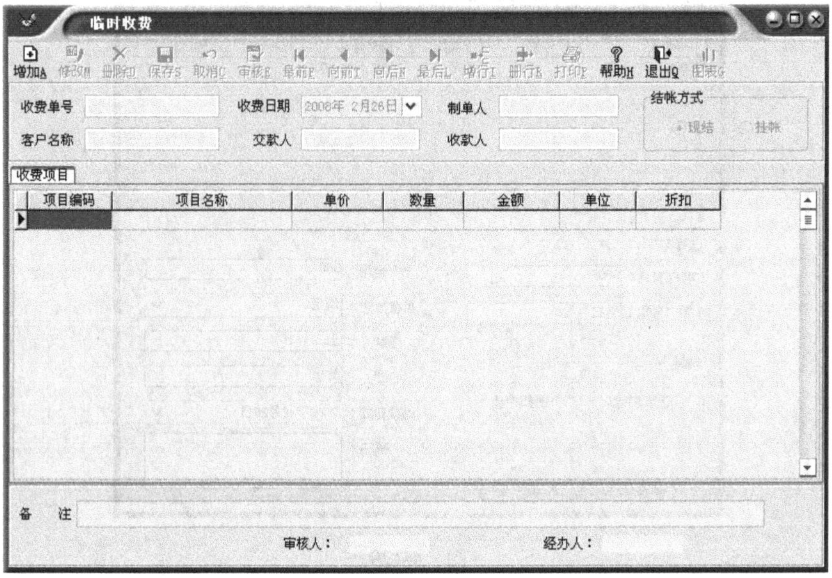

图 4-131

单击【增加】按钮，窗口发生如图 4-132 所示的变化。

图 4-132

收费单号自动生成，整个窗口处于增加或修改状态，〖客户名称〗可以通过双击编辑框来选择，结帐方式可以是现结或挂帐。如果是现结则该单据保存审核完后费用记入已收费用表，如果选择挂帐，则本次发生的费用将记入应收表，我们还需要到正常收费模块中进行临时费用的收缴操作。收费项目列表中需要选择费用项目，双击"收费项目"中的〖项目编码〗字段，将弹出临时费用项目选择列表（图 4-133）。

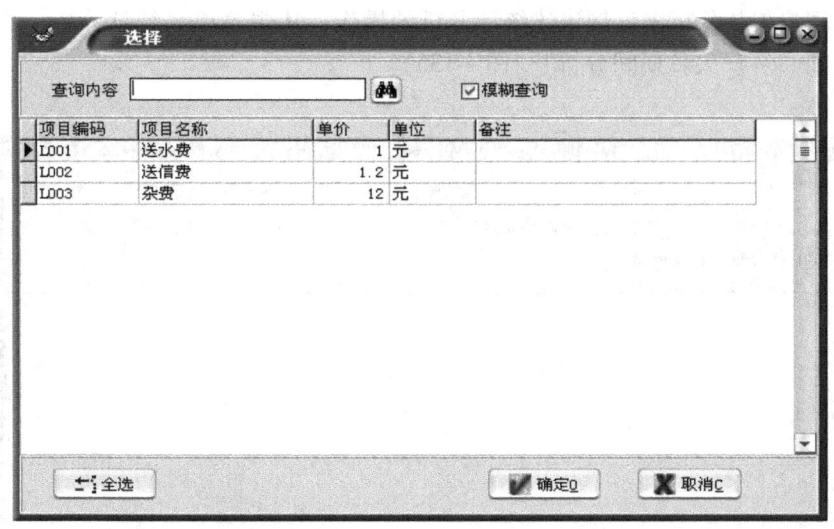

图 4-133

选择需要的项目，单击【确定】按钮，将在图 4-131 的窗口中增加一条费用记录（图 4-134）。

图 4-134

所有项目输入结束后，单击【保存】按钮，将保存本次临时收费信息，此时如果收费信息正确无误，则需要单击【审核】按钮，表示对本次收费的确认，确认费用已发生，不能再修改。

### 十五、统计分析

以下以客户欠款分析表为例讲述统计分析的操作：从主菜单《统计分析》中选择需要统计的表，如"客户欠款期间分析"（图4-135）。

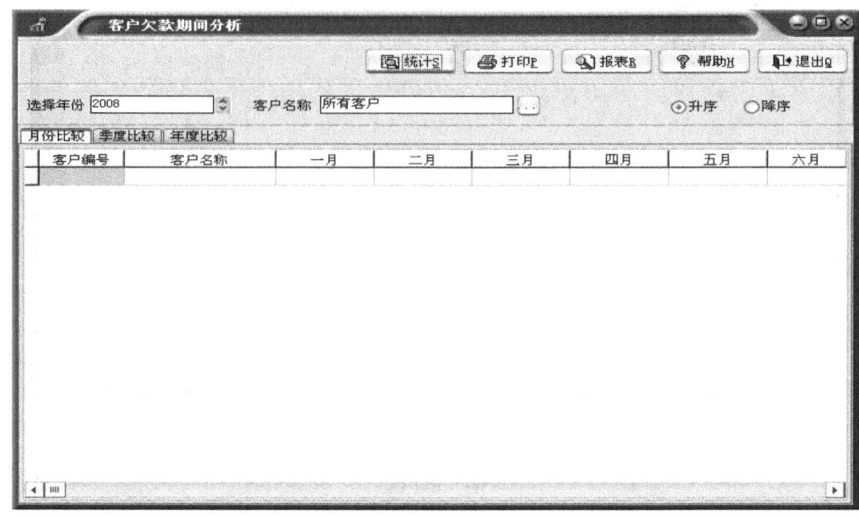

图 4-135

窗口有查询条件，如年份、客户名称；有查询结果报表；还有打印、统计等操作。首先确定统计条件：如"2004年"、"所有客户"，然后单击【统计】按钮，等待片刻之后，结果将在列表中显示出来。此时我们可以浏览，也可以打印（图4-136）。

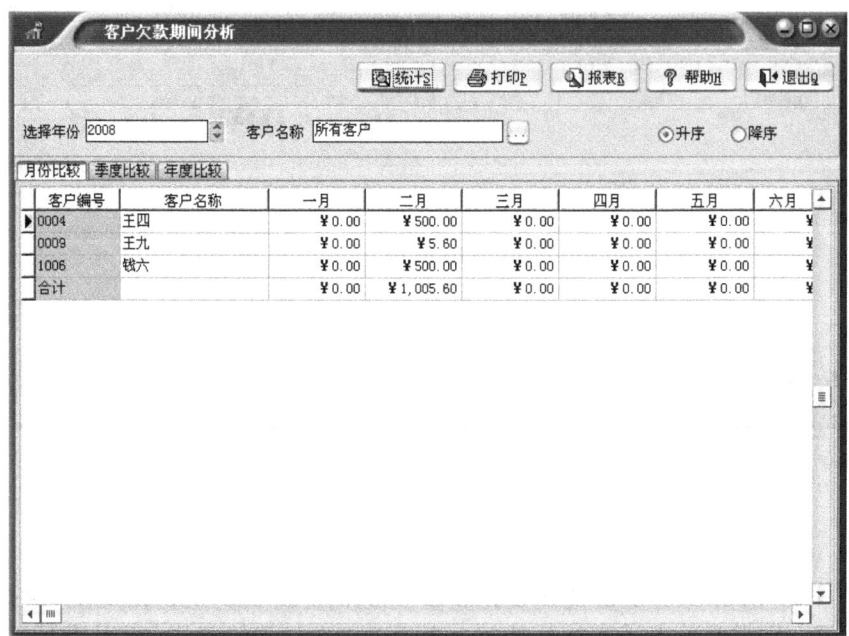

图 4-136

## 第七节 工程维修

工程维修的基本业务有：工程设置、工程管理、设备管理、住户维修、装修管理、设备普查、统计分析等功能。单击主菜单《工程管理》，将进入"工程维修"子系统（图 4-137）。

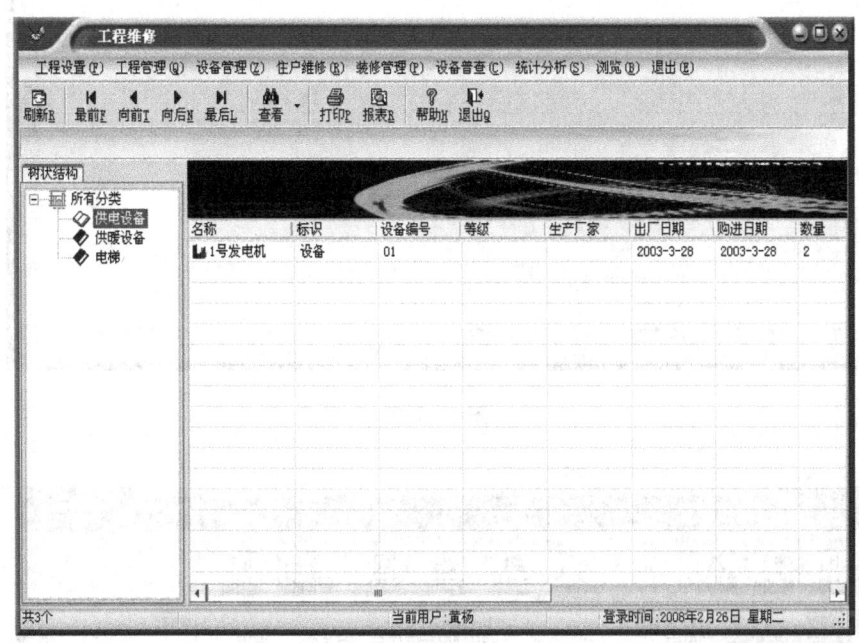

图 4-137

### 一、工程设置

《工程设置》菜单主要执行工程项目、人员、器材等基础信息的设置操作，功能菜单如图 4-138 所示。

操作方法如下：

1. 班次设置（图 4-139）

操作方法：单击【增加】或【修改】按钮后，在列表中直接添加内容或修改信息，然后单击【保存】按钮即可。

2. 岗位设置（图 4-140）

操作方法：单击【增加】或【修改】按钮后，在列表中直接添加内容或修改信息，然后单击【保存】按钮即可。

3. 工程项目设置（图 4-141）

操作方法：单击【增加】或【修改】按钮后，在列表下方各编辑框中直接添加内容或修改信息，然后单击【保存】按钮即可。

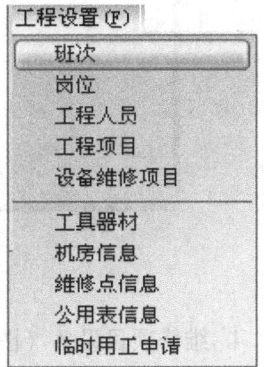

图 4-138

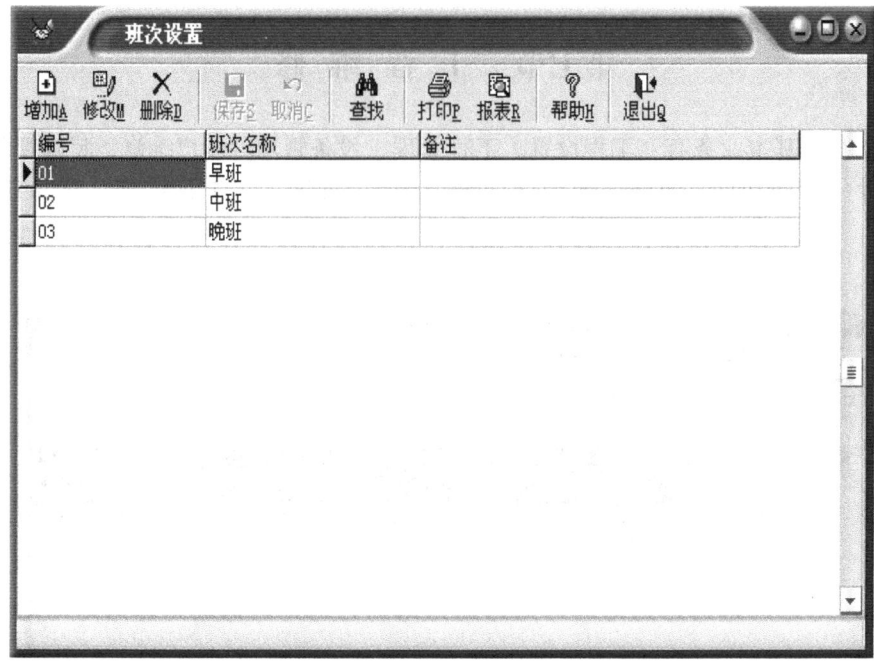

图 4-139

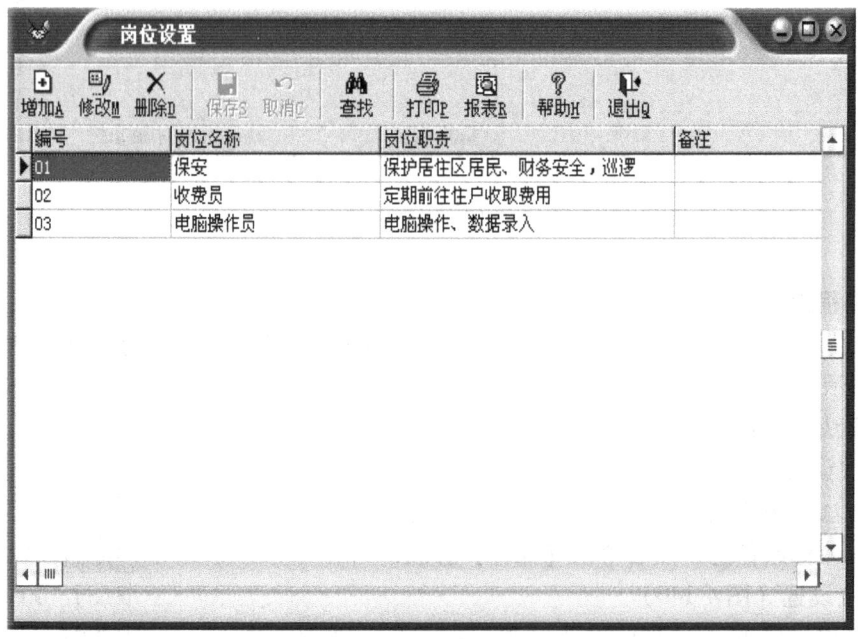

图 4-140

4. 维修项目设备（图4-142）

操作方法：单击【增加】或【修改】按钮后，在列表下方各编辑框中直接添加内容或修改信息，然后单击【保存】按钮即可。

图 4-141

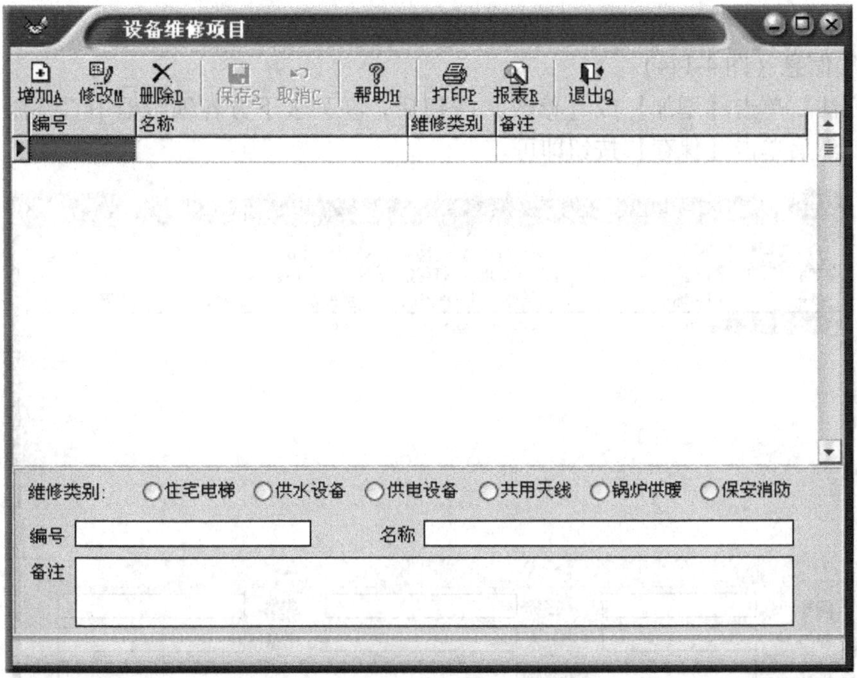

图 4-142

5. 工具器材信息（图4-143）

操作方法：单击【增加】或【修改】按钮后，在列表中直接添加内容或修改信息，然后单击【保存】按钮即可。

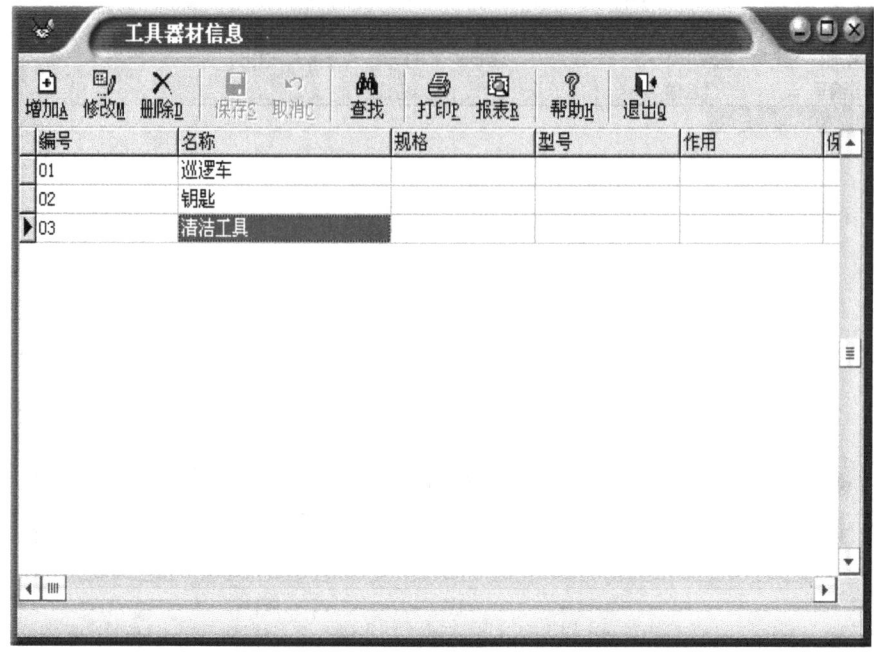

图 4-143

6. 机房信息（图4-144）

操作方法：单击【增加】或【修改】按钮后，在列表下方各编辑框中直接添加内容或修改信息，然后单击【保存】按钮即可。

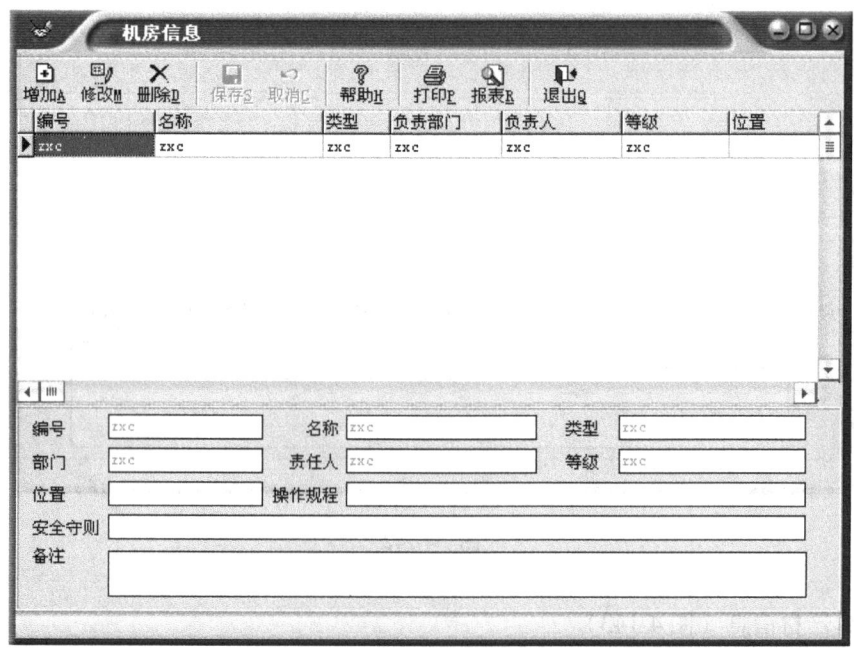

图 4-144

7. 维修点信息（图4-145）

操作方法：单击【增加】或【修改】按钮后，在列表下方各编辑框中直接添加内容或修改信息，然后单击【保存】按钮即可。

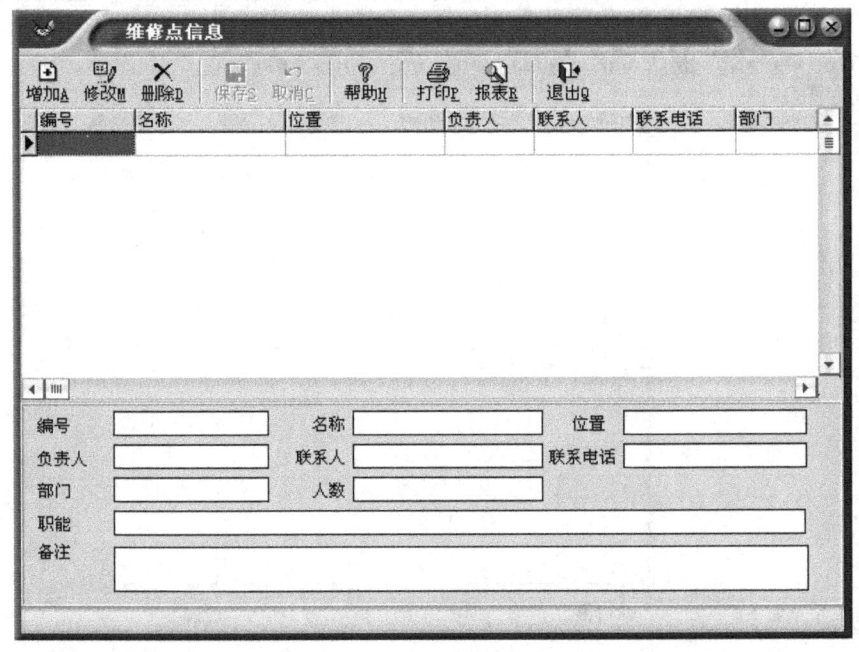

图 4-145

8. 公用表信息（图4-146）

操作方法：单击【增加】或【修改】按钮后，在列表下方各编辑框中直接添加内容或修改信息，然后单击【保存】按钮即可。

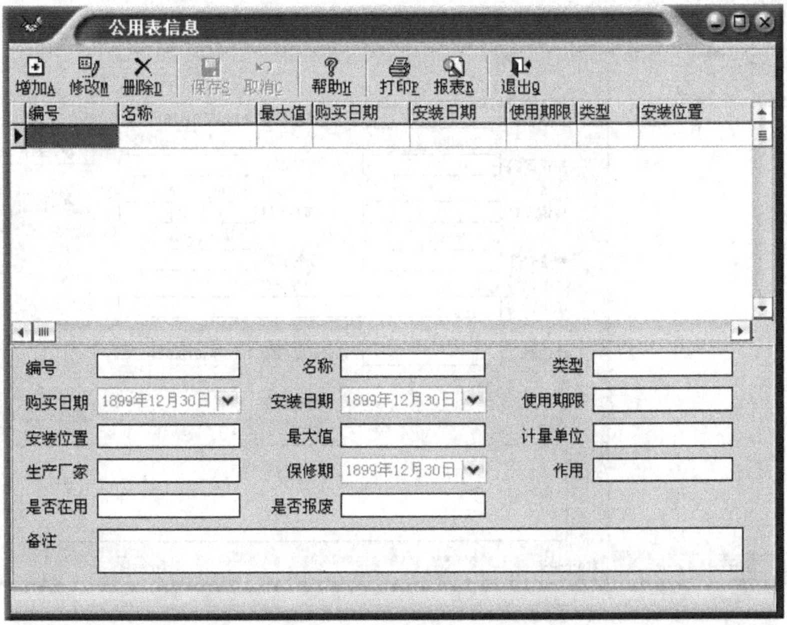

图 4-146

9. 临时用工申请（图4-147）

操作方法：单击【增加】按钮后录入相应信息后，单击【保存】按钮即可（图4-148）。

图 4-147

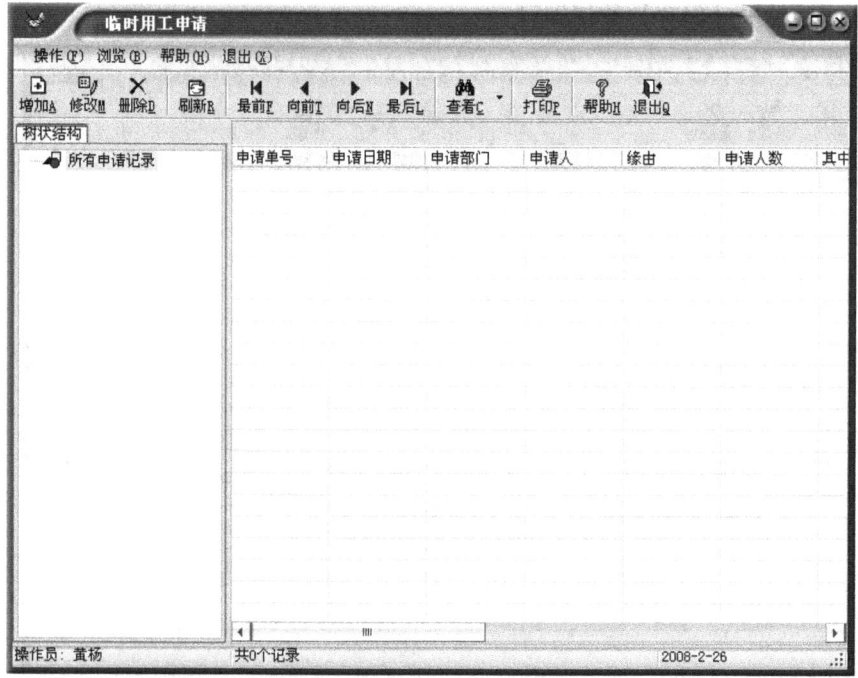

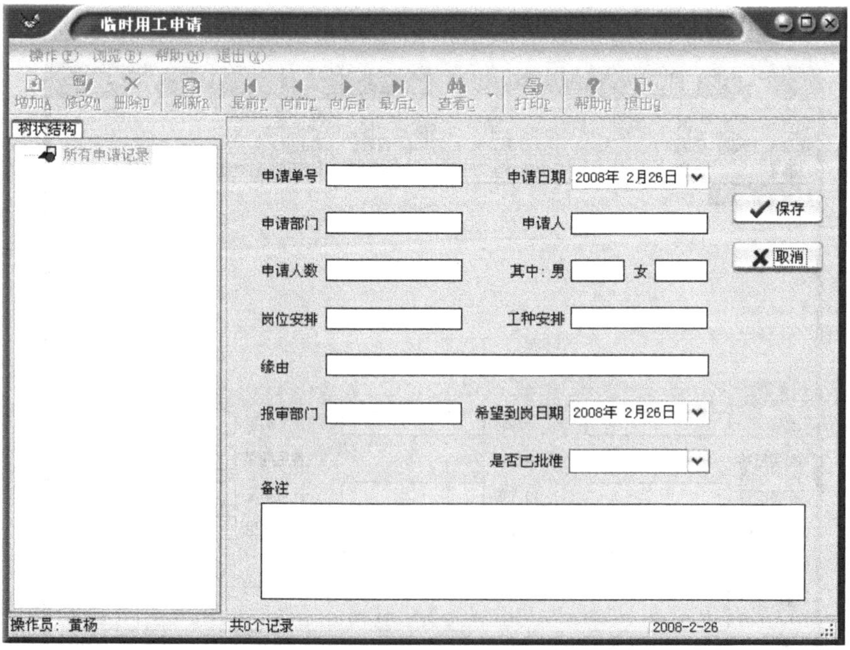

图 4-148

## 二、工程管理

《工程管理》菜单主要执行工程管理中工程计划的制定、工程任务分派、派工单录入、工程实施记录、验收记录、交接班记录等操作。功能菜单如图 4-149 所示。

1. 工程计划（图 4-150）。

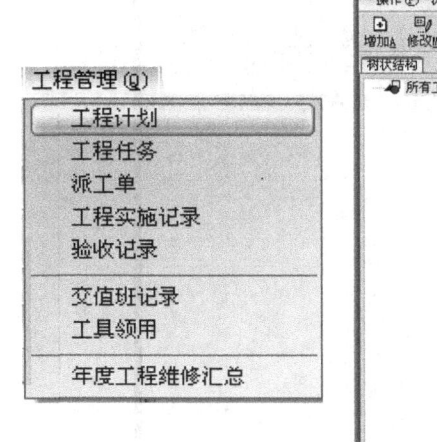

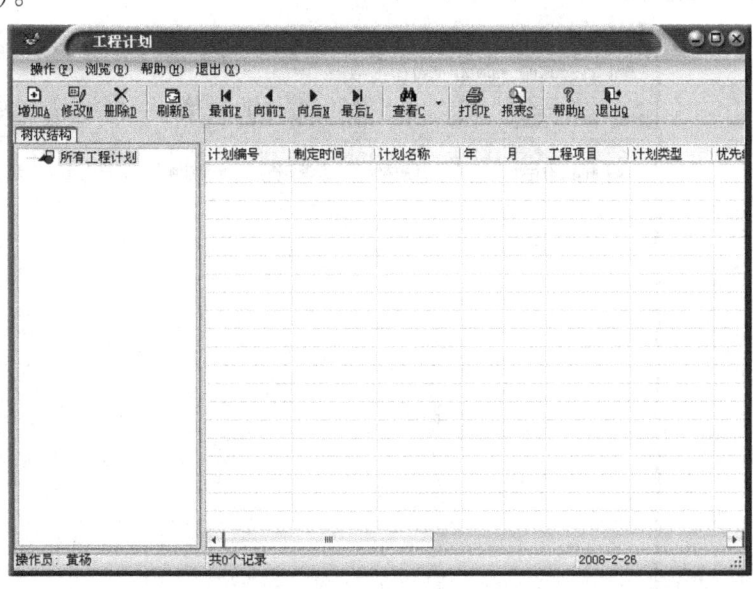

图 4-149　　　　　　　　　　　　　　图 4-150

操作方法：可参考前面类似窗口中所描述的方法。单击【增加】或【修改】按钮后，进入信息录入窗口（图 4-151）。

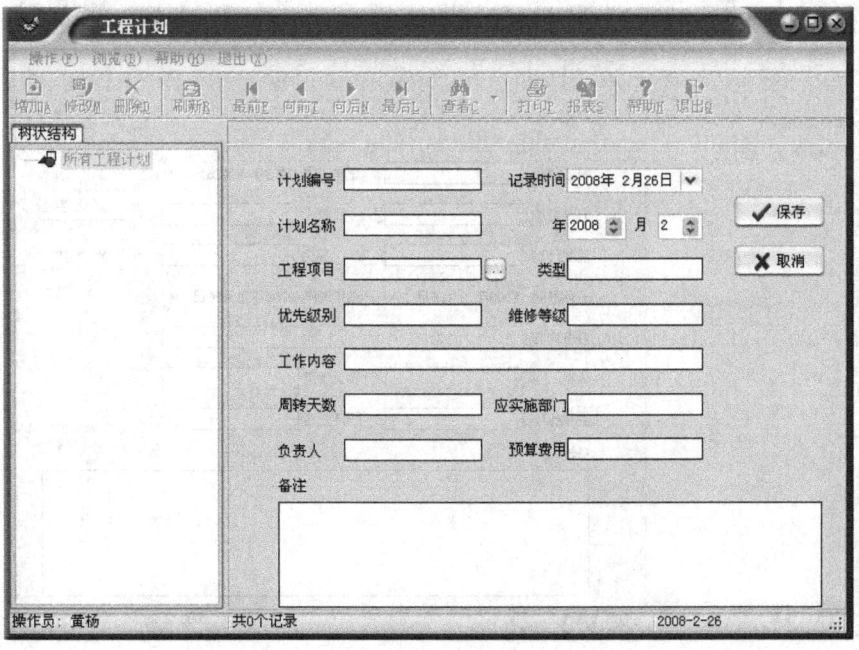

图 4-151

录入完相应信息后，单击【保存】按钮，即可完成一次信息的记录。

2. 工程任务（图4-152）

操作方法：可参考前面类似窗口中所描述的方法。单击【增加】或【修改】按钮后，进入信息录入窗口（图4-153）。

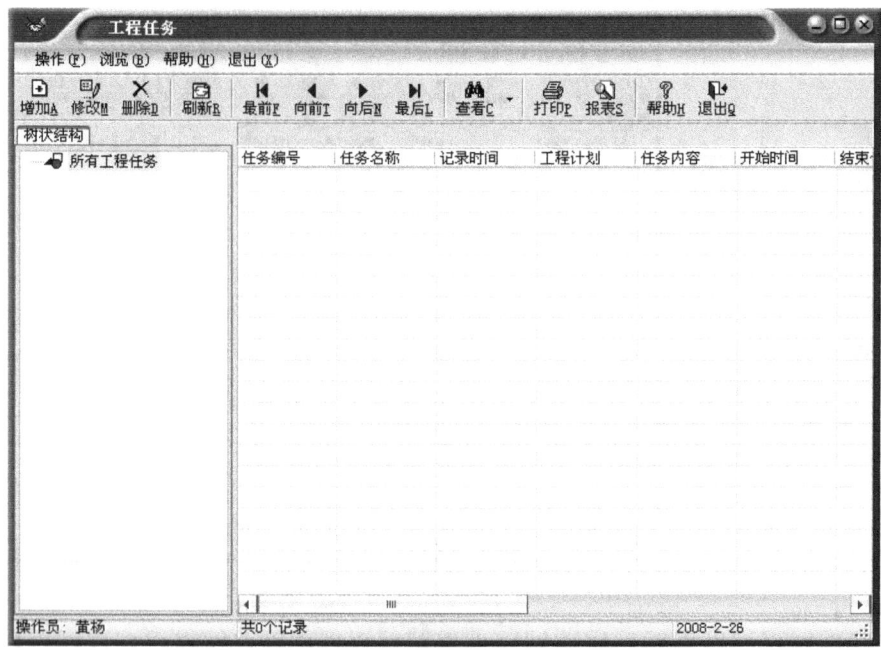

图 4-152

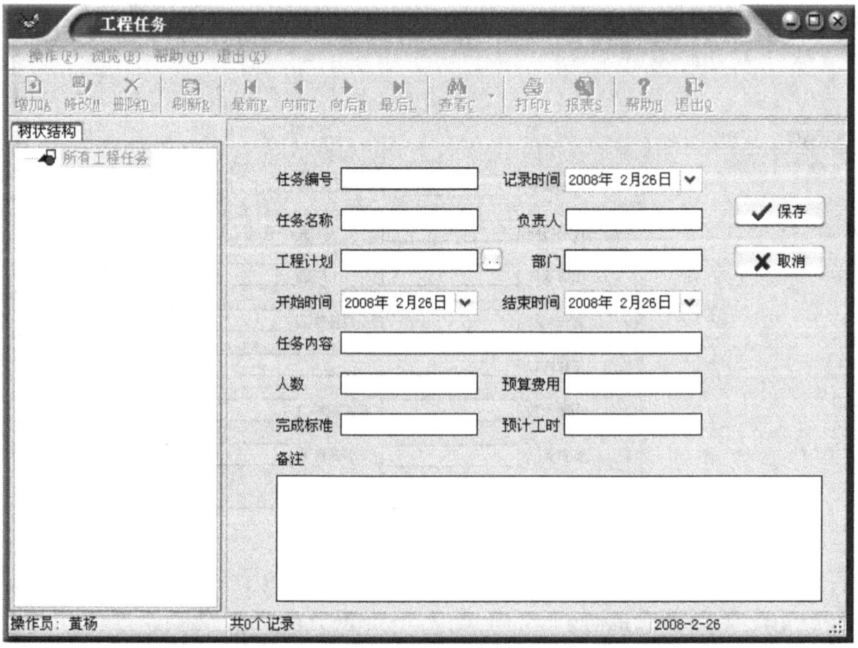

图 4-153

录入完相应信息后，单击【保存】按钮，即可完成一次信息的记录。

3. 派工单（图4-154）

操作方法：可参考前面类似窗口中所描述的方法。单击【增加】或【修改】按钮后，进入信息录入窗口（图4-155）。

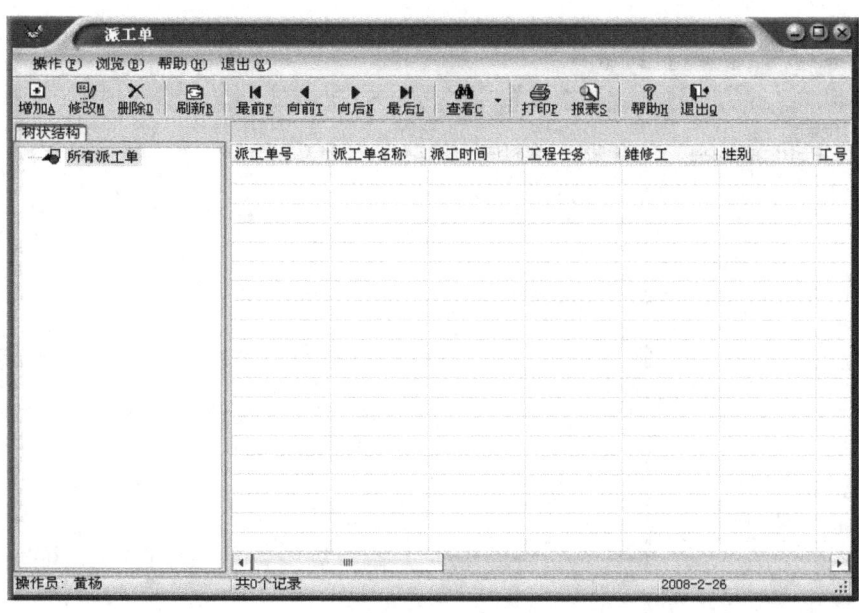

图 4-154

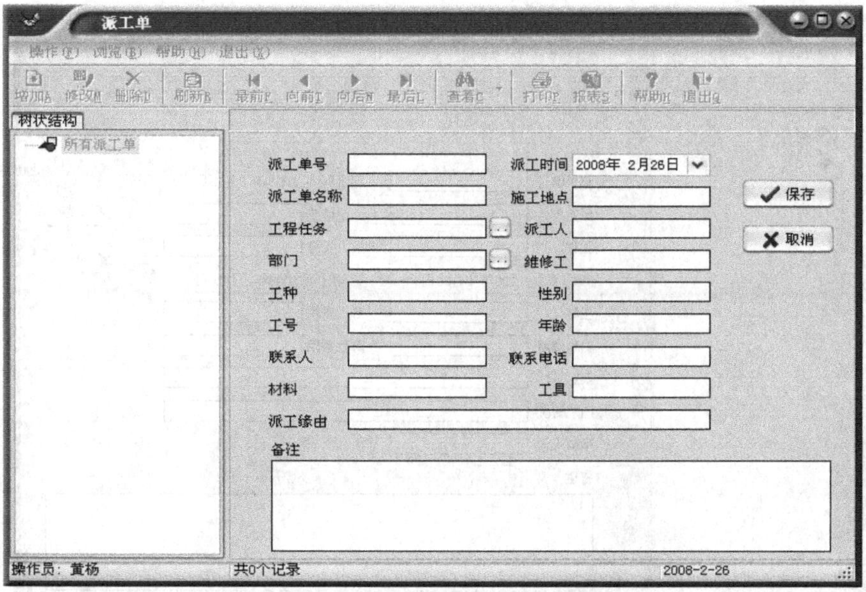

图 4-155

录入完相应信息后，单击【保存】按钮，即可完成一次信息的记录。

4. 工程实施记录（图4-156）

操作方法：可参考前面类似窗口中所描述的方法。单击【增加】或【修改】按钮后，进入信息录入窗口（图4-157）。

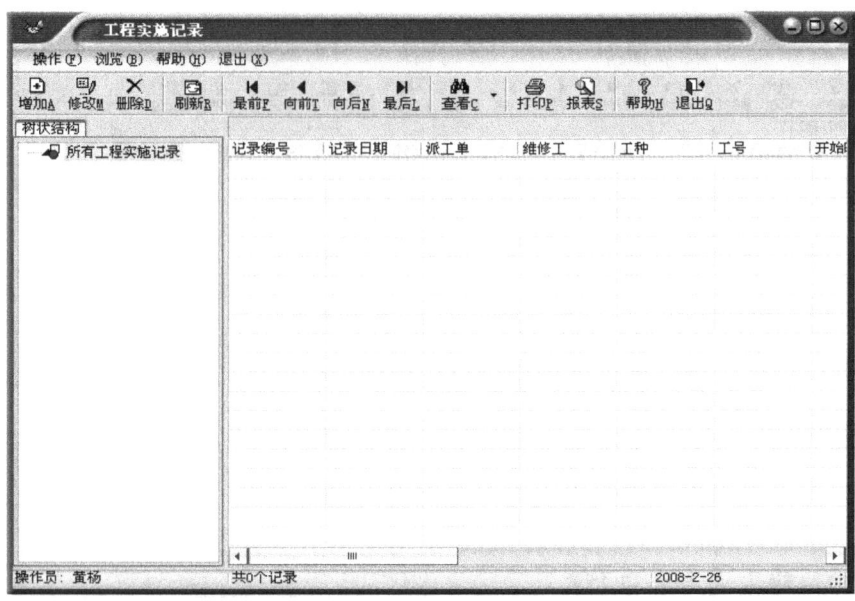

图 4-156

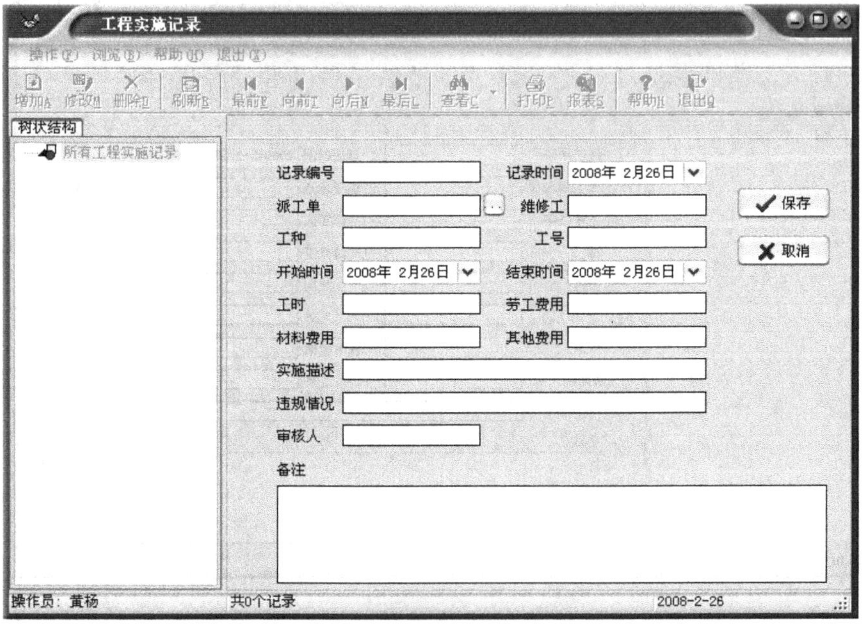

图 4-157

录入完相应信息后,单击【保存】按钮,即可完成一次信息的记录。

5. 工程验收记录(图 4-158)

操作方法:可参考前面类似窗口中所描述的方法。单击【增加】或【修改】按钮后,进入信息录入窗口(图 4-159)。

图 4-158

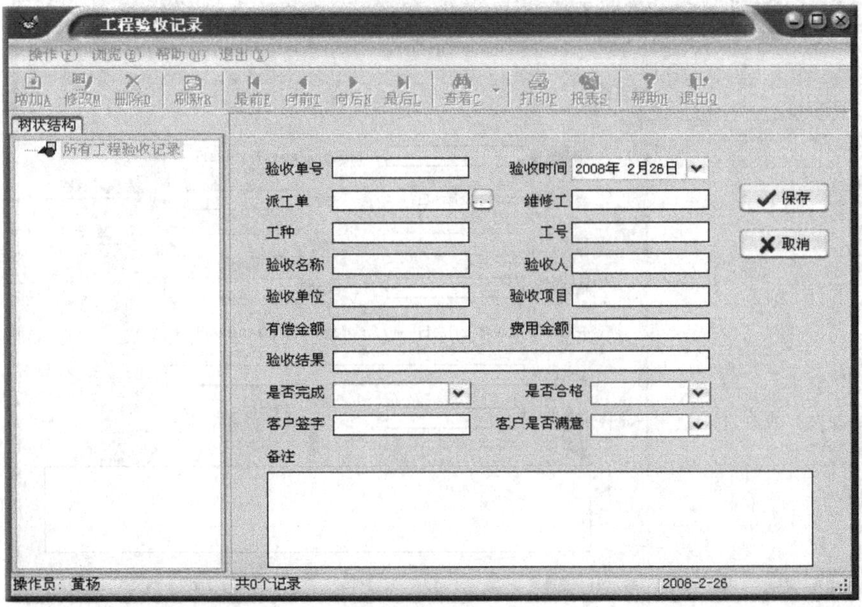

图 4-159

录入完相应信息后,单击【保存】按钮,即可完成一次信息的记录。

6. 交值班记录(图 4-160)

操作方法:可参考前面类似窗口中所描述的方法。单击【增加】或【修改】按钮后,进入信息录入窗口(图 4-161)。

图 4-160

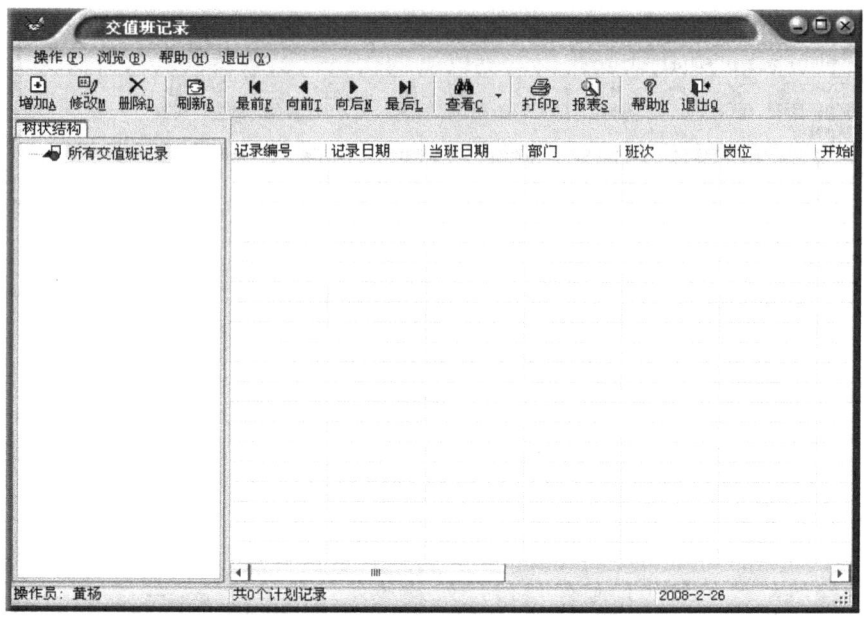

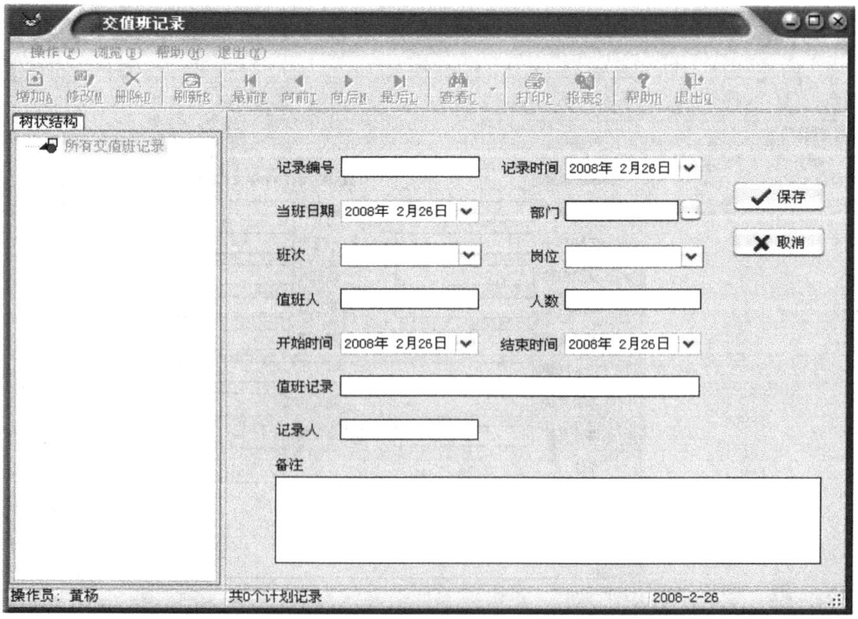

图 4-161

录入完相应信息后,单击【保存】按钮,即可完成一次信息的记录。

7. 工程工具器材管理(图4-162)

操作方法:可参考前面类似窗口中所描述的方法。单击【增加】或【修改】按钮后,进入信息录入窗口(图4-163)。

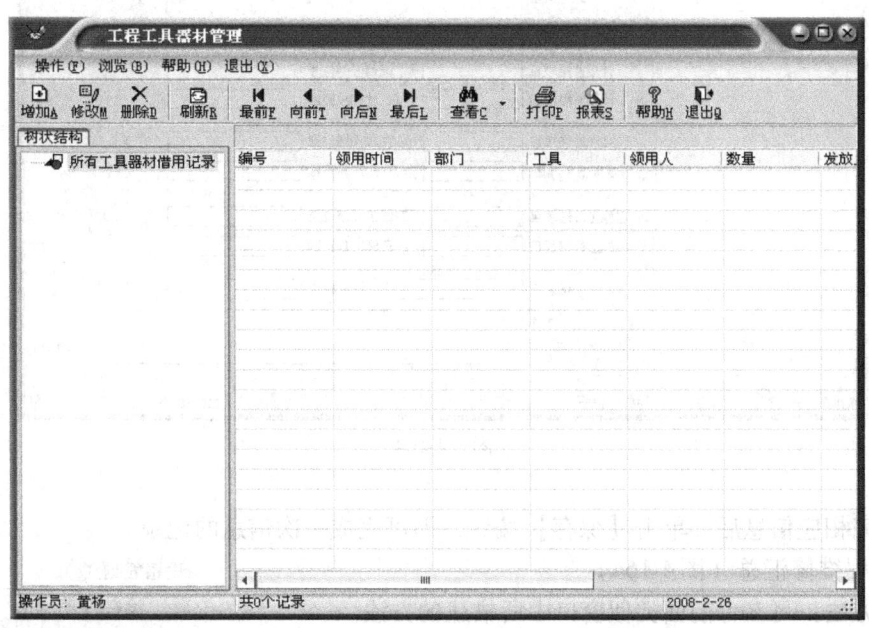

图 4-162

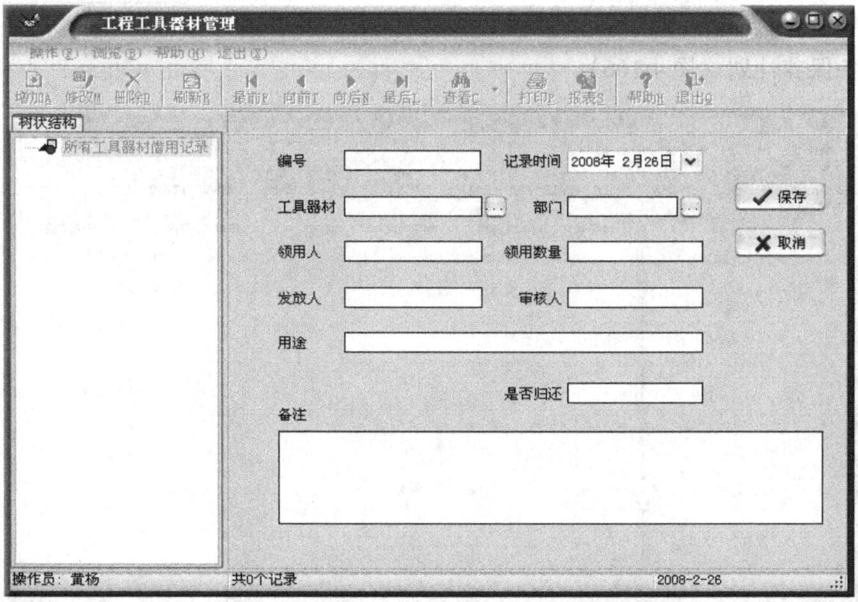

图 4-163

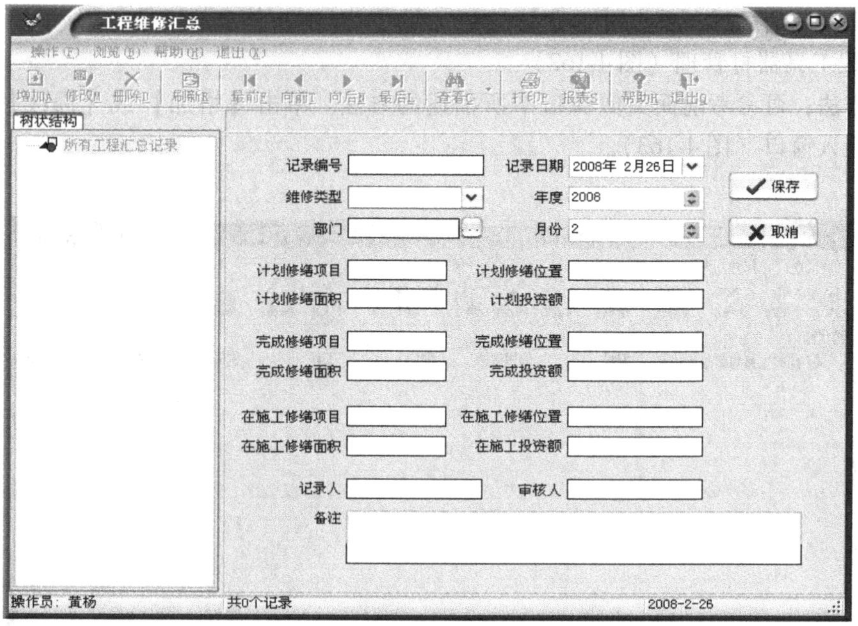

图 4-164

录入完相应信息后，单击【保存】按钮，即可完成一次信息的记录。

8. 工程维修汇总（图 4-164）

操作方法：可参考前面类似窗口中所描述的方法。

三、设备管理

《设备管理》菜单主要执行设备管理中设备的保养计划、保养记录、维修记录、运行记录、巡视记录等操作，其功能菜单如图 4-165 所示。

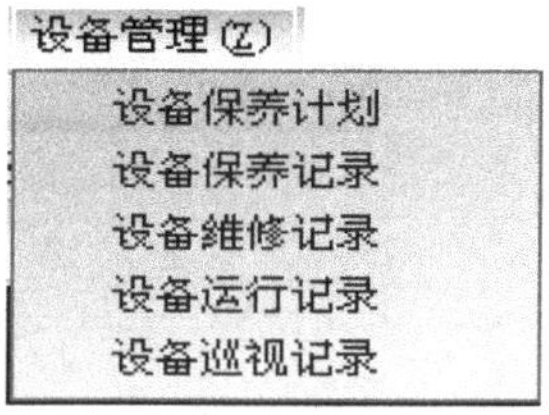

图 4-165

1. 设备保养计划（图 4-166）

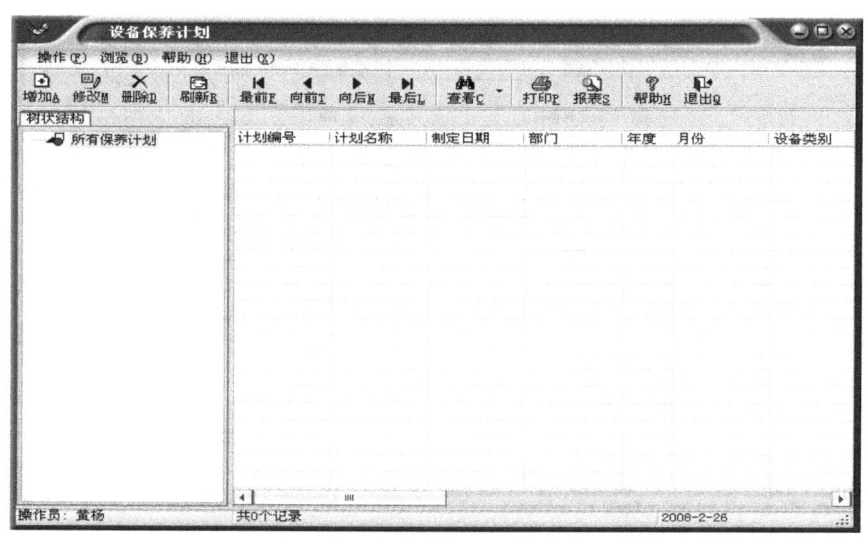

图 4-166

操作方法：可参考前面类似窗口中所描述的方法。单击【增加】或【修改】按钮后，进入信息录入窗口（图4-167）。

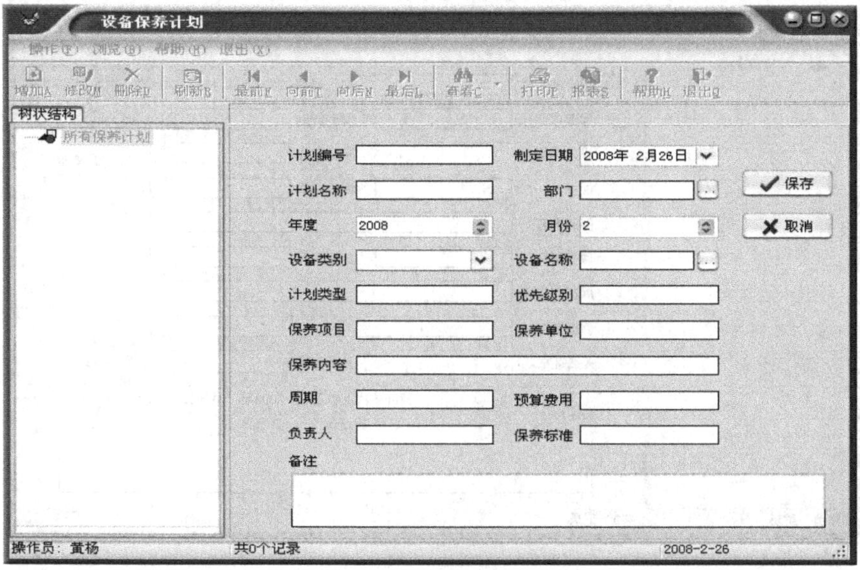

图 4-167

录入完相应信息后，单击【保存】按钮，即可完成一次信息的记录。

2. 设备保养记录（图4-168）

操作方法：可参考前面类似窗口中所描述的方法。单击【增加】或【修改】按钮后，进入信息录入窗口（图4-169）。

图 4-168

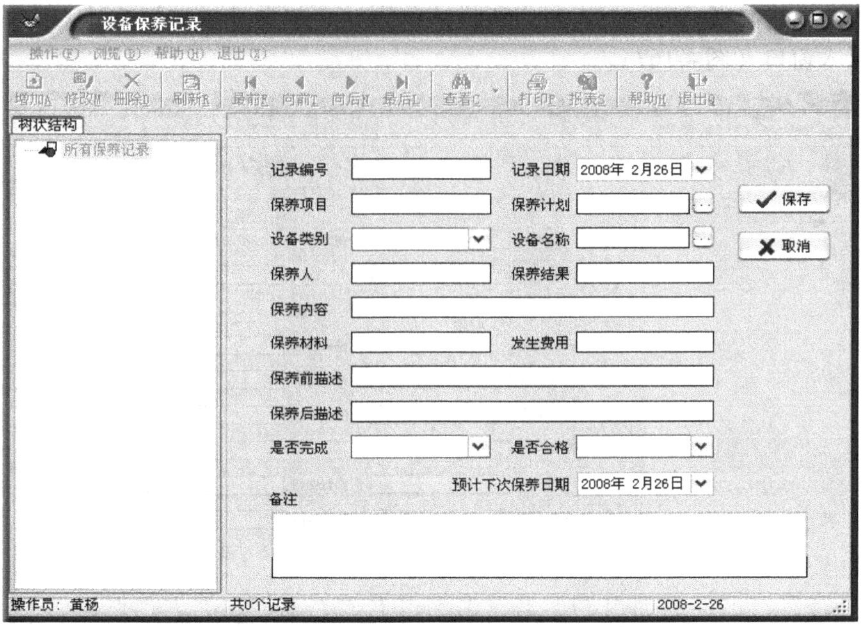

图 4-169

录入完相应信息后，单击【保存】按钮，即可完成一次信息的记录。

3. 设备维修记录（图4-170）

操作方法：可参考前面类似窗口中所描述的方法。单击【增加】或【修改】按钮后，进入信息录入窗口（图4-171）。

图 4-170

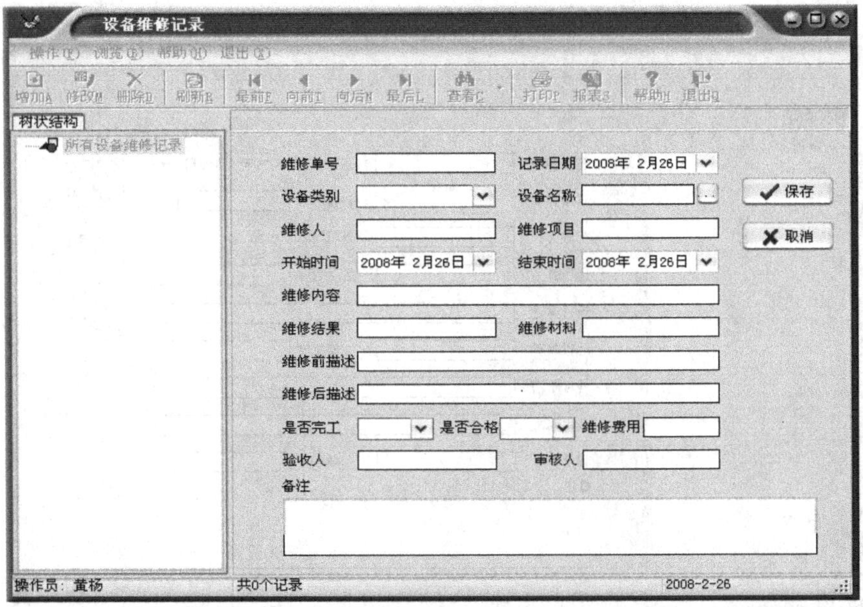

图 4-171

录入完相应信息后,单击【保存】按钮,即可完成一次信息的记录。

4. 设备运行记录(图 4-172)

操作方法:可参考前面类似窗口中所描述的方法。单击【增加】或【修改】按钮后,进入信息录入窗口(图 4-173)。

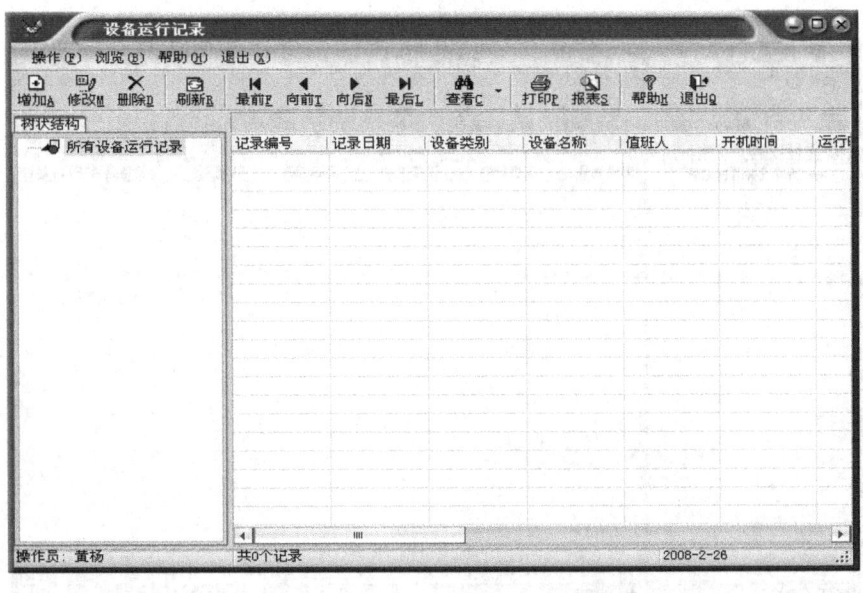

图 4-172

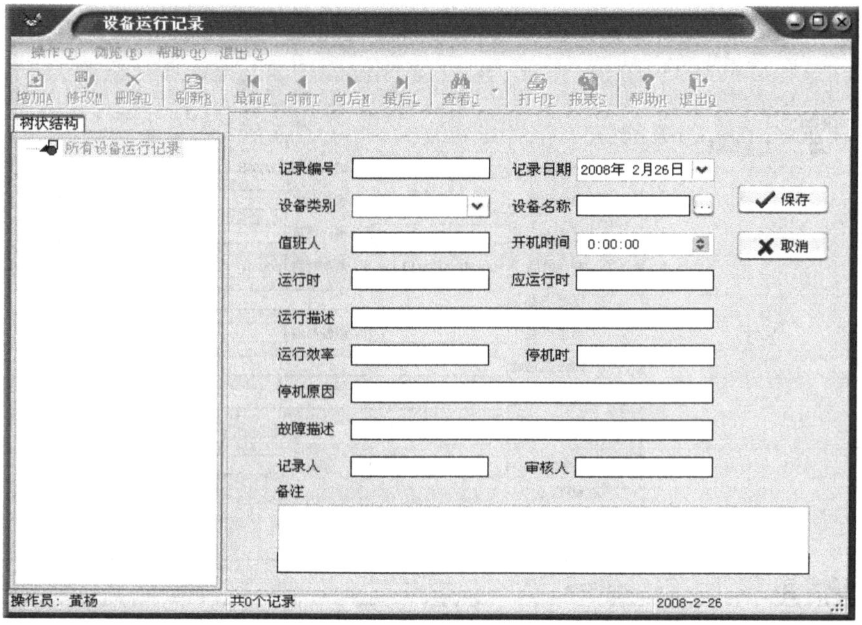

图 4-173

录入完相应信息后，单击【保存】按钮，即可完成一次信息的记录。

5. 设备巡视记录（图 4-174）

操作方法：可参考前面类似窗口中所描述的方法。单击【增加】或【修改】按钮后，进入信息录入窗口（图 4-175）。

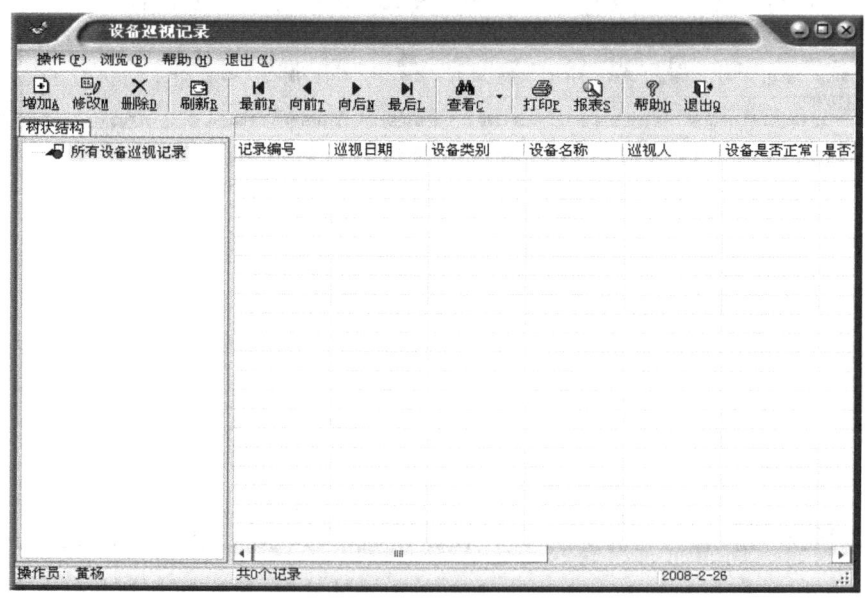

图 4-174

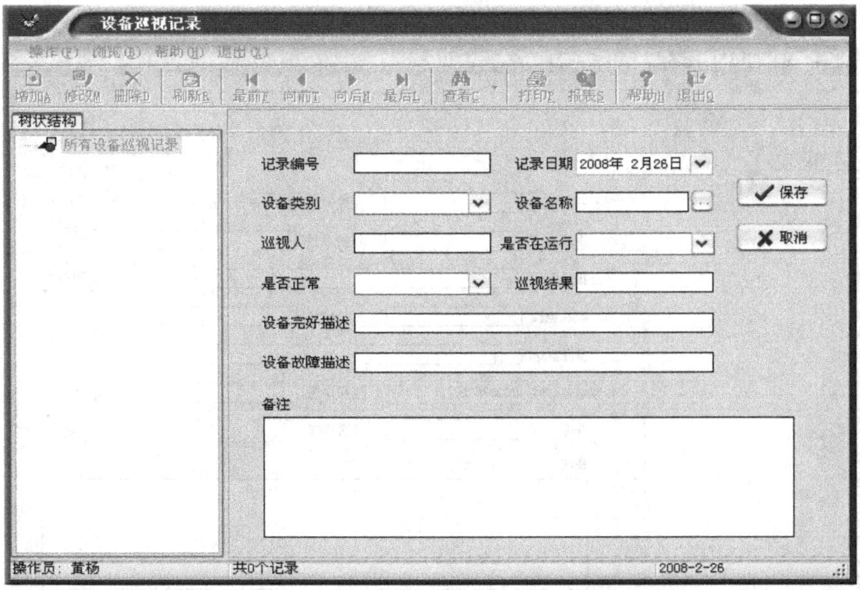

图 4-175

录入完相应信息后,单击【保存】按钮,即可完成一次信息的记录。

**四、住户维修**

《住户维修》菜单主要执行住户维修管理中设备的住户报修、维修记录、维修回访记录等操作。功能菜单如图4-176所示。

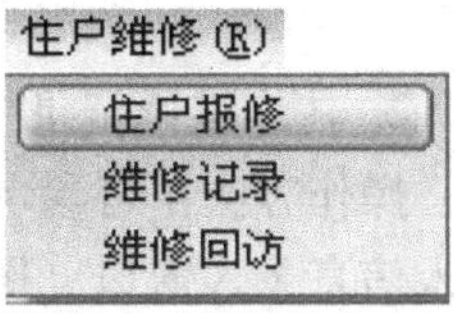

1. 住户报修(图4-177)

操作方法:可参考前面类似窗口中所描述的方法。单击【增加】或【修改】按钮后,进入信息录入窗口(图4-178)。

录入完相应信息后,单击【保存】按钮,即可完成一次信息的记录。

图 4-176

图 4-177

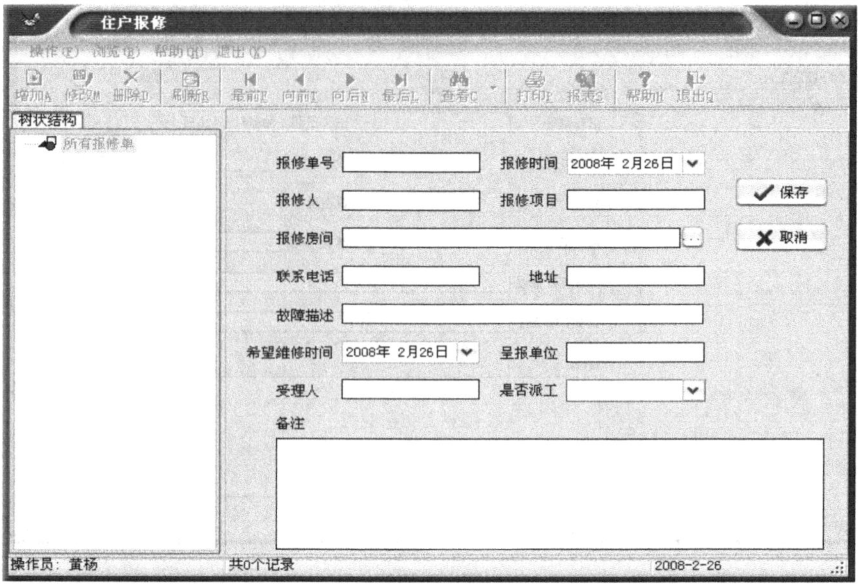

图 4-178

2. 住户维修记录（图4-179）

操作方法：可参考前面类似窗口中所描述的方法。单击【增加】或【修改】按钮后，进入信息录入窗口（图4-180）。

图 4-179

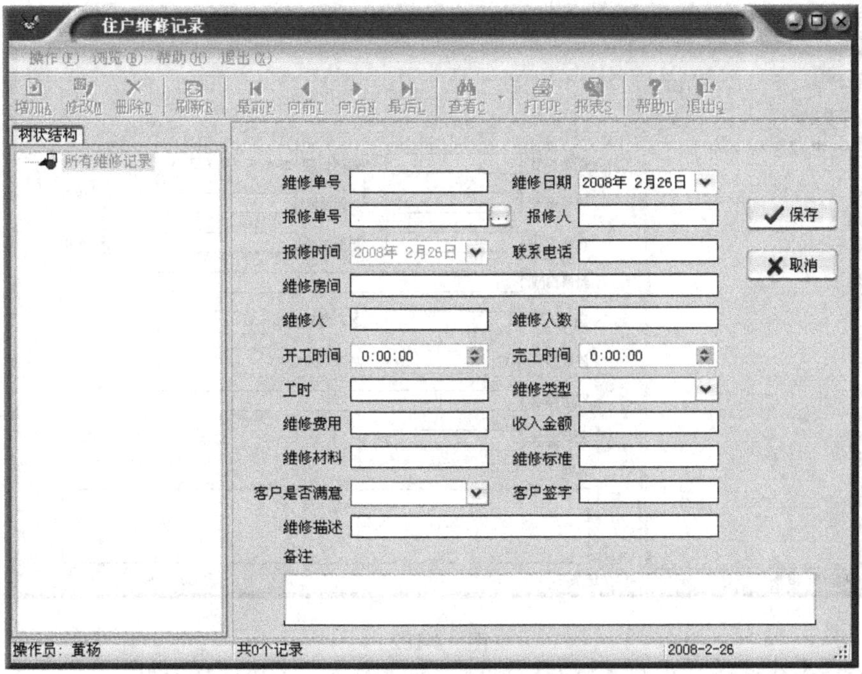

图 4-180

录入完相应信息后，单击【保存】按钮，即可完成一次信息的记录。

3. 住户维修回访（图 4-181）

操作方法：可参考前面类似窗口中所描述的方法。单击【增加】或【修改】按钮后，进入信息录入窗口（图 4-182）。

图 4-181

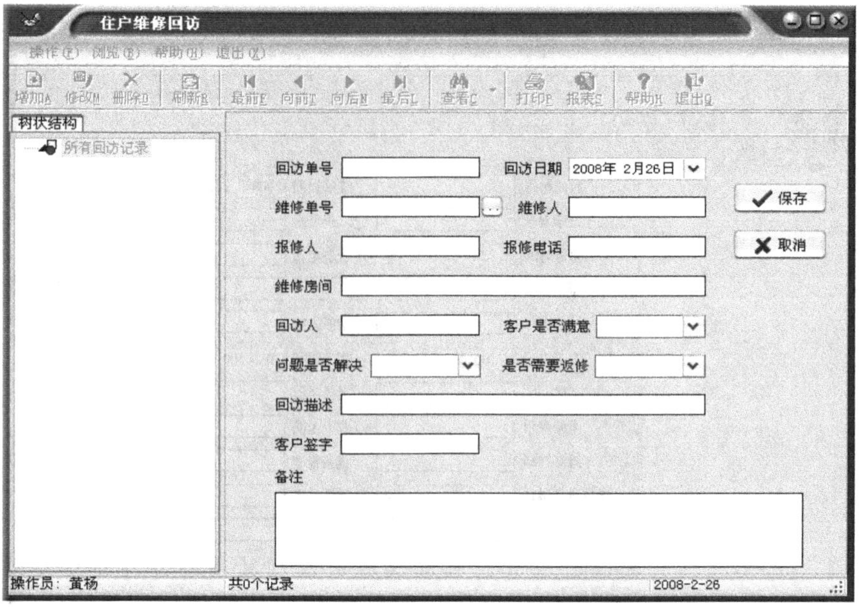

图 4-182

录入完相应信息后,单击【保存】按钮,即可完成一次信息的记录。

## 五、装修管理

《装修管理》菜单主要执行装修管理中的装修申请登记、施工人员登记、装修巡检记录、装修验收记录、装修违纪记录等操作。功能菜单如图4-183所示。

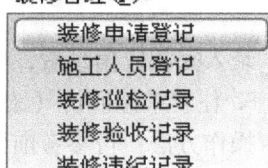

图 4-183

1. 装修申请（图4-184）

操作方法：可参考前面类似窗口中所描述的方法。单击【增加】或【修改】按钮后,进入信息录入窗口（图4-185）。

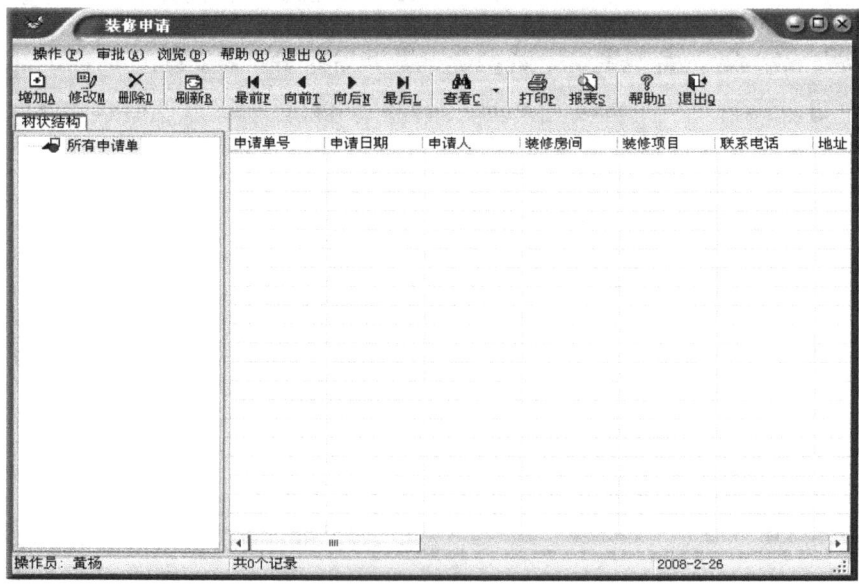

图 4-184

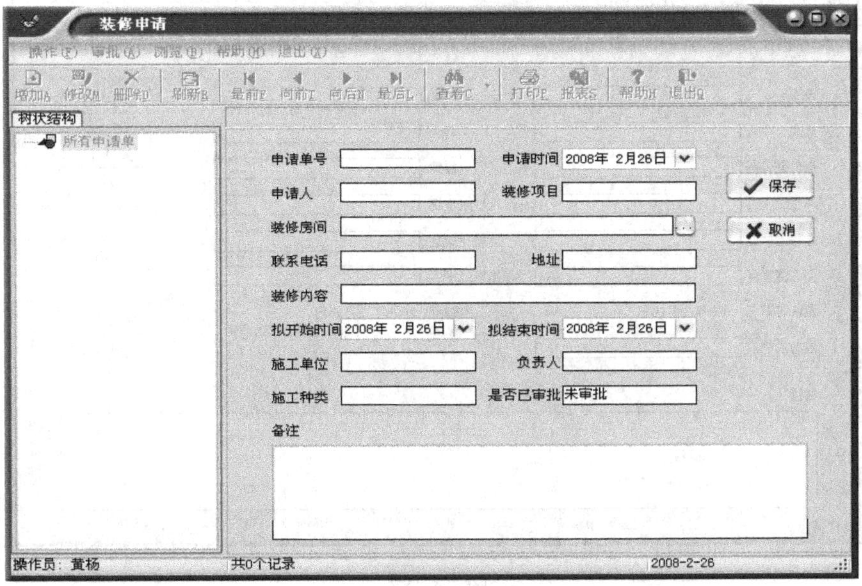

图 4-185

录入完相应信息后,单击【保存】按钮,即可完成一次信息的记录。

2. 施工人员登记(图4-186)

操作方法:可参考前面类似窗口中所描述的方法。单击【增加】或【修改】按钮后,进入信息录入窗口(图4-187)。

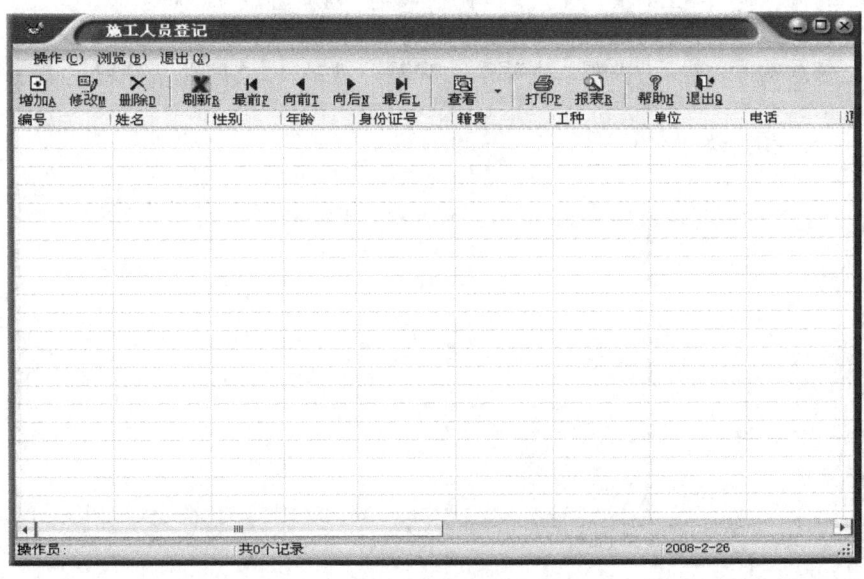

图 4-186

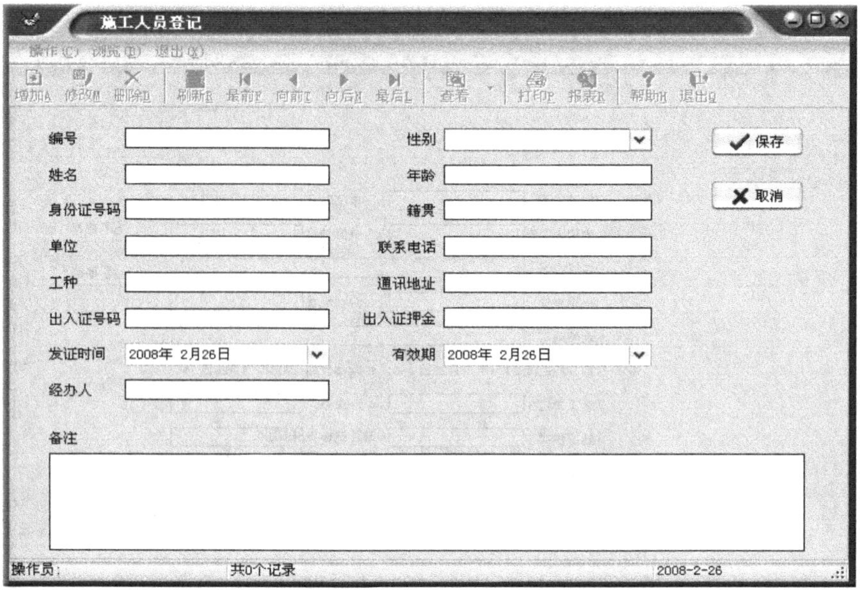

图 4-187

录入完相应信息后,单击【保存】按钮,即可完成一次信息的记录。
3. 装修巡检记录(图4-188)

操作方法:可参考前面类似窗口中所描述的方法。单击【增加】或【修改】按钮后,进入信息录入窗口(图4-189)。

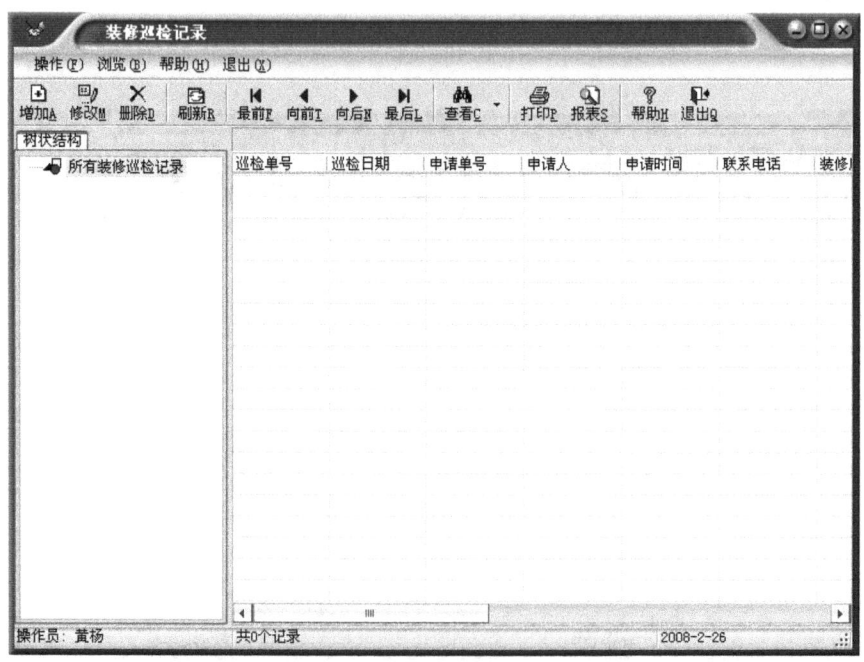

图 4-188

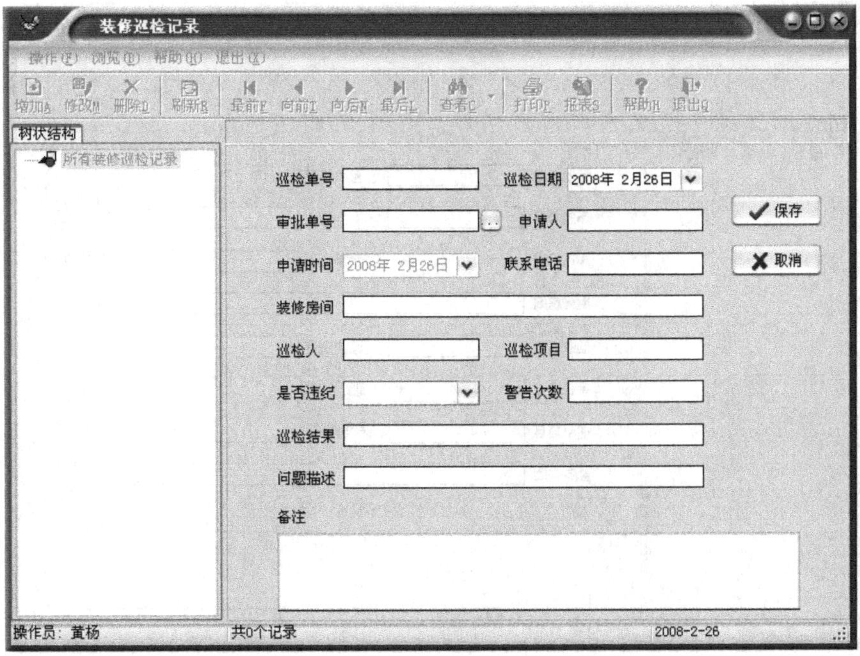

图 4-189

录入完相应信息后,单击【保存】按钮,即可完成一次信息的记录。

4. 装修验收记录(图 4-190)

操作方法:可参考前面类似窗口中所描述的方法。单击【增加】或【修改】按钮后,进入信息录入窗口(图 4-191)。

图 4-190

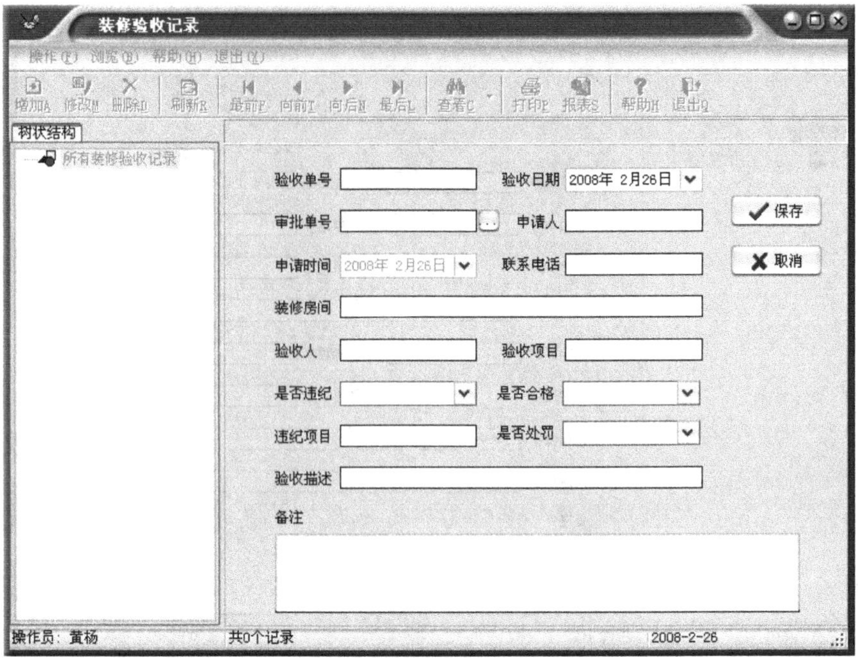

图 4-191

录入完相应信息后,单击【保存】按钮,即可完成一次信息的记录。

5. 装修违纪记录(图4-192)

操作方法:可参考前面类似窗口中所描述的方法。单击【增加】或【修改】按钮后,进入信息录入窗口(图4-193)。

图 4-192

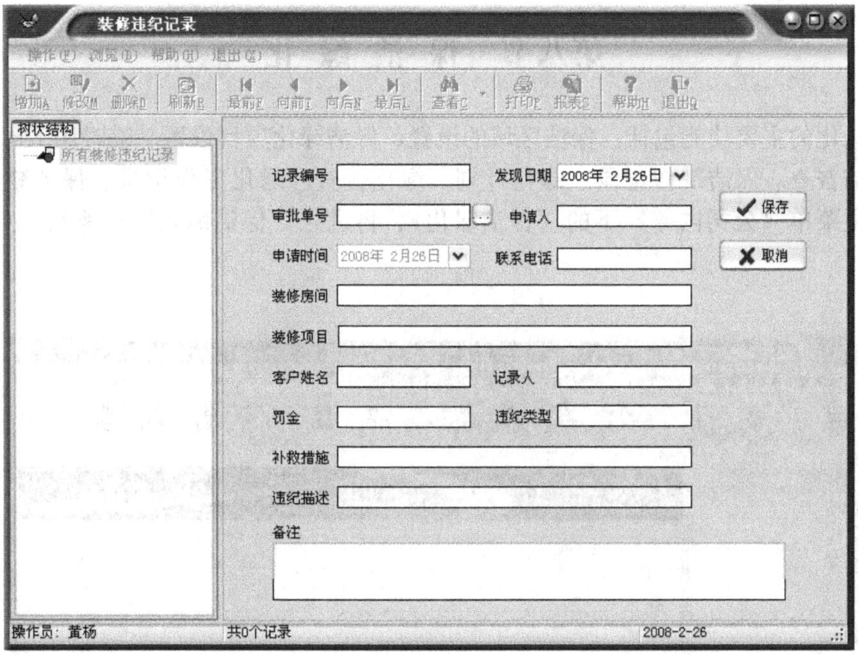

图 4-193

录入完相应信息后，单击【保存】按钮，即可完成一次信息的记录。

### 六、设备普查

《设备普查》菜单提供了设备普查的各种记录表格格式，可以有选择地录入。功能菜单如图 4-194 所示。

### 七、统计分析

《统计分析》菜单提供了工程管理中的各种统计分析表格格式，可以有选择地进行统计分析。功能菜单如图 4-195 所示。

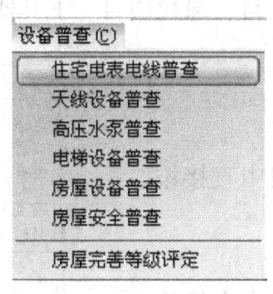

图 4-194

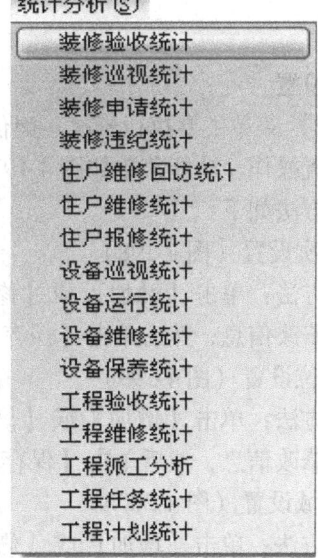

图 4-195

## 第八节 保洁绿化

保洁绿化的主要功能包括：保洁区域的设置、保洁绿化项目设置、临时用工申请、保洁计划、保洁普查、保洁工作记录、绿化计划、绿化普查、绿化工作记录、保洁绿化工作统计。单击主菜单《公司内务》下的《保洁绿化》，将进入"保洁绿化"子系统，如图 4-196 所示。

图 4-196

### 一、设置

《设置》菜单主要执行班次、岗位、保洁区域、保洁项目、绿化项目、工具器材等基础信息的设置操作。功能菜单如图 4-197 所示。

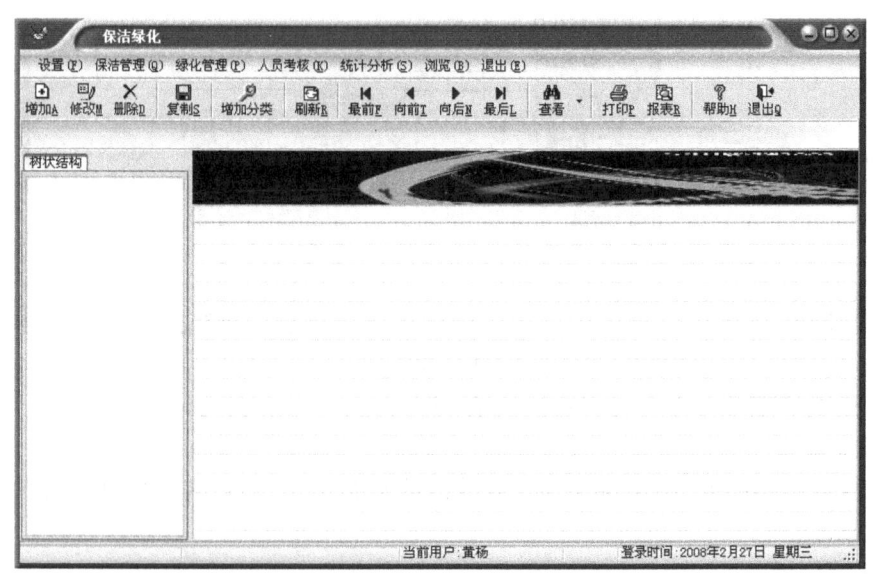

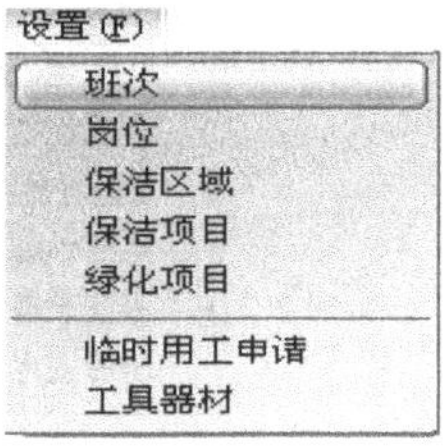

图 4-197

操作方法如下：

1. 班次设置（图 4-198）

操作方法：单击【增加】或【修改】按钮后，在列表中直接添加内容或修改信息，然后单击【保存】按钮即可。

2. 岗位设置（图 4-199）

操作方法：单击【增加】或【修改】按钮后，在列表中直接添加内容或修改信息，然后单击【保存】按钮即可。

3. 区域设置（图 4-200）

操作方法：单击【增加】或【修改】按钮后，在列表中直接添加内容或修改信息，然后单击【保存】按钮即可。

图 4-198

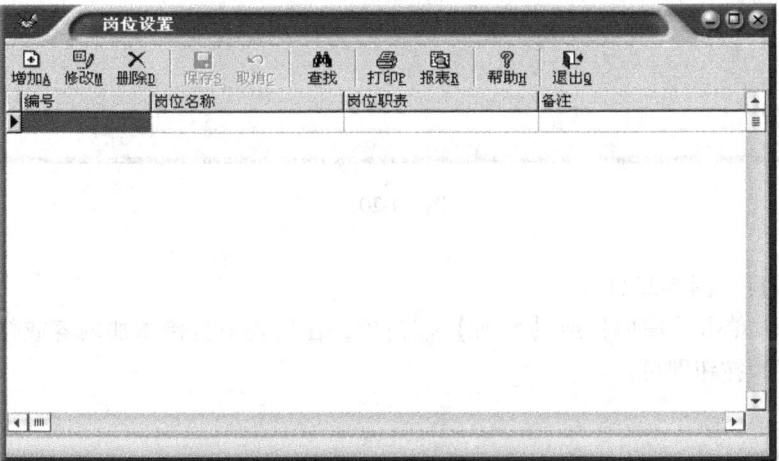

图 4-199

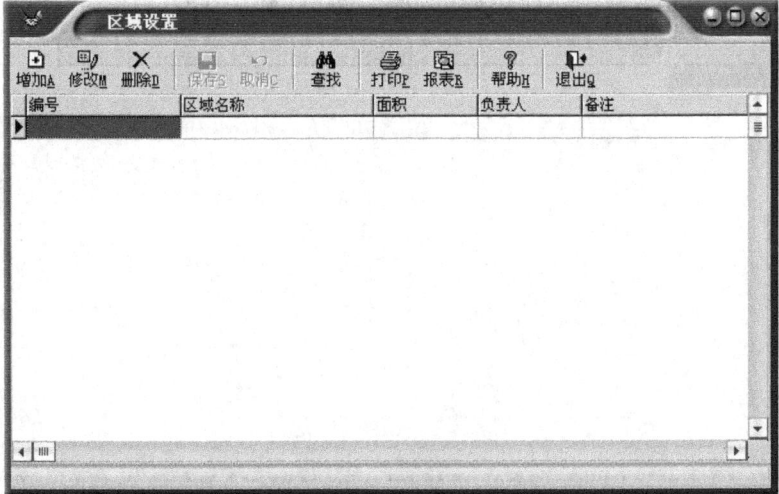

图 4-200

4. 保洁项目（图 4-201）

操作方法：单击【增加】或【修改】按钮后，在列表中直接添加内容或修改信息，然后单击【保存】按钮即可。

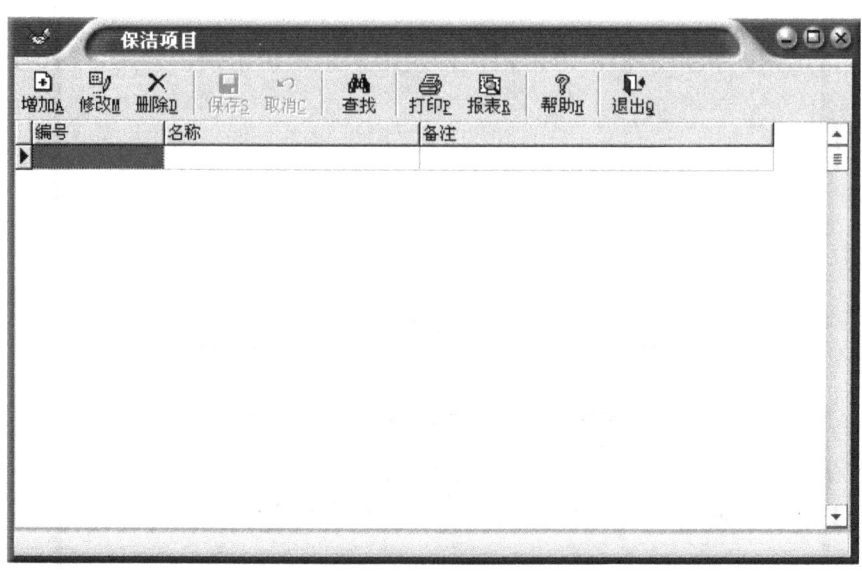

图 4-201

5. 绿化项目（图 4-202）

操作方法：单击【增加】或【修改】按钮后，在列表中直接添加内容或修改信息，然后单击【保存】按钮即可。

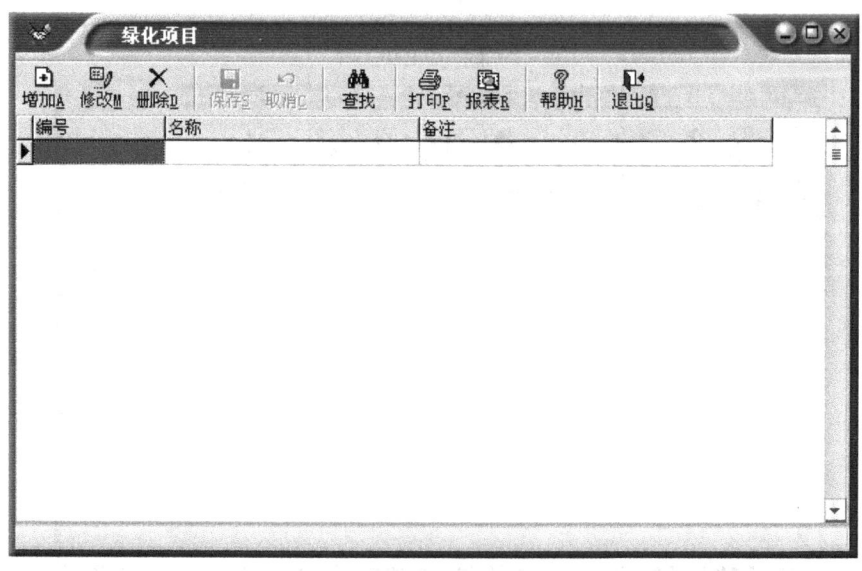

图 4-202

## 二、保洁管理

保洁管理主要包括以下内容：保洁工作计划、保洁工作检查、保洁工作记录等。

1. 保洁工作计划（图4-203）

操作方法：可参考前面类似窗口中所描述的方法。单击【增加】或【修改】按钮后，进入信息录入窗口（图4-204）。

图 4-203

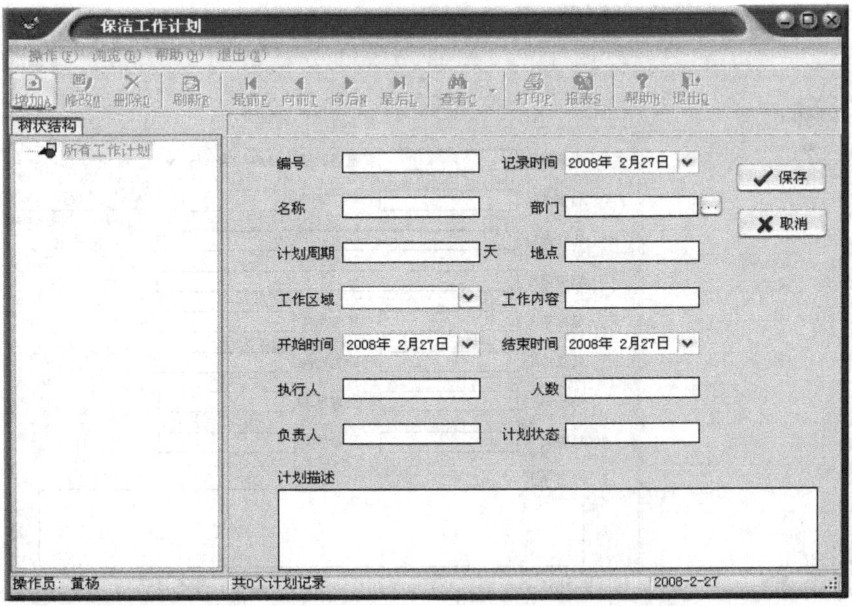

图 4-204

录入完相应信息后,单击【保存】按钮,即可完成一次信息的记录。

2. 保洁工作检查(图4-205)

操作方法:可参考前面类似窗口中所描述的方法。单击【增加】或【修改】按钮后,进入信息录入窗口(图4-206)。

录入完相应信息后,单击【保存】按钮,即可完成一次信息的记录。

图 4-205

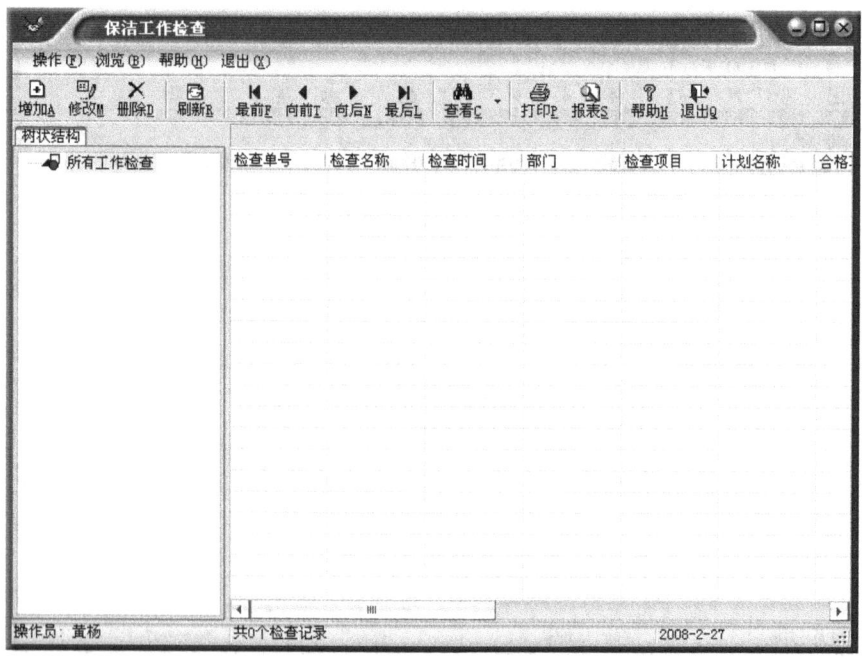

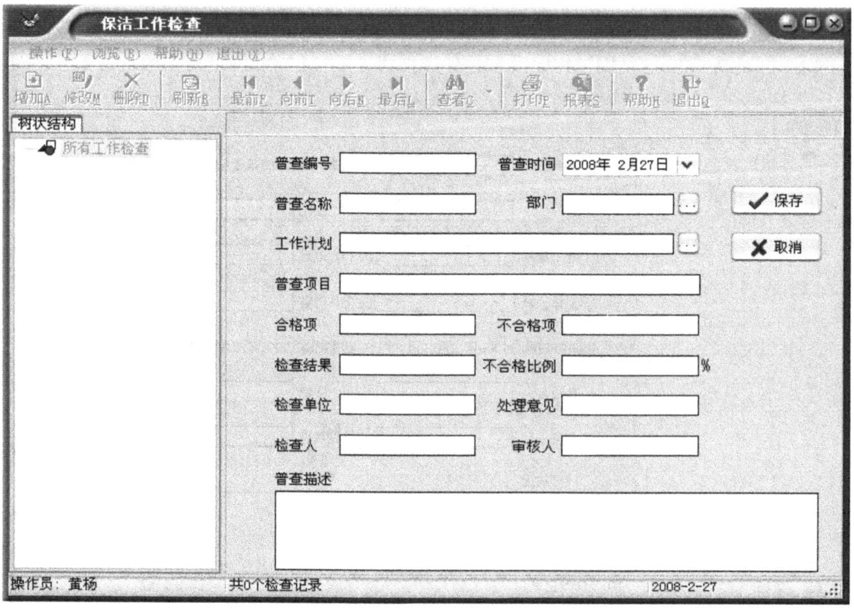

图 4-206

3. 保洁工作记录（图 4-207）

操作方法：可参考前面类似窗口中所描述的方法。单击【增加】或【修改】按钮后，在列表中输入工作记录信息，录入完相应信息后，单击【保存】按钮，即可完成一次信息的记录。

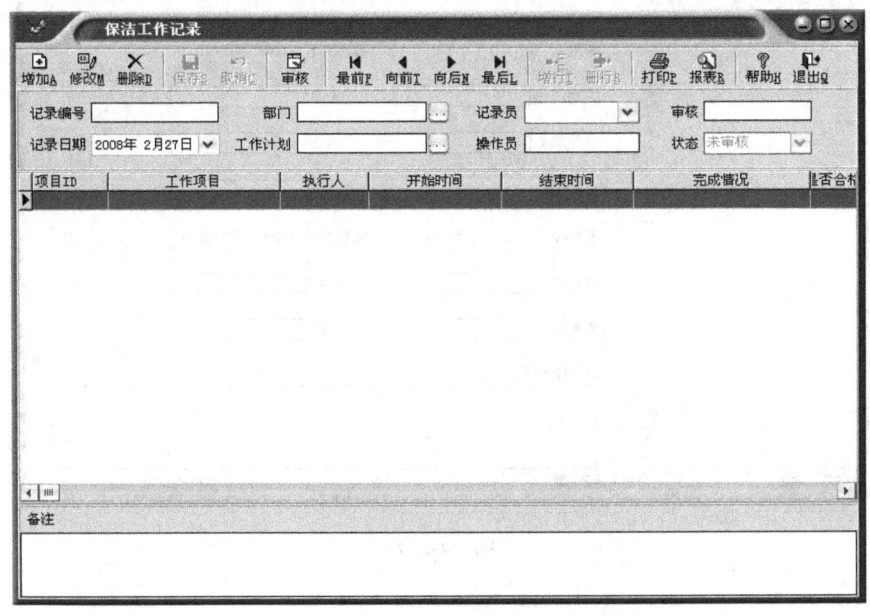

图 4-207

### 三、绿化管理

绿化管理主要包括以下内容：绿化工作计划、绿化工作检查、绿化工作记录等。

1. 绿化工作计划（图 4-208）

操作方法：可参考前面类似窗口中所描述的方法。单击【增加】或【修改】按钮后，进入信息录入窗口（图 4-209）。

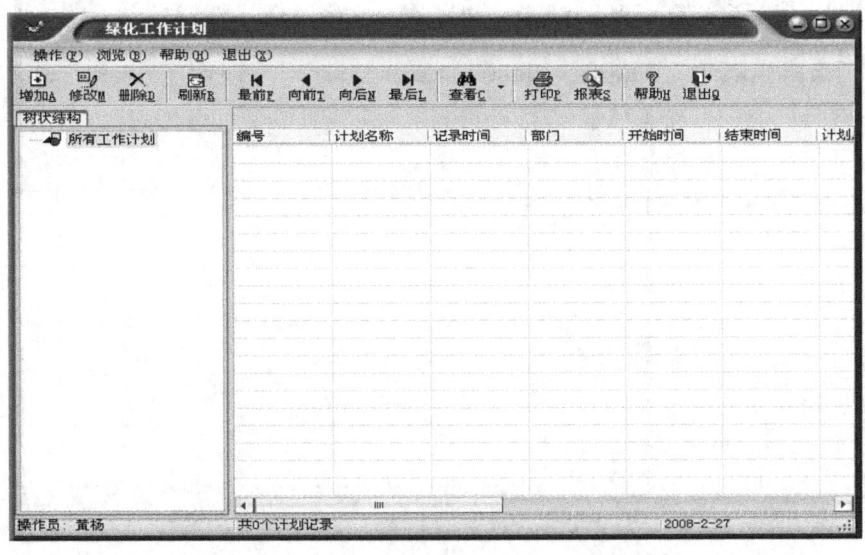

图 4-208

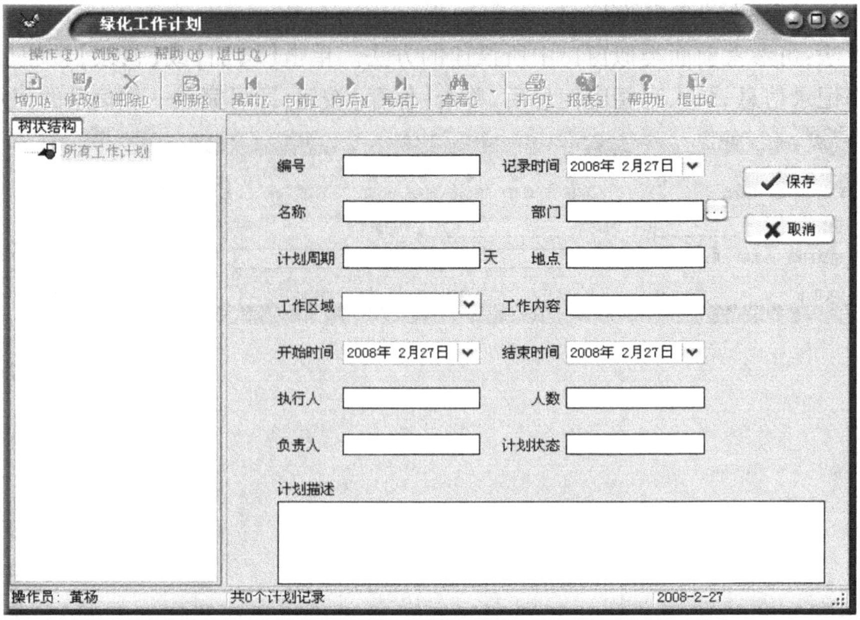

图 4-209

录入完相应信息后,单击【保存】按钮,即可完成一次信息的记录。

2. 绿化工作检查(图 4-210)

操作方法:可参考前面类似窗口中所描述的方法。单击【增加】或【修改】按钮后,进入信息录入窗口(图 4-211)。

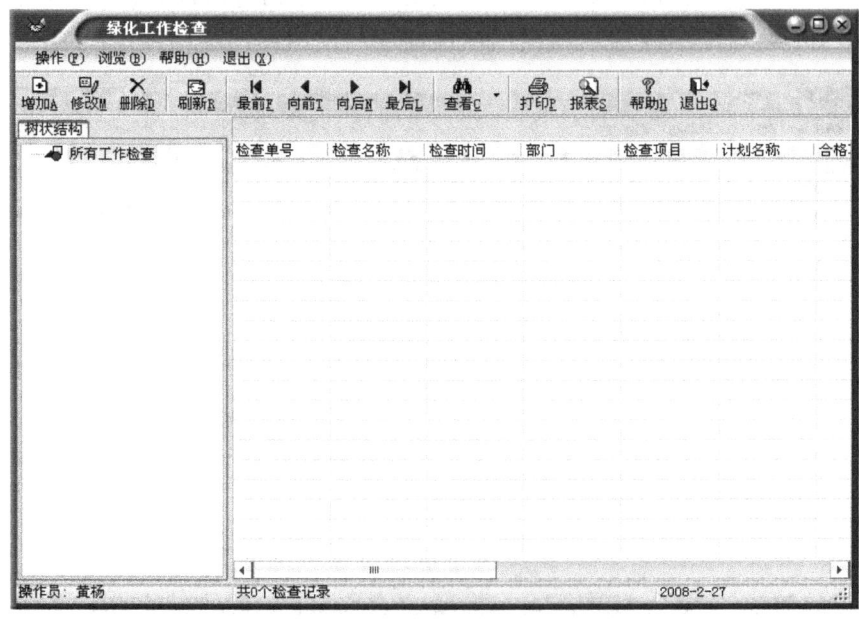

图 4-210

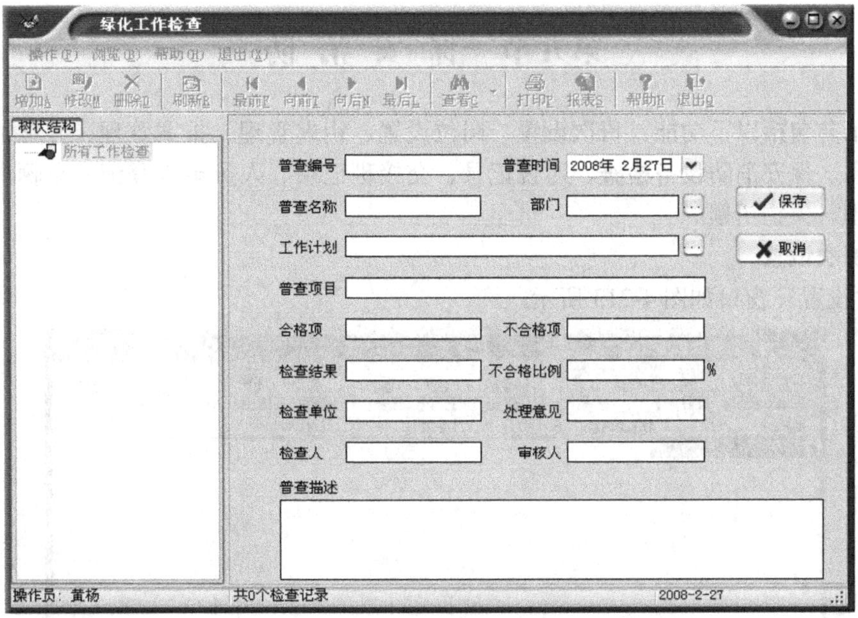

图 4-211

录入完相应信息后,单击【保存】按钮,即可完成一次信息的记录。

3. 绿化工作记录(图4-212)

操作方法:可参考前面类似窗口中所描述的方法。单击【增加】或【修改】按钮后,在列表中输入工作记录信息,录入完相应信息后,单击【保存】按钮,即可完成一次信息的记录。

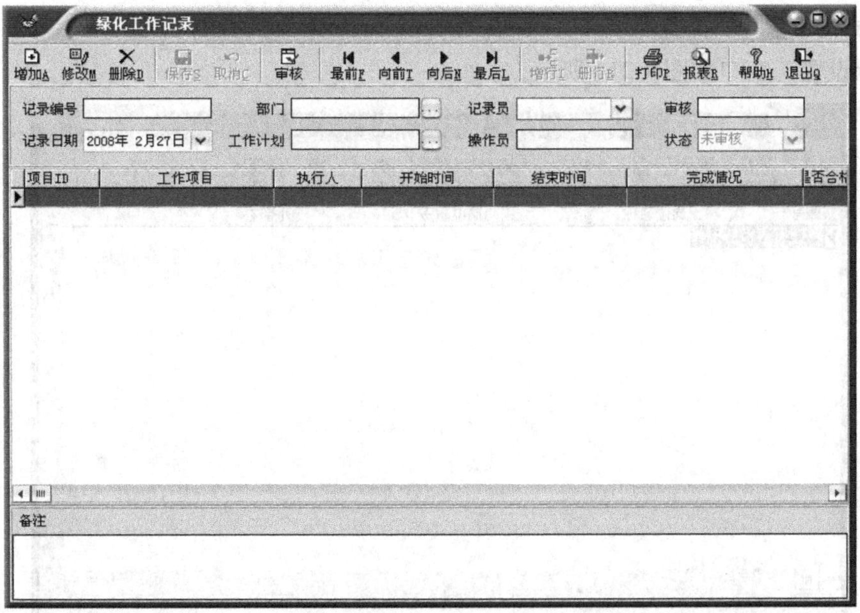

图 4-212

## 第九节 保安消防

保安消防包括以下功能:班次设置、岗位设置、钥匙管理、报案管理、异常情况登记、报警器信息、保安消防设备检查、巡视记录、交接班记录、人员出入登记、车辆出入登记、出入证管理、失物招领。

### 一、班次设置

"班次设置"窗口如图 4-213 所示。

图 4-213

操作方法:单击【新增】或【修改】按钮后,记录列表变为可修改状态,此时修改相应信息后,单击【保存】按钮,将保存本次新增或修改。

### 二、岗位设置

"岗位设置"窗口如图 4-214 所示。

图 4-214

操作方法：单击【新增】或【修改】按钮后，记录列表变为可修改状态，此时修改相应信息后，单击【保存】按钮，将保存本次新增或修改。

### 三、钥匙信息

"钥匙信息"窗口如图 4-215 所示。

图 4-215

操作方法：单击【新增】或【修改】按钮后，记录列表变为可修改状态，此时修改相应信息后，单击【保存】按钮，将保存本次新增或修改。

### 四、报警器信息

"报警器信息"窗口如图 4-216 所示。

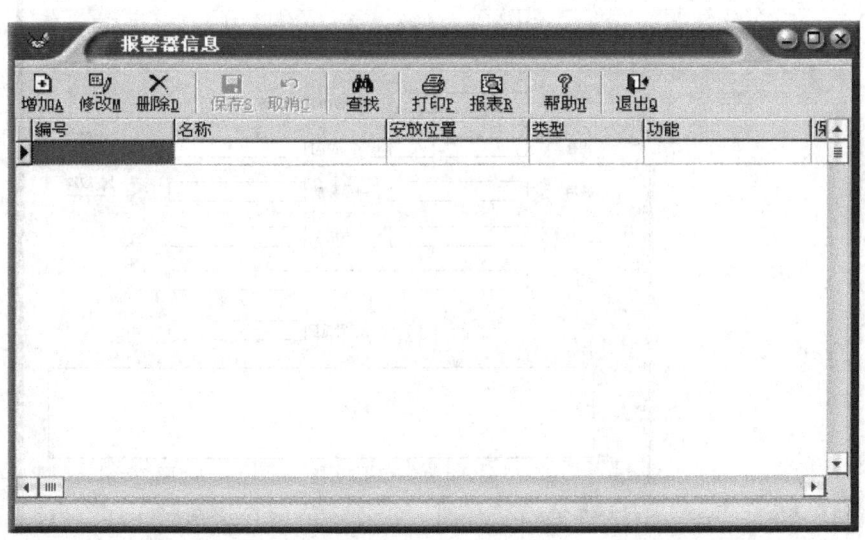

图 4-216

操作方法：单击【新增】或【修改】按钮后，记录列表变为可修改状态，此时修改相应信息后，单击【保存】按钮，将保存本次新增或修改。

### 五、钥匙管理

"钥匙管理"窗口如图 4-217 所示。

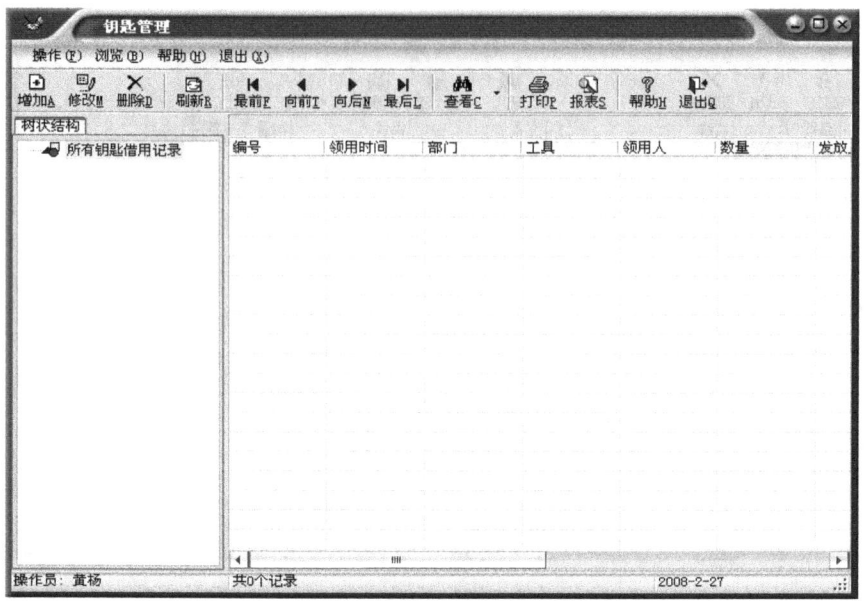

图 4-217

操作方法：可参考前面类似窗口中所描述的方法。单击【增加】或【修改】按钮后，进入信息录入窗口（图 4-218）。

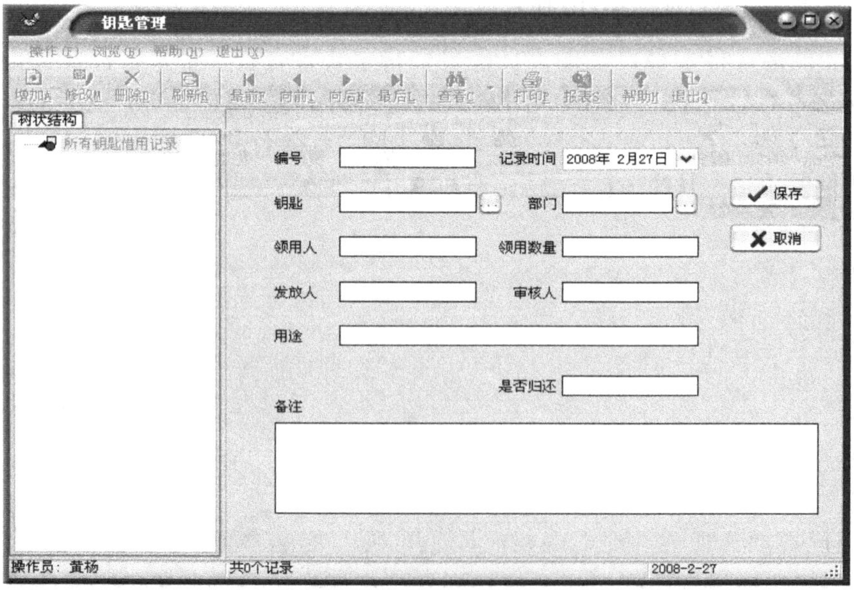

图 4-218

录入完相应信息后，单击【保存】按钮，即可完成一次信息的记录。

## 六、报案管理

"报案管理"窗口如图 4-219 所示。

图 4-219

操作方法：可参考前面类似窗口中所描述的方法。单击【增加】或【修改】按钮后，进入信息录入窗口（图 4-220）。

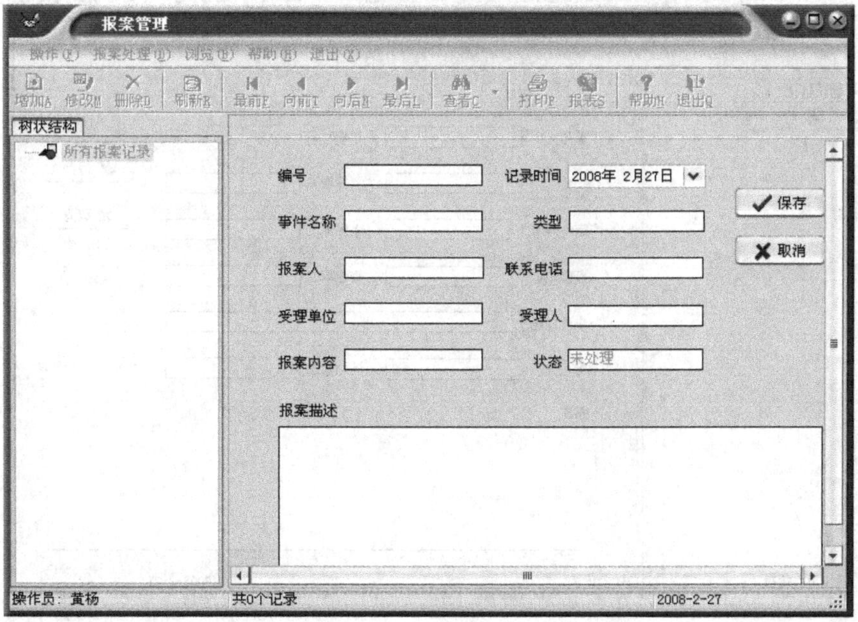

图 4-220

录入完相应信息后，单击【保存】按钮，即可完成一次信息的记录。

### 七、异常情况登记

"异常情况登记"窗口如图 4-221 所示。

图 4-221

操作方法：可参考前面类似窗口中所描述的方法。单击【增加】或【修改】按钮后，进入信息录入窗口（图 4-222）。

图 4-222

录入完相应信息后,单击【保存】按钮,即可完成一次信息的记录。

## 八、报警器报警登记

"报警器报警登记"窗口如图 4-223 所示。

图 4-223

操作方法:可参考前面类似窗口中所描述的方法。单击【增加】或【修改】按钮后,进入信息录入窗口(图4-224)。

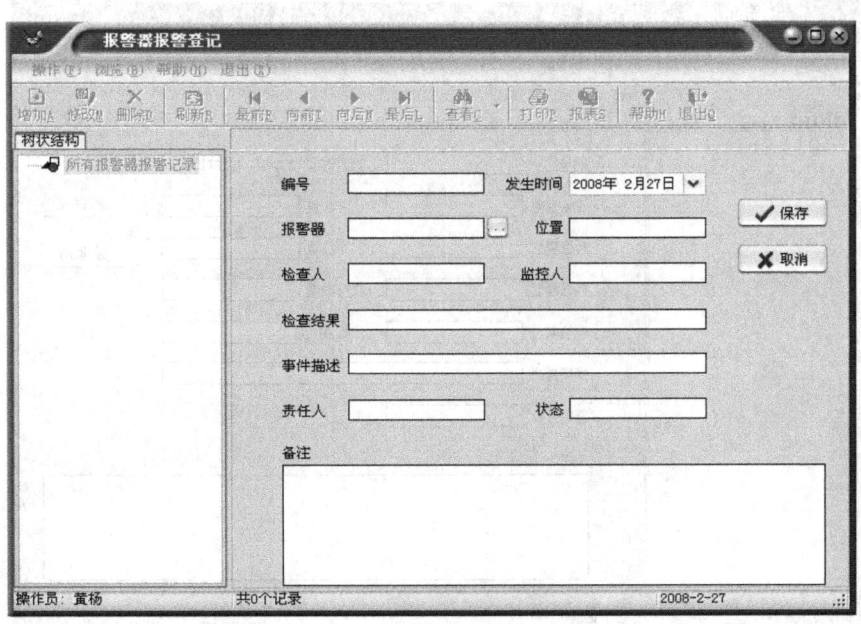

图 4-224

录入完相应信息后，单击【保存】按钮，即可完成一次信息的记录。

**九、保安消防设备检查**

"保安消防设备检查"窗口如图4-225所示。

图 4-225

操作方法：可参考前面类似窗口中所描述的方法。单击【增加】或【修改】按钮后，进入信息录入窗口（图4-226）。

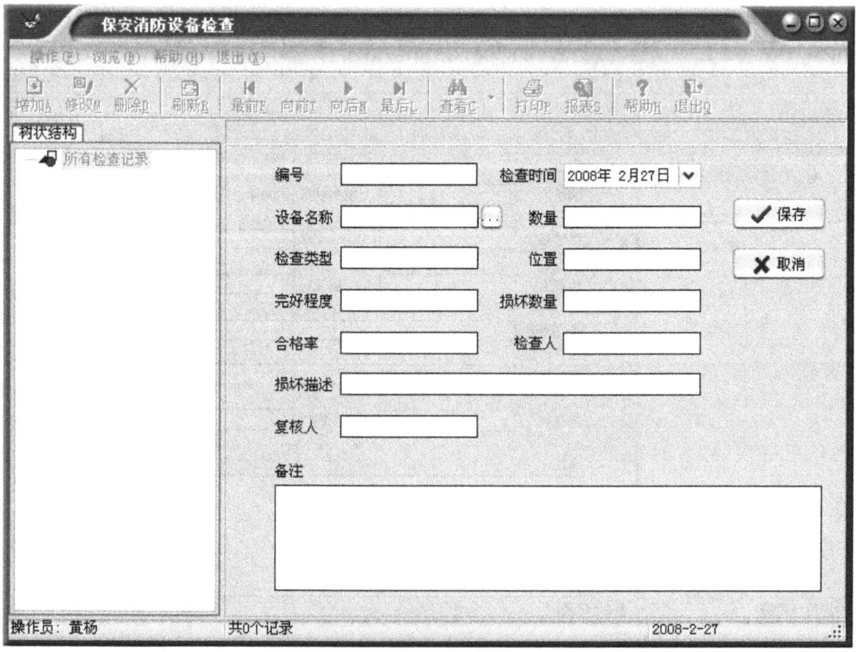

图 4-226

录入完相应信息后，单击【保存】按钮，即可完成一次信息的记录。

**十、巡视记录**

"巡视记录"窗口如图 4-227 所示。

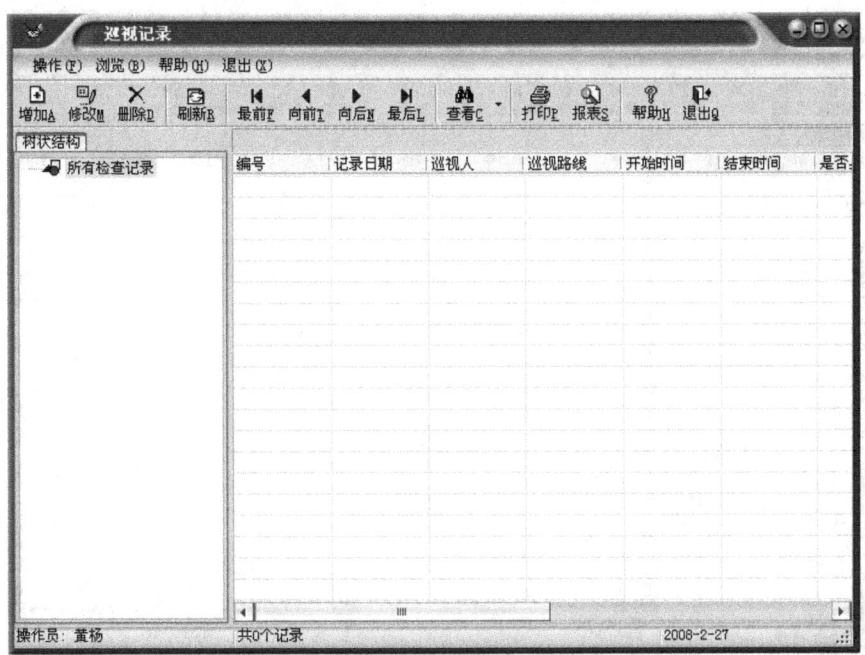

图 4-227

操作方法：可参考前面类似窗口中所描述的方法。单击【增加】或【修改】按钮后，进入信息录入窗口（图 4-228）。

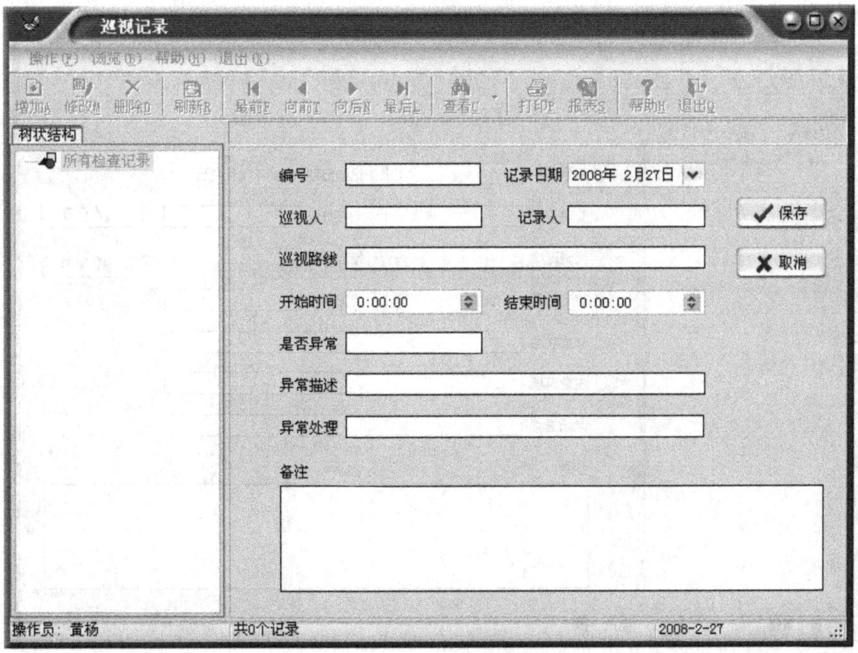

图 4-228

录入完相应信息后,单击【保存】按钮,即可完成一次信息的记录。

**十一、交接班记录**

"交接班记录"窗口如图 4-229 所示。

图 4-229

操作方法:可参考前面类似窗口中所描述的方法。单击【增加】或【修改】按钮后,进入信息录入窗口(图 4-230)。

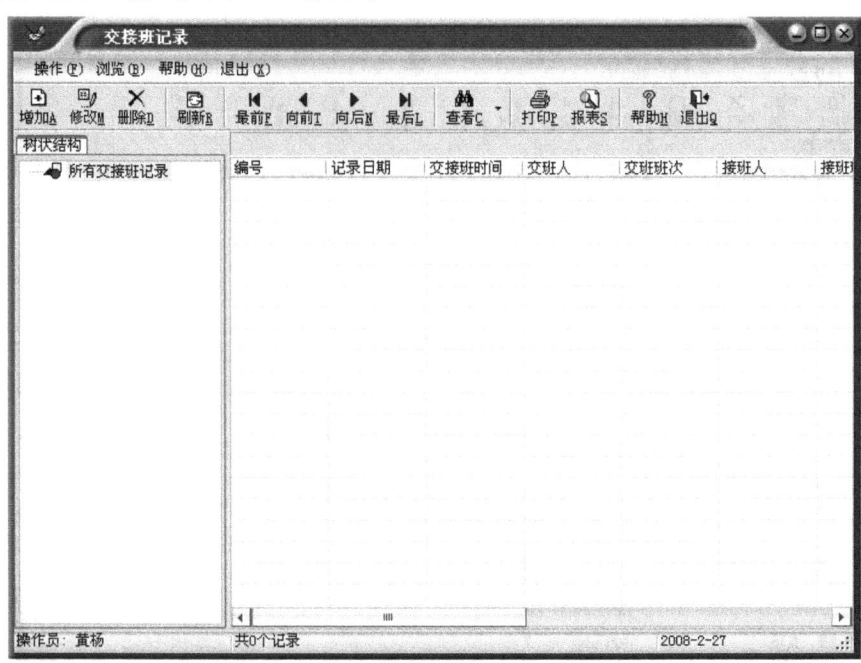

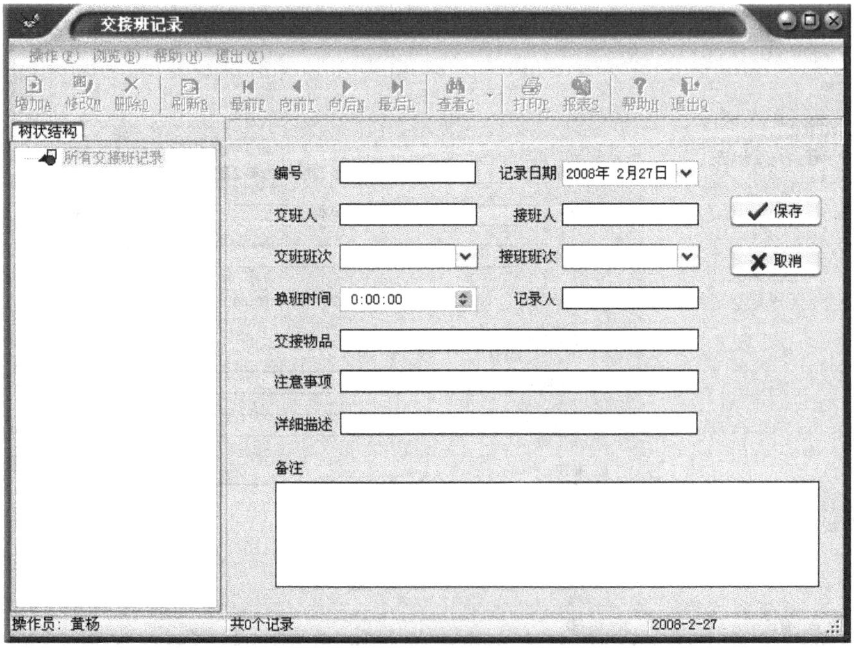

图 4-230

录入完相应信息后，单击【保存】按钮，即可完成一次信息的记录。
十二、人员出入、车辆出入登记
"人员出入登记"、"车辆出入登记"窗口如图 4-231、图 4-232 所示。

图 4-231

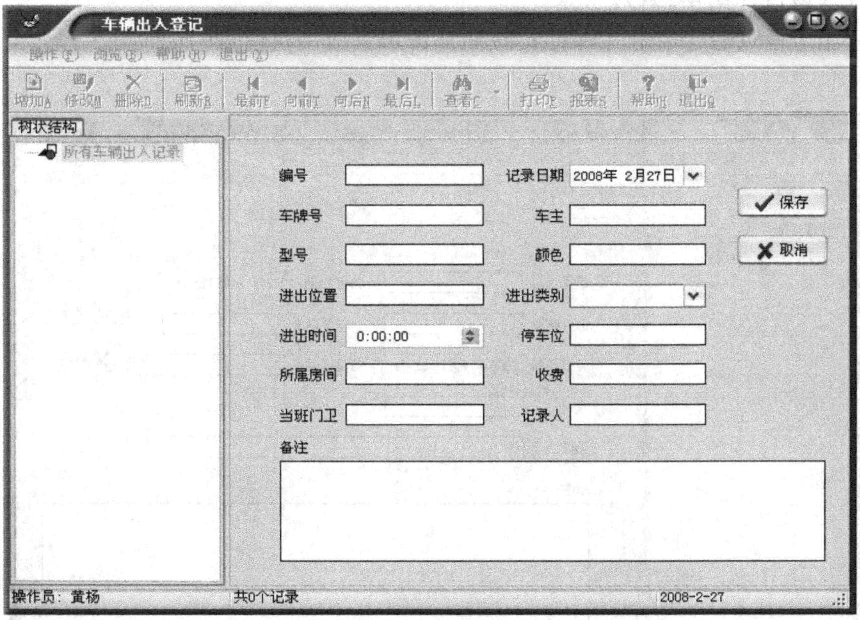

图 4-232

操作方法：可参考前面类似窗口中所描述的方法。

## 十三、出入证管理

"出入证管理"窗口如图 4-233 所示。

图 4-233

操作方法：可参考前面类似窗口中所描述的方法。单击【增加】或【修改】按钮后，进入信息录入窗口（图 4-234）。

录入完相应信息后，单击【保存】按钮，即可完成一次信息的记录。

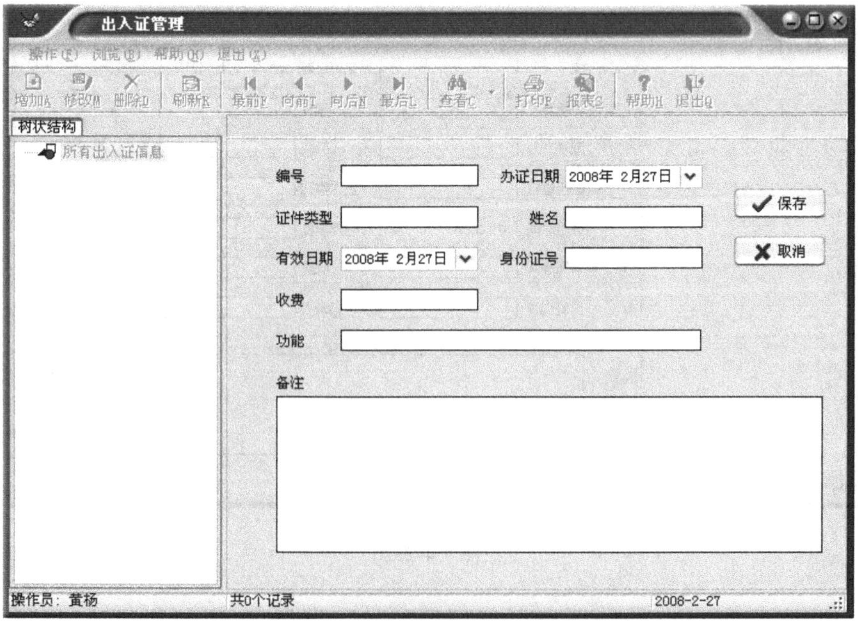

图 4-234

## 十四、失物招领

"失物招领"窗口如图 4-235 所示。

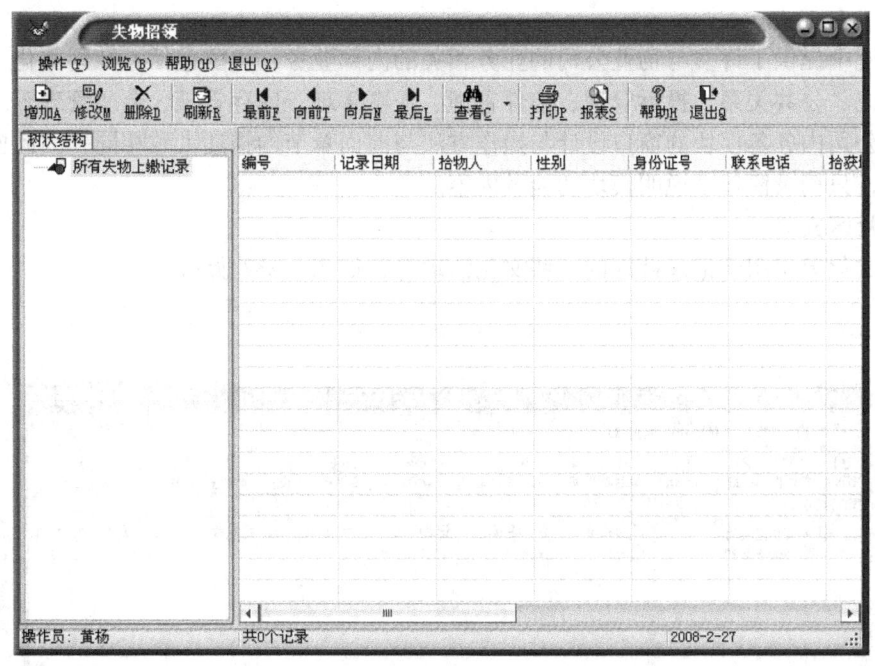

图 4-235

操作方法：可参考前面类似窗口中所描述的方法。单击【增加】或【修改】按钮后，进入信息录入窗口（图 4-236）。

录入完相应信息后，单击【保存】按钮，即可完成一次信息的记录。

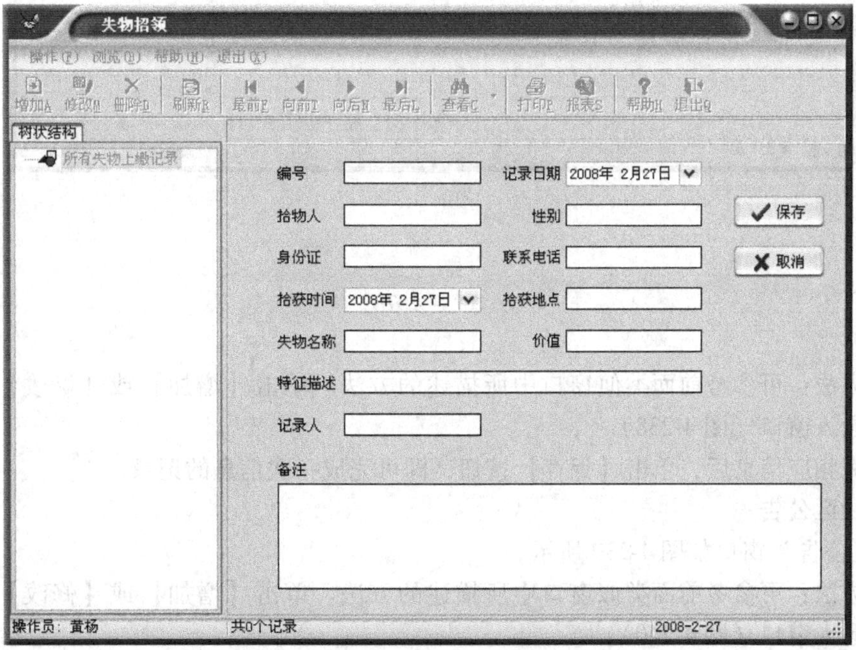

图 4-236

## 第十节 公司内务

本系统中提供了许多与物业公司的业务相关的内部业务，主要包括：社区文化、社区公告、大事记、公共关系、投诉管理、信件管理、人事管理、库存管理、会所管理等。

关于公司内务各模块的窗口设计与操作方法与前面章节的描述大致相同，因此操作方法不再赘述，只摘录窗口来说明模块功能及内容。

### 一、社区文化

社区文化模块用于记录社区的一些文化活动等，如图 4-237 所示。

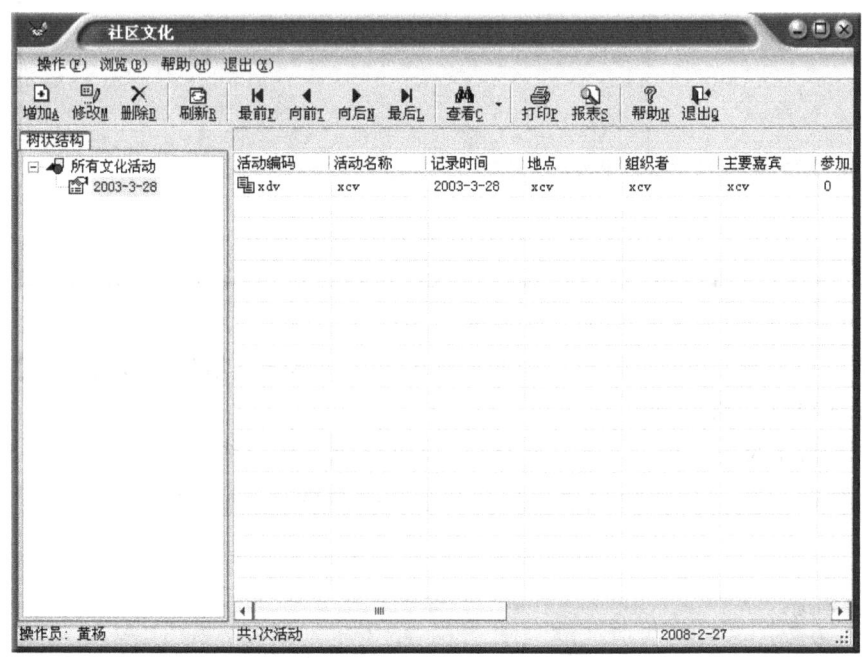

图 4-237

操作方法：可参考前面类似窗口中所描述的方法。单击【增加】或【修改】按钮后，进入信息录入窗口（图 4-238）。

录入完相应信息后，单击【保存】按钮，即可完成一次信息的记录。

### 二、社区公告

"社区公告"窗口如图 4-239 所示。

操作方法：可参考前面类似窗口中所描述的方法。单击【增加】或【修改】按钮后，进入信息录入窗口（图 4-240）。

录入完相应信息后，单击【保存】按钮，即可完成一次信息的记录。

图 4-238

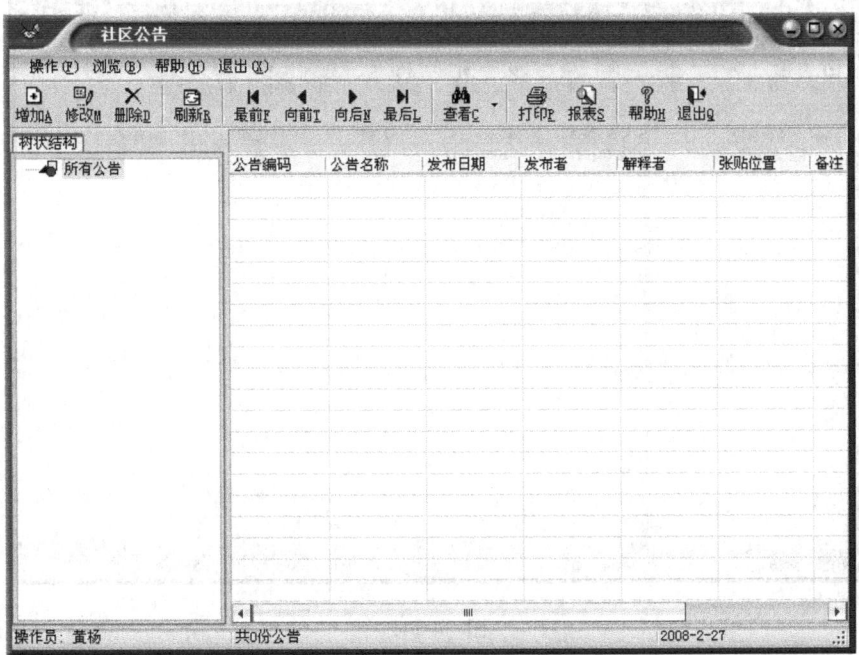

图 4-239

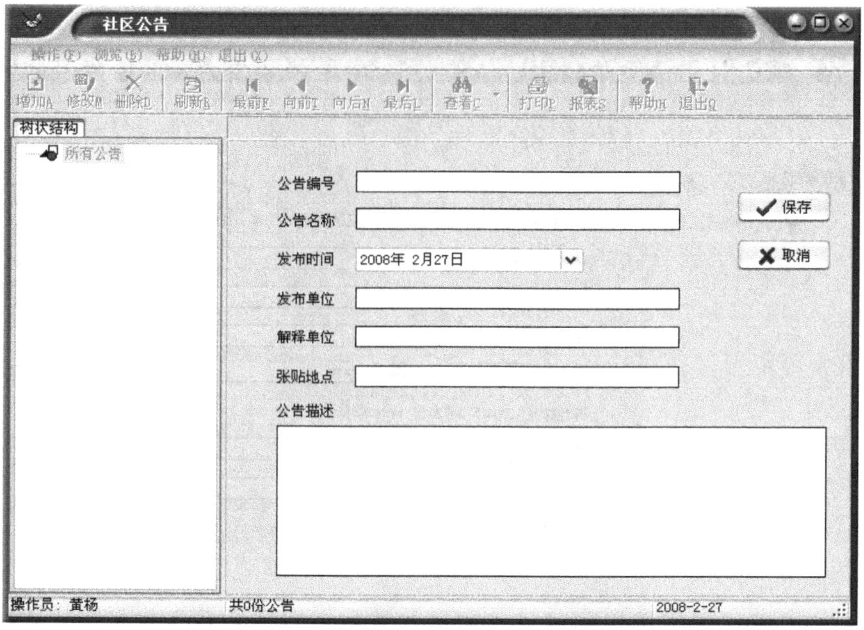

图 4-240

### 三、大事记

"大事记"窗口如图 4-241 所示。

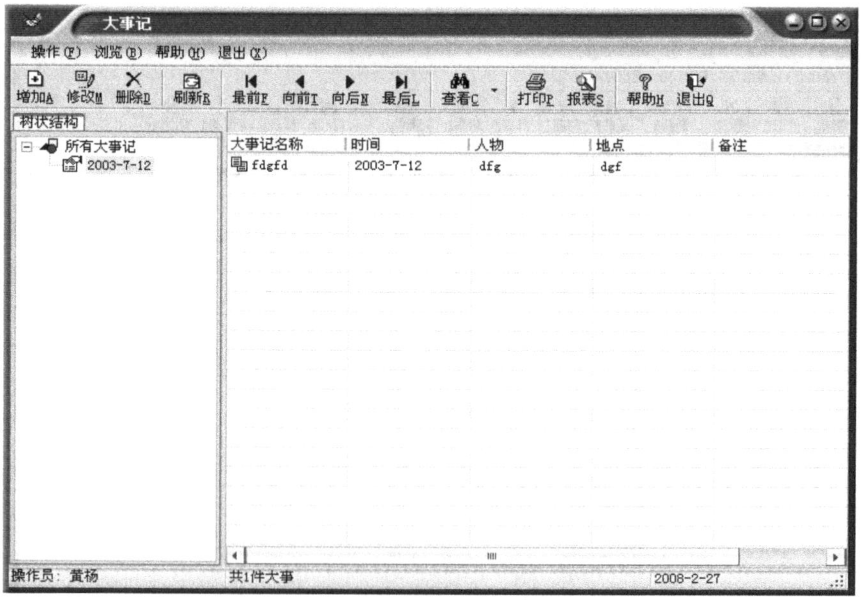

图 4-241

操作方法：可参考前面类似窗口中所描述的方法。单击【增加】或【修改】按钮后，进入信息录入窗口（图 4-242）。

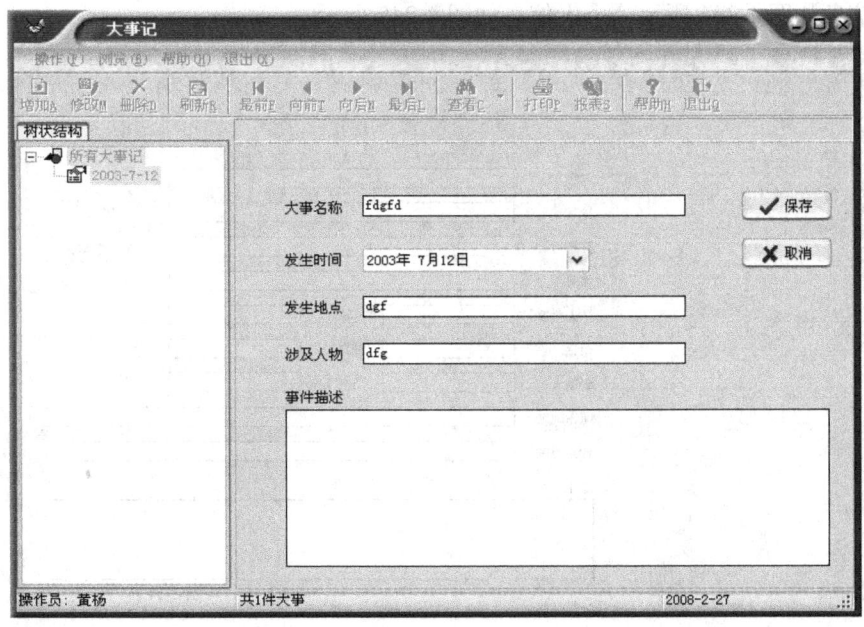

图 4-242

录入完相应信息后,单击【保存】按钮,即可完成一次信息的记录。

### 四、通讯录

"通讯录"窗口如图 4-243 所示。

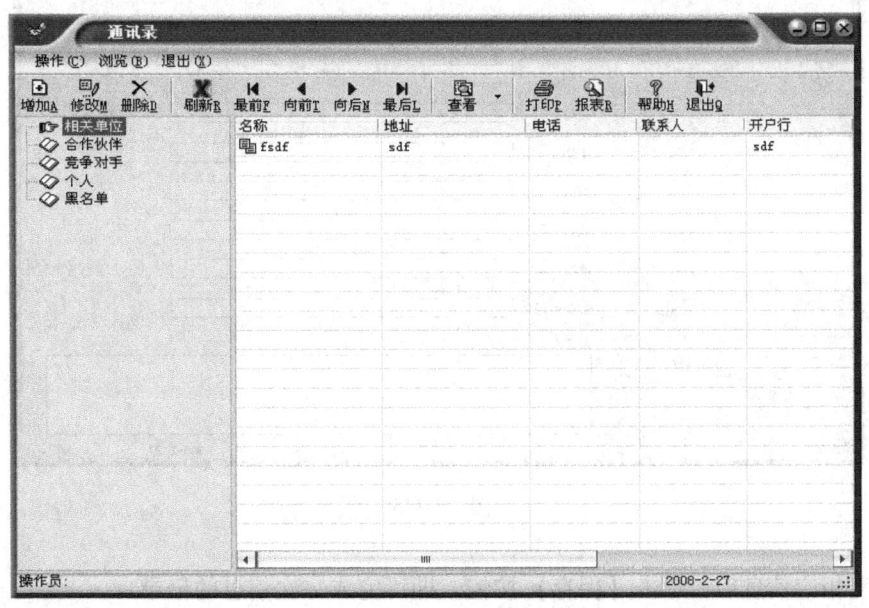

图 4-243

操作方法:可参考前面类似窗口中所描述的方法。单击【增加】或【修改】按钮后,进入信息录入窗口。

单位信息如图 4-244 所示，个人信息如图 4-245 所示。

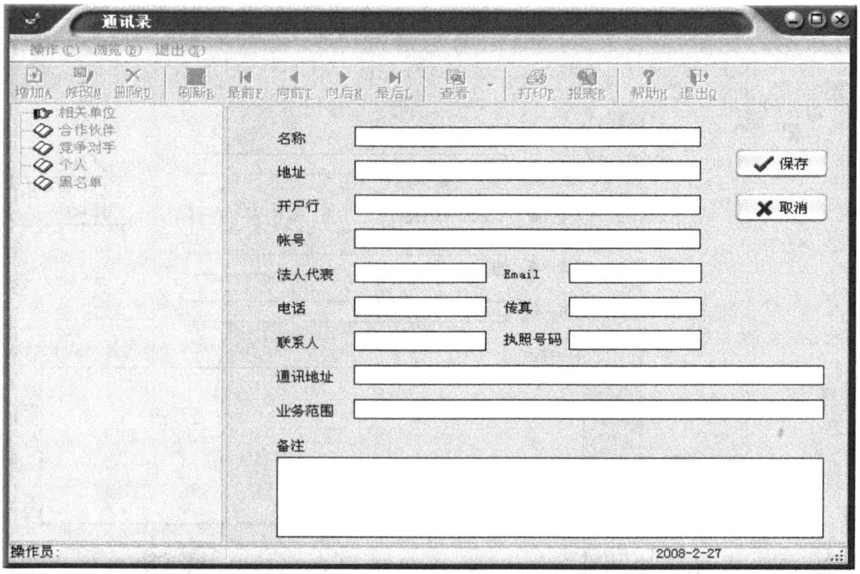

图　4-244

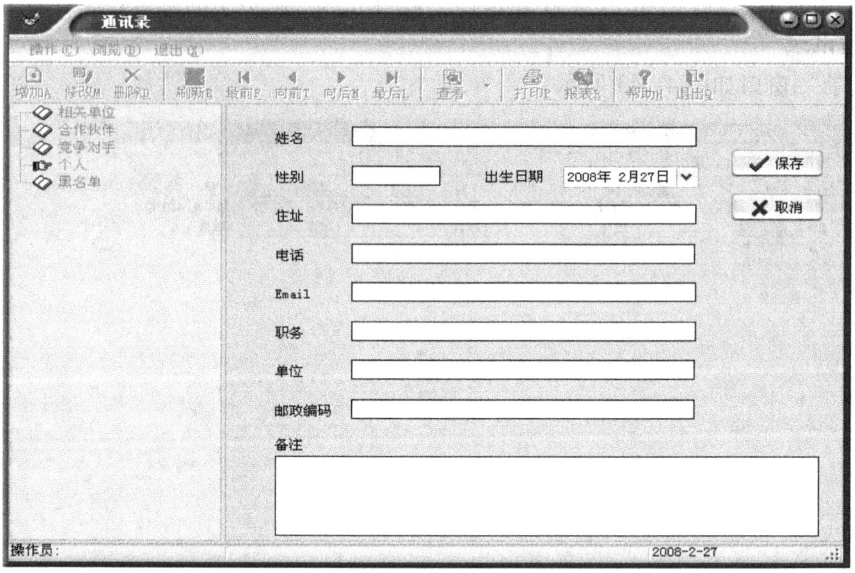

图　4-245

录入完相应信息后，单击【保存】按钮，即可完成一次信息的记录。
### 五、投诉管理
"投诉管理"窗口如图 4-246 所示。

操作方法：可参考前面类似窗口中所描述的方法。单击【增加】或【修改】按钮后，进入信息录入窗口（图 4-247）。

图 4-246

图 4-247

录入完相应信息后,单击【保存】按钮,即可完成一次信息的记录。

### 六、信件管理

"信件管理"窗口如图 4-248 所示。

图 4-248

操作方法：可参考前面类似窗口中所描述的方法。单击【增加】或【修改】按钮后，进入信息录入窗口（图 4-249）。

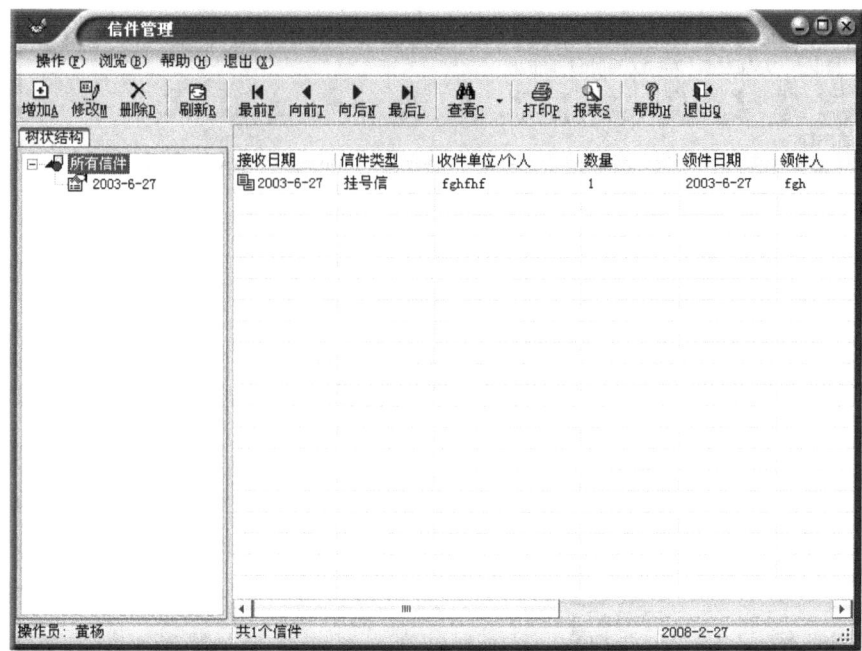

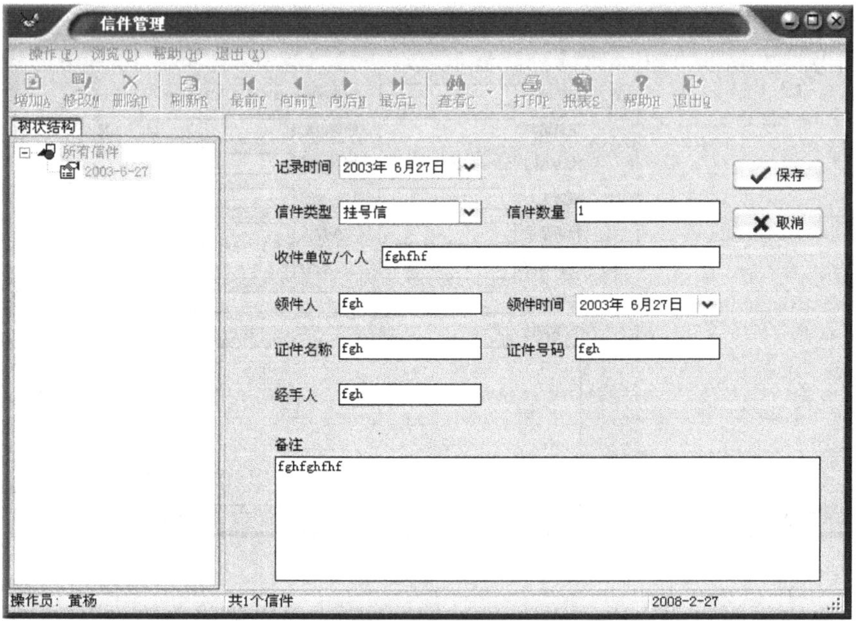

图 4-249

录入完相应信息后，单击【保存】按钮，即可完成一次信息的记录。

### 七、库存管理

本系统提供了一个完整的库存管理模块,其功能有:库房设置、商品设置、计量单位设置、出入库方式设置、业务员设置、期初入库;入库、出库、移库、盘点;库存统计等。如图 4-250 所示。

1. 库房设置(图 4-251)

首先设置库房信息,单击【增加库房】按钮,系统弹出如图 4-252 所示的窗口,录入正确信息后,单击【保存】按钮保存。重复录入其他库房信息。选择一库房后,可以录入该库房的货位信息,单击【增加货位】按钮,系统弹出如图 4-253 所示的窗口,录入货位名称后,单击【保存】按钮保存即可。重复输入该库房的所有货位信息。

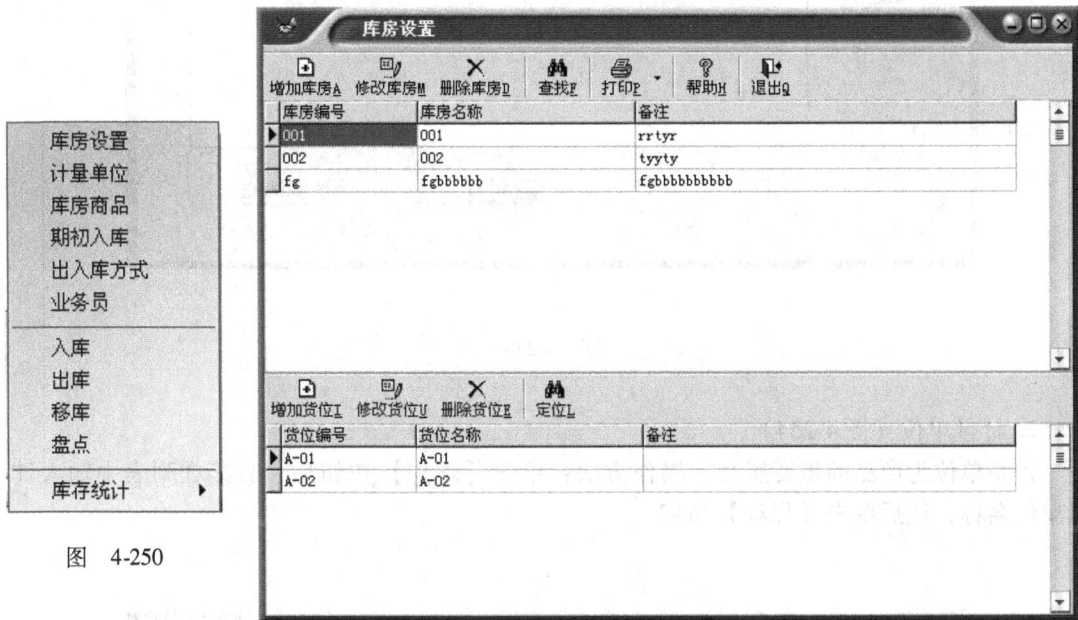

图 4-250

图 4-251

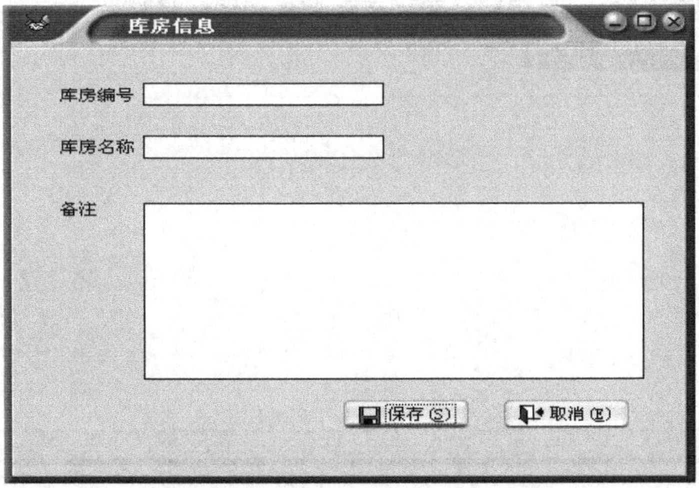

图 4-252

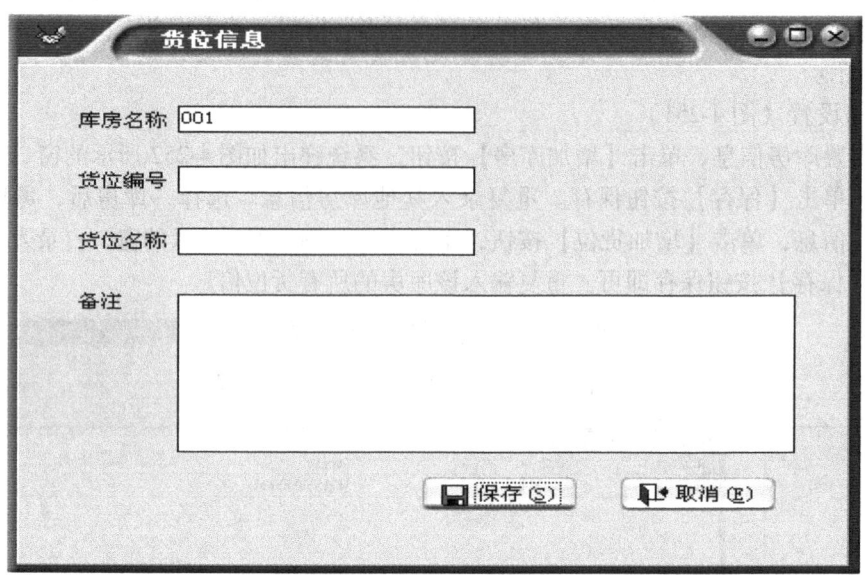

图 4-253

2. 计量单位（图4-254）

计量单位为商品的重要属性，操作方法：单击【增加】按钮后，直接在列表中输入计量单位名称，然后单击【保存】按钮。

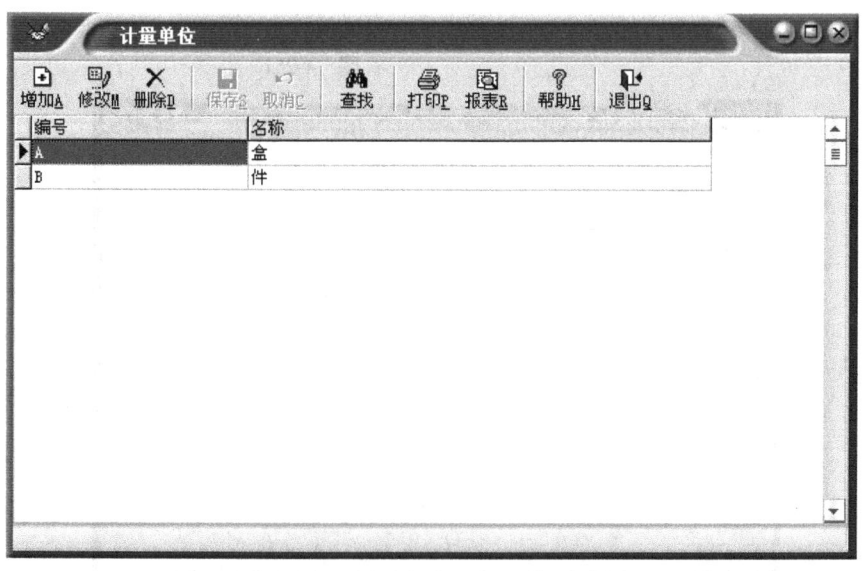

图 4-254

3. 商品档案（图 4-255）

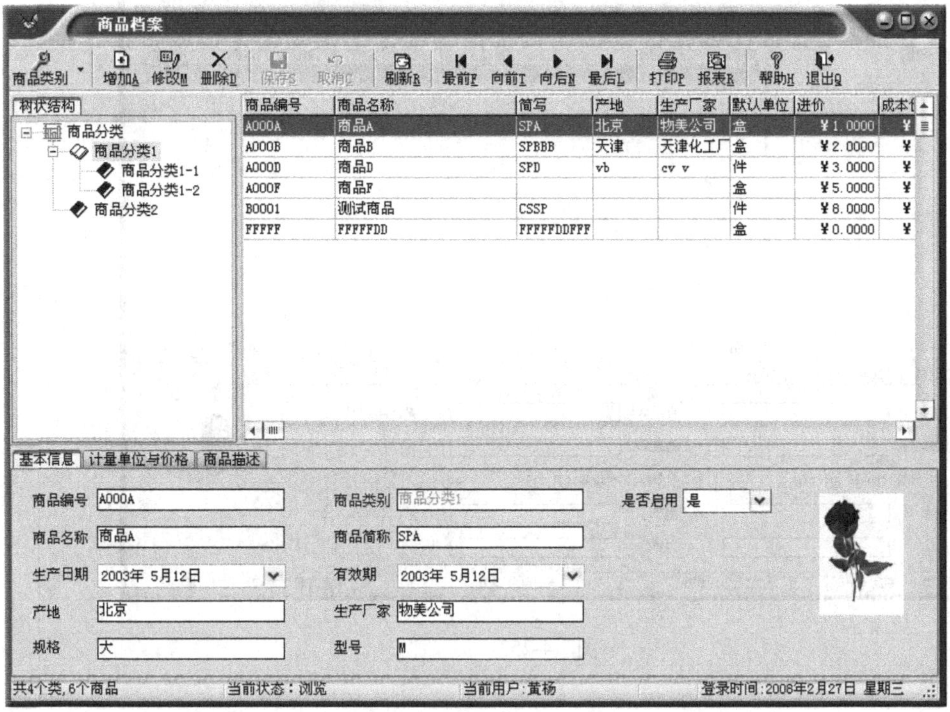

图 4-255

首先输入商品类别，然后在具体商品类别下增加商品。单击《商品类别》右边的小箭头，在下拉列表中，选择《增加》，系统弹出如图 4-256 所示的窗口。商品类别可以分级次来设置，级数无限制，选择某类别后，单击【增加】按钮后，可增加其下级类别。类别的操作一定要慎重，因为一旦在某类别下设置了具体商品，该类别将不能更改或删除。

图 4-256

在某类别下，单击《商品类别》右边的【增加】按钮，窗口处于增加商品状态（图 4-257）。

在商品"基本信息"选项卡中各编辑框需要输入正确的内容，之后可进入"计量单位与价格"选项卡（图 4-258）。将各项输入正确，如果需要增加多个计量单位，需要单击【增行】按钮，然后在左边列表中选择计量单位，同时设置默认单位等。所有信息输入正确后，单击【保存】按钮，即增加了一条商品记录。

4. 出入库方式（图 4-259）

操作方法：单击【增加】或【修改】按钮后，在列表中输入正确信息，单击【保存】按钮，即增加了一条记录。

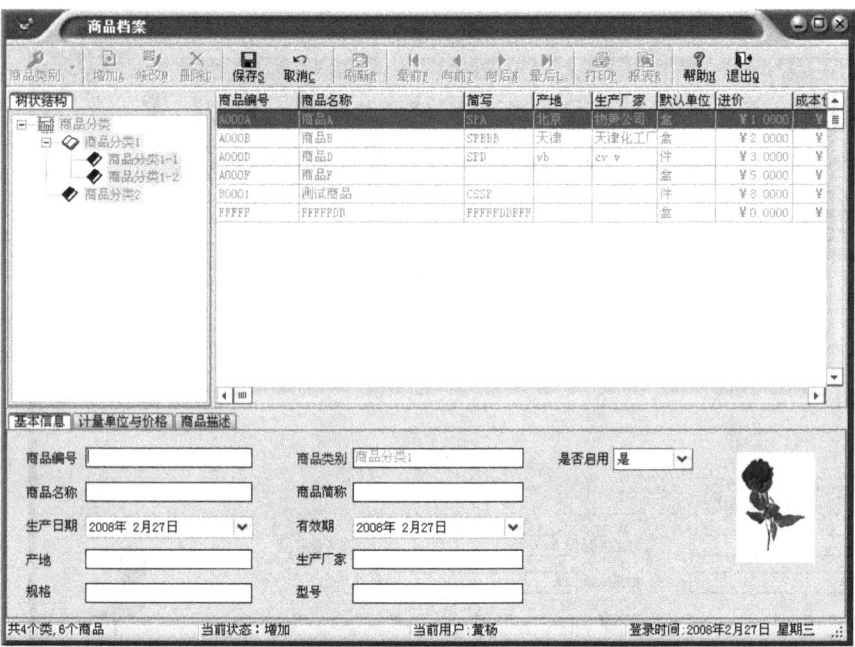

图 4-257

图 4-258

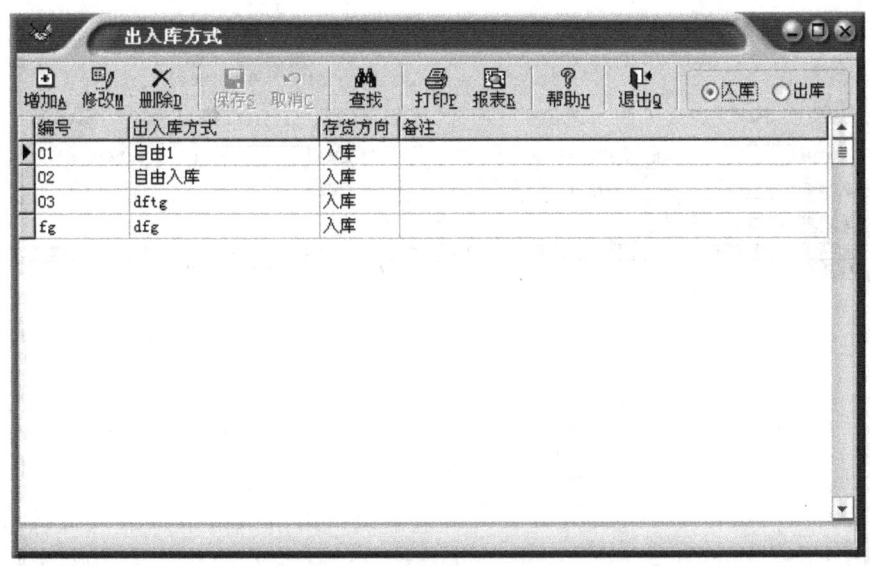

图 4-259

5. 业务员（图 4-260）

操作方法：单击【增加】或【修改】按钮后，在下方各编辑框中输入正确信息，单击【保存】按钮，即增加了一条记录。

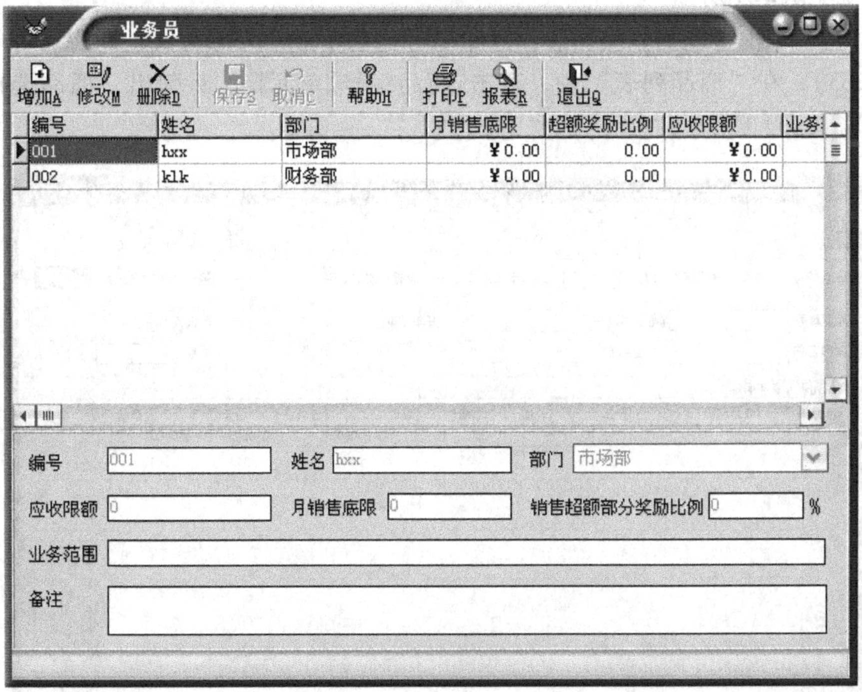

图 4-260

6. 期初入库（图 4-261）

操作方法请参见下面的入库操作。

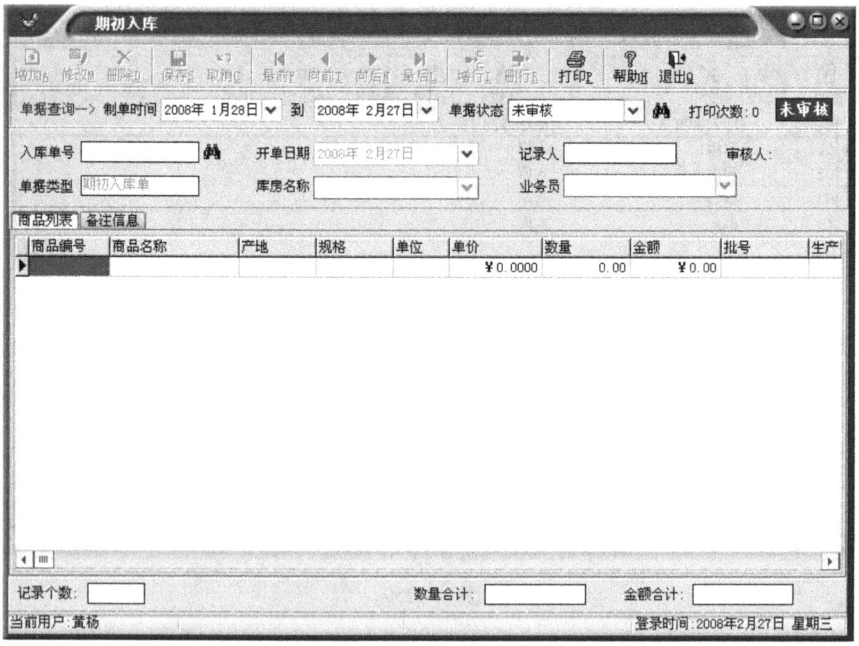

图 4-261

7. 入库（图4-262）

操作方法：单击【增加】按钮后，入库单号自动生成，入库方式、库房名称等需要选择（图4-263），在"商品列表"中，双击〖商品编号〗单元格，将弹出"商品选择"窗口（图4-264）。

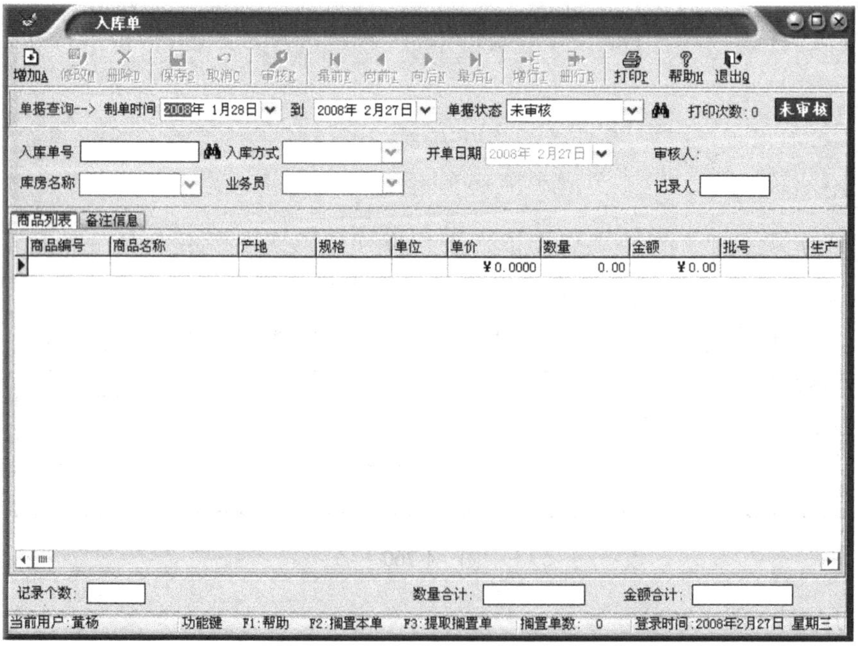

图 4-262

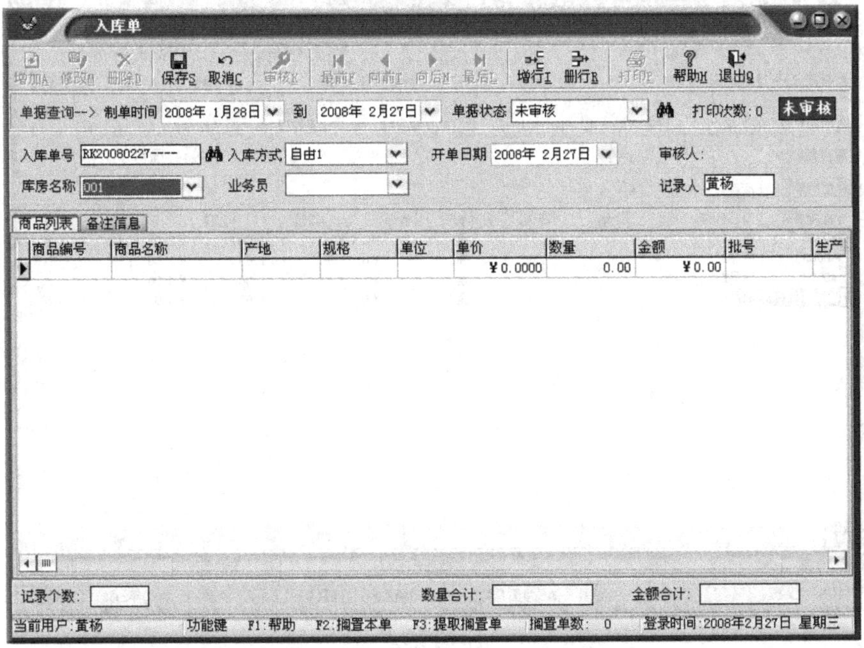

图 4-263

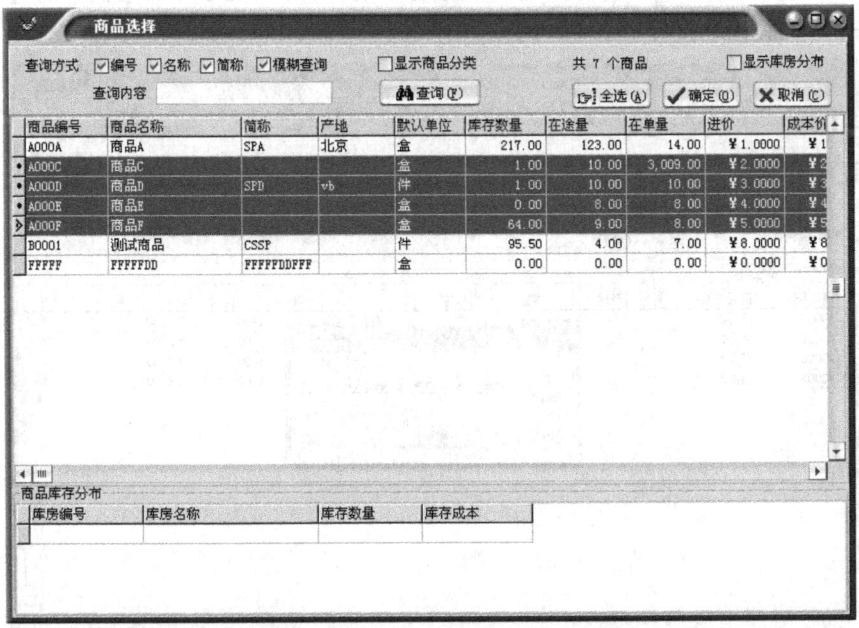

图 4-264

可单选记录，也可多选商品：按住<CTRL>键用鼠标依次点商品行，亮蓝显示的商品表已被选中，此时单击【确定】按钮，当前所选商品将被带入到入库单录入窗口中，如图4-265所示。

图 4-265

然后输入各商品的正确单价、数量（金额将自动计算）、批号等信息，单击【保存】按钮，完成一次入库单的录入（图4-266）。

图 4-266

入库单保存后，仍可修改，只有单击【审核】按钮后，入库单才正式生效，库存将同步发生改变。

8. 出库（图 4-267）

操作方法请参见入库操作。

图 4-267

9. 移库（图 4-268）

操作方法请参见入库操作。

图 4-268

10. 盘点（图 4-269）

操作方法请参见入库操作。

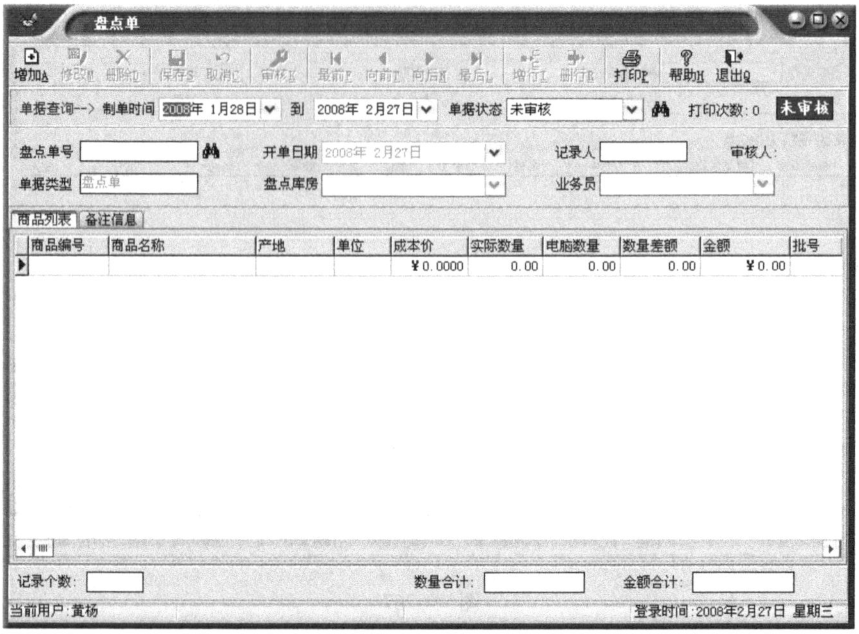

图　4-269

11. 库存统计

系统提供了库存管理的常用报表，方便查询统计，《库存统计》菜单功能如图 4-270 所示。

**八、人事管理**

本系统提供了一个全面的人事管理子系统，其功能有：部门设置、员工档案录入、员工的社会关系、工作经历、学习经历、取得证件、奖惩记录、职称记录、工资记录、考勤记录、福利发放记录、招聘计划、招聘记录、培训计划、培训记录、考核计划、考核记录等。

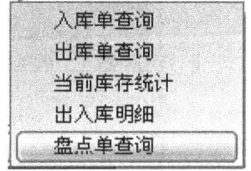

图　4-270

"人事管理"主窗口如图 4-271 所示。

1. 员工信息窗口（图 4-272）
2. 社会关系录入（图 4-273）
3. 工作经历录入（图 4-274）
4. 学习经历录入（图 4-275）
5. 证件录入（图 4-276）

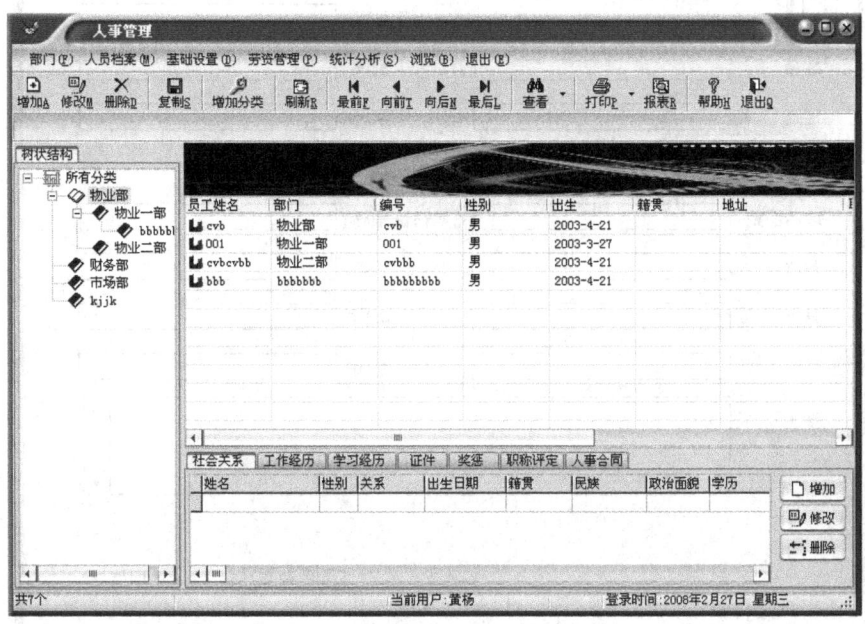

图 4-271

图 4-272

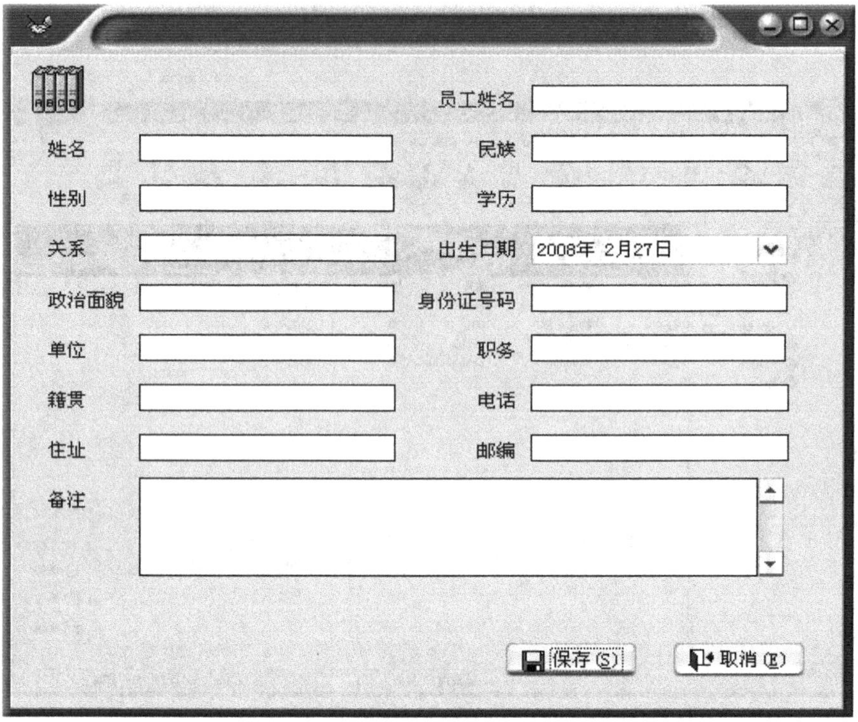
员工姓名
姓名
民族
性别
学历
关系
出生日期
2008年 2月27日
政治面貌
身份证号码
单位
职务
籍贯
电话
住址
邮编
备注
保存(S)
取消(E)

图 4-273

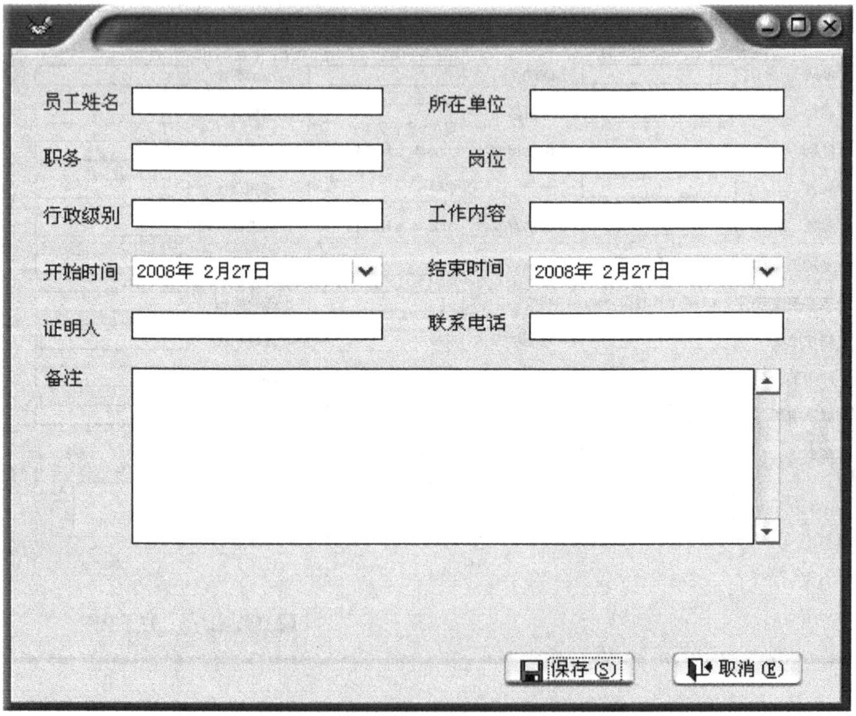
员工姓名
所在单位
职务
岗位
行政级别
工作内容
开始时间
2008年 2月27日
结束时间
2008年 2月27日
证明人
联系电话
备注
保存(S)
取消(E)

图 4-274

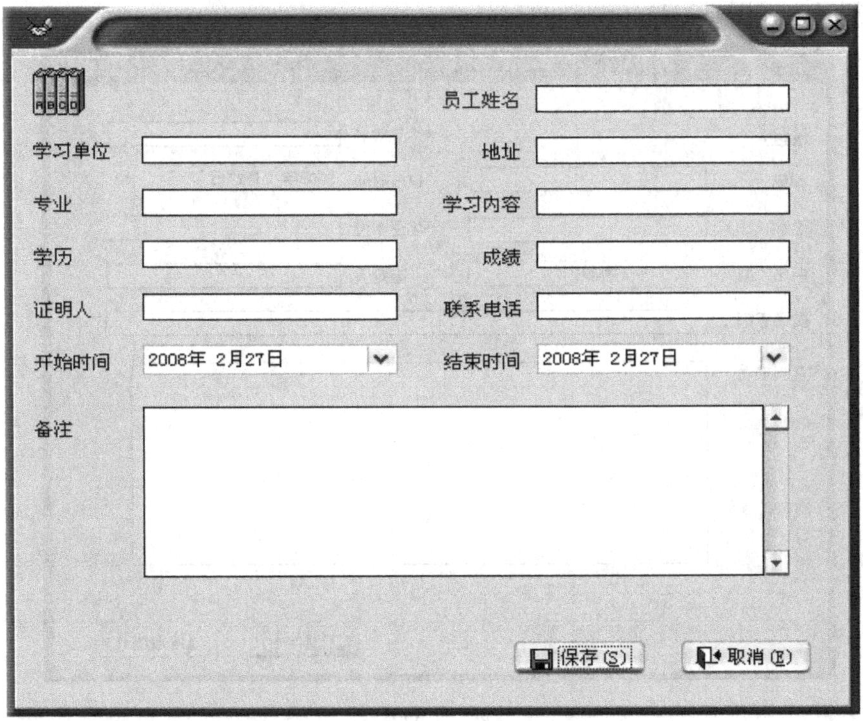

图 4-275

图 4-276

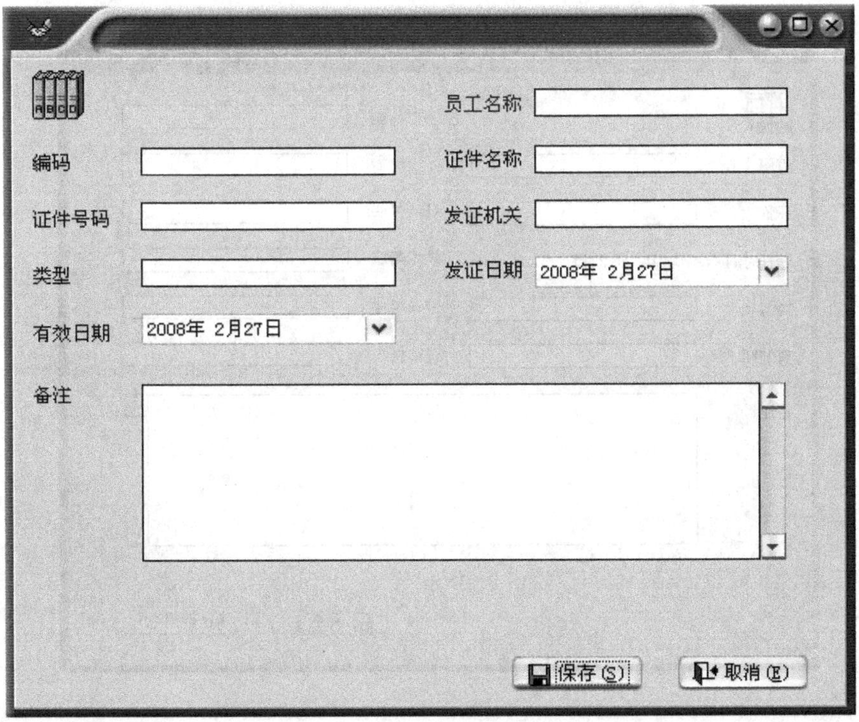

6. 奖惩录入（图4-277）

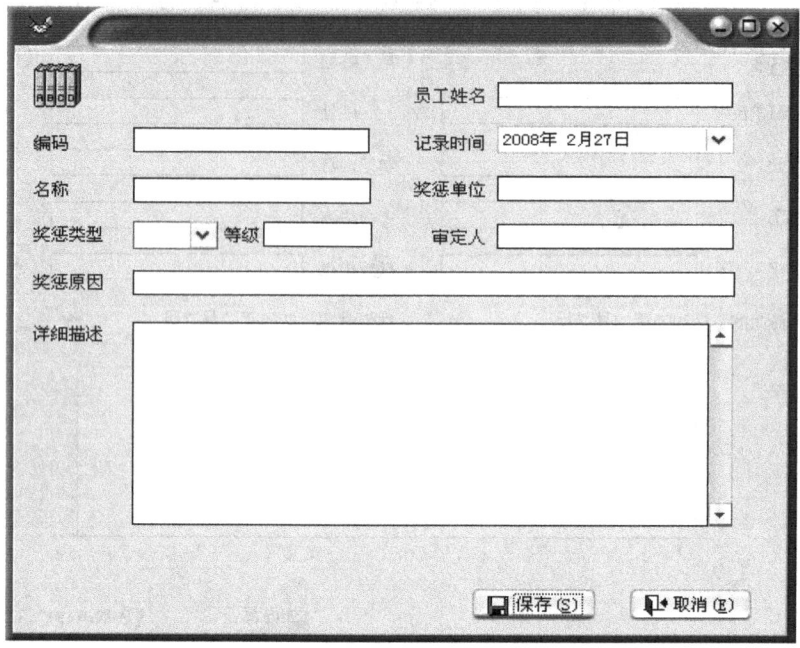

图 4-277

7. 职称评定记录（图4-278）

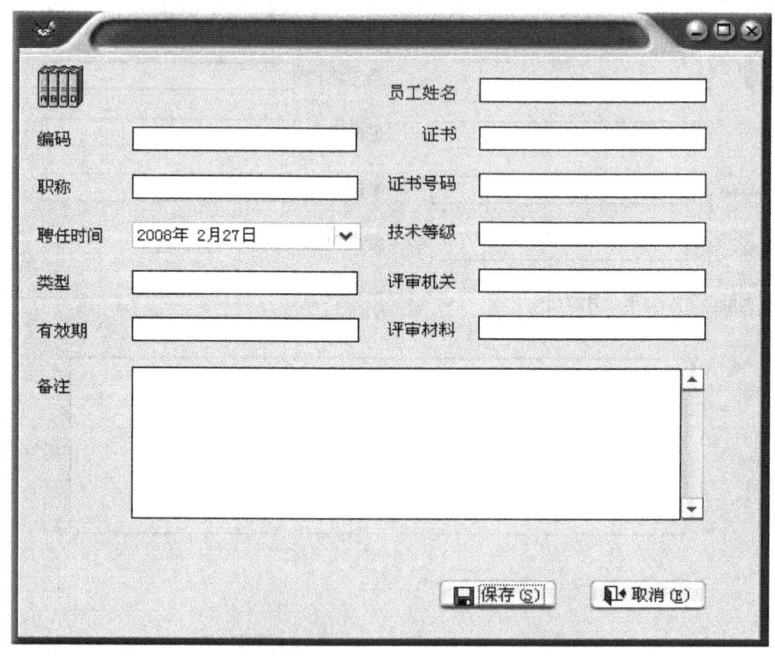

图 4-278

8. 人事合同记录（图 4-279）

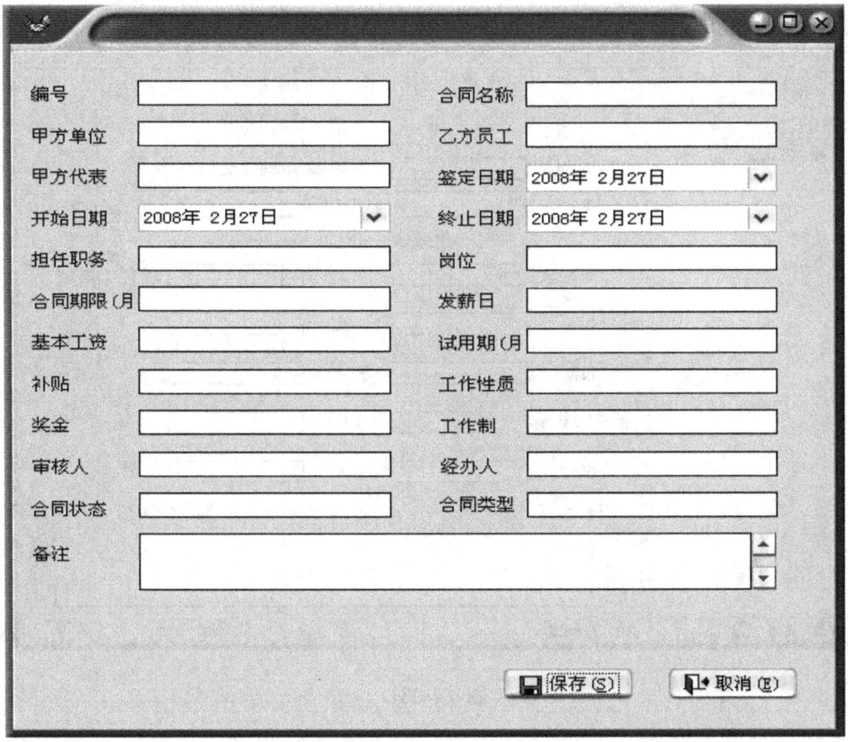

图　4-279

9. 月考勤记录（图 4-280）

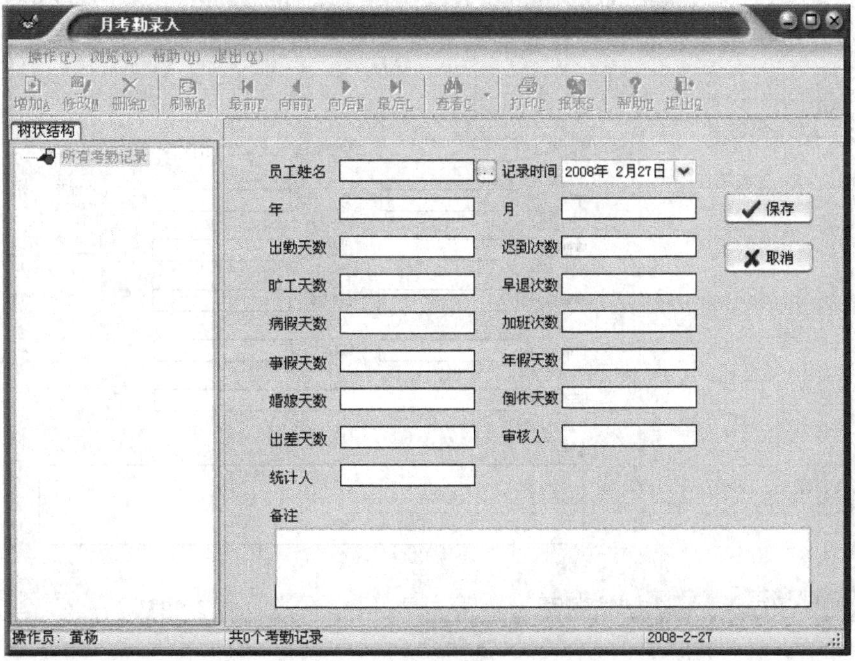

图　4-280

10. 月工资录入（图 4-281）

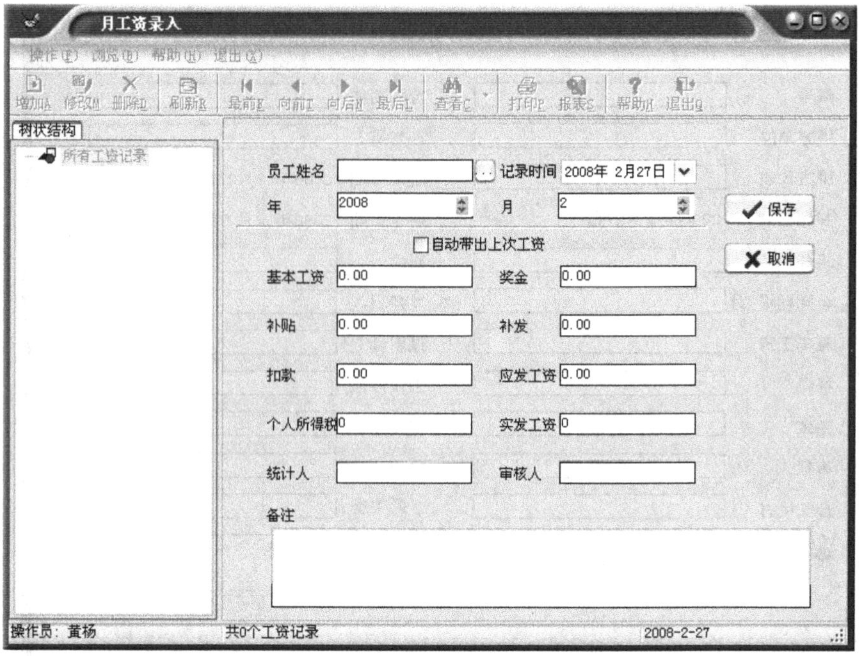

图 4-281

11. 人事调配（图 4-282）

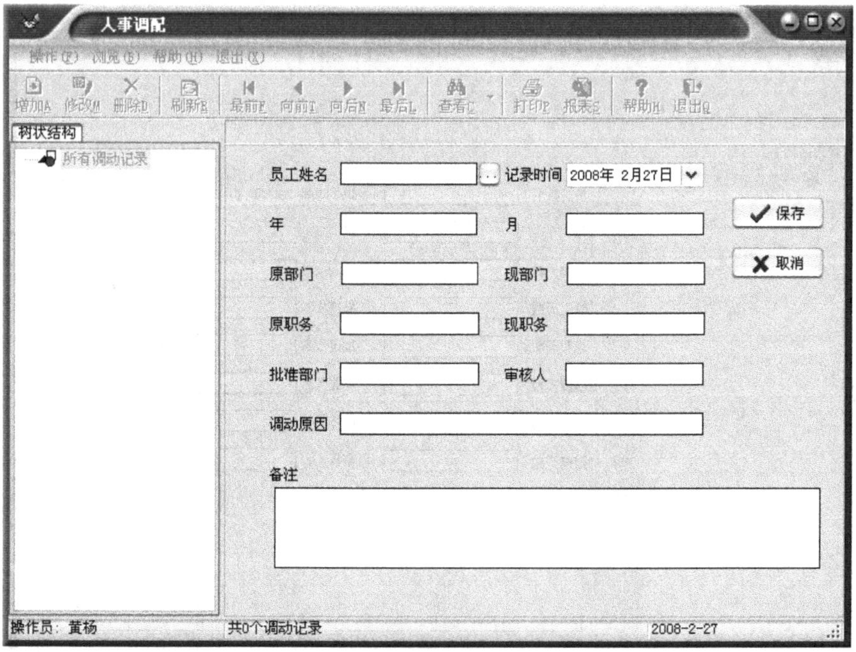

图 4-282

12. 招聘计划（图 4-283）

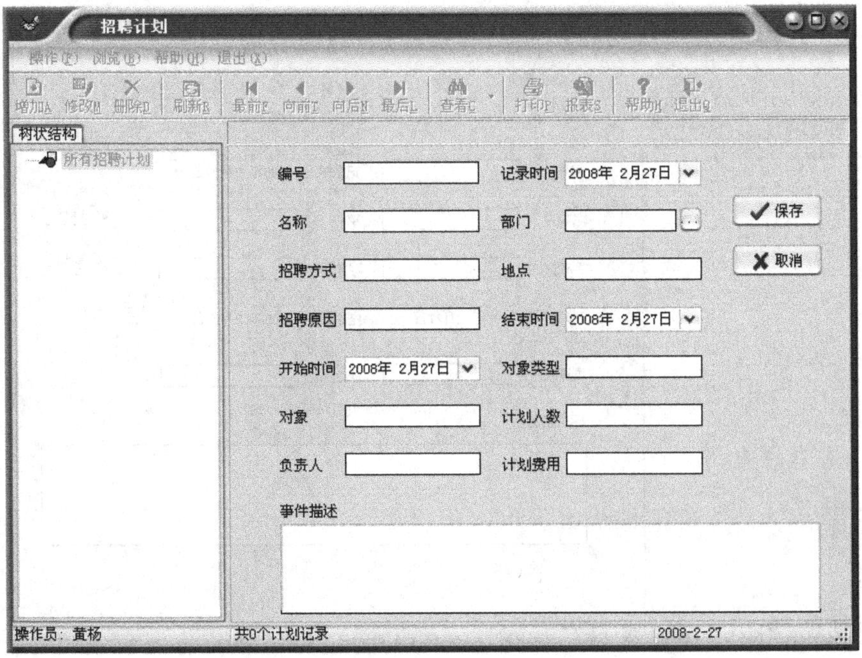

图 4-283

13. 培训计划（图 4-284）

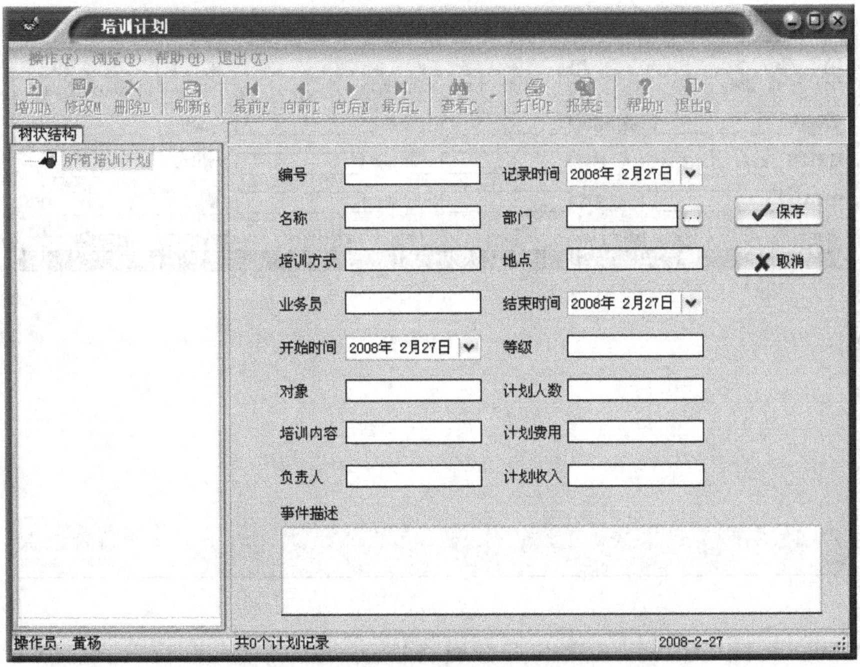

图 4-284

14. 考核计划（图 4-285）

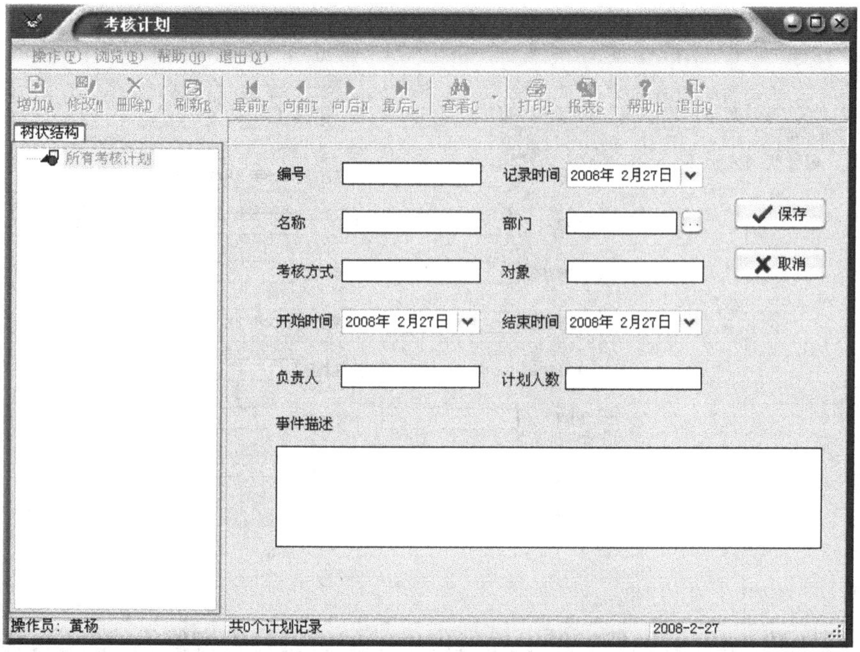

图 4-285

15. 招聘记录（图 4-286）

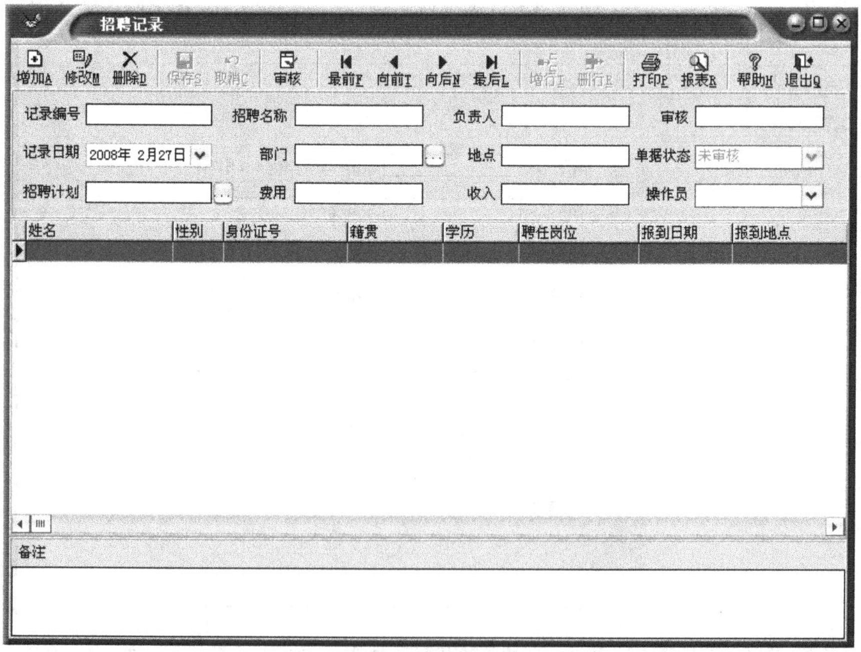

图 4-286

16. 培训记录（图 4-287）

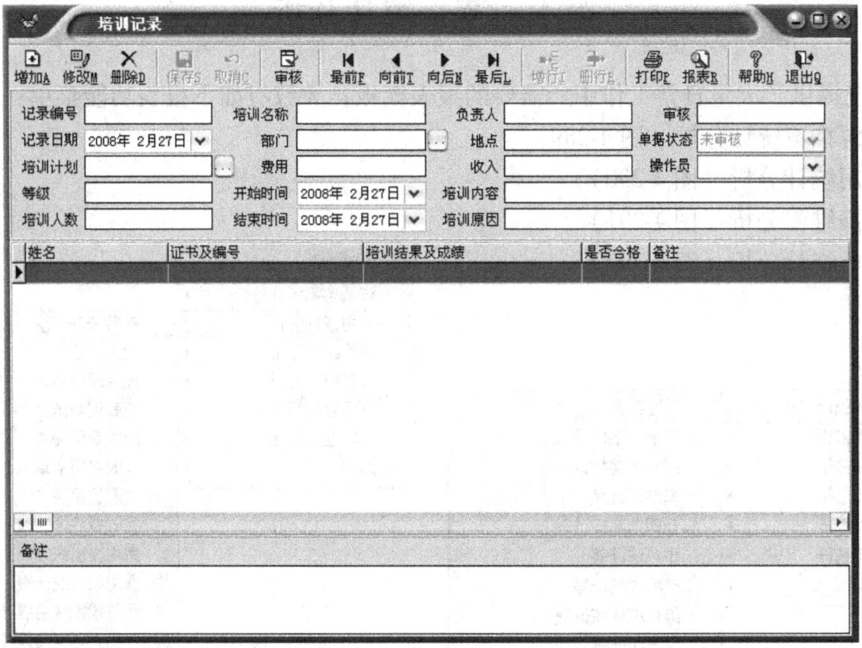

图 4-287

17. 考核记录（图 4-288）

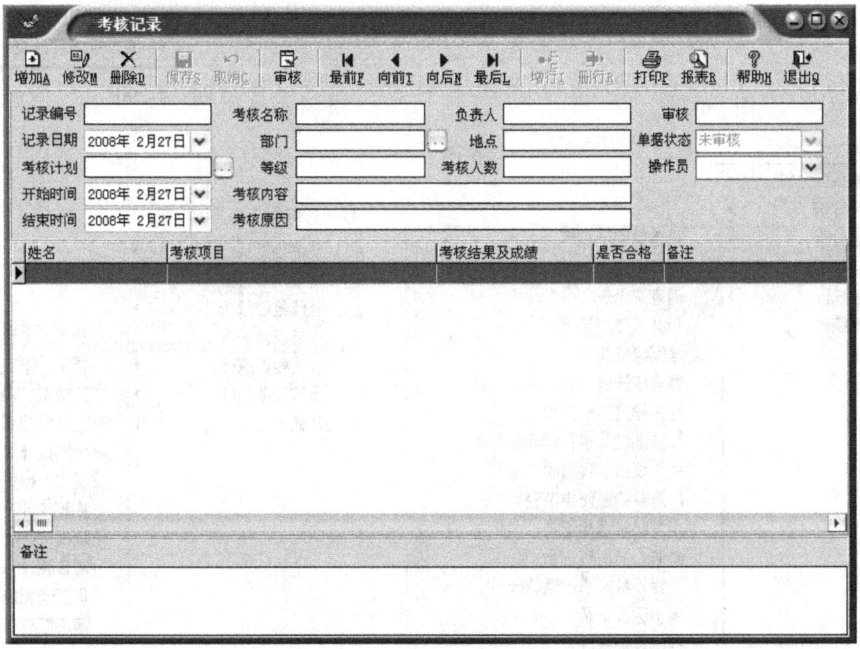

图 4-288

以上各项内容的操作方式可参考前面类似章节的描述。

## 第十一节 统计分析

本系统提供了大量日常工作中所需要的报表模板，大致有如下报表功能菜单：
1. 资源档案统计分析（图4-289）
2. 费用统计分析（图4-290）
3. 装修维修分析（图4-291）
4. 人员统计分析（图4-292）

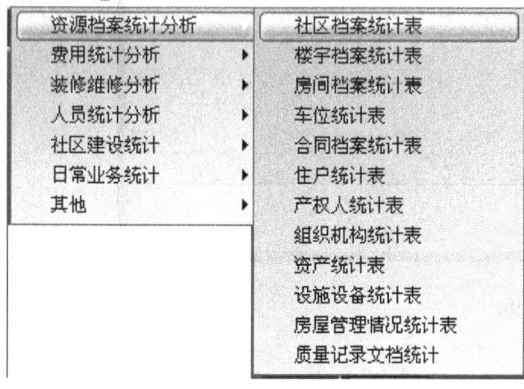

图 4-289

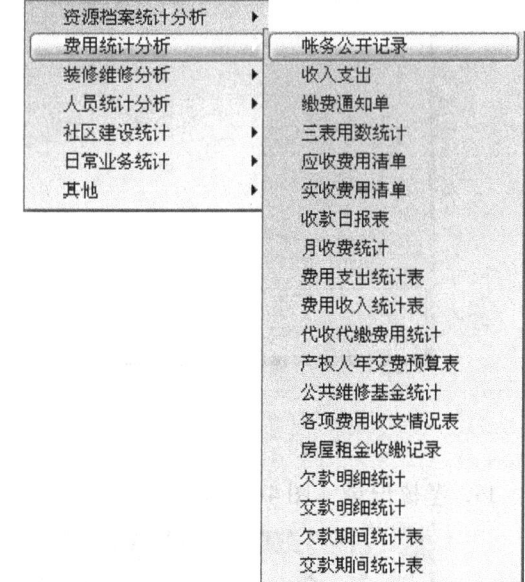

图 4-290

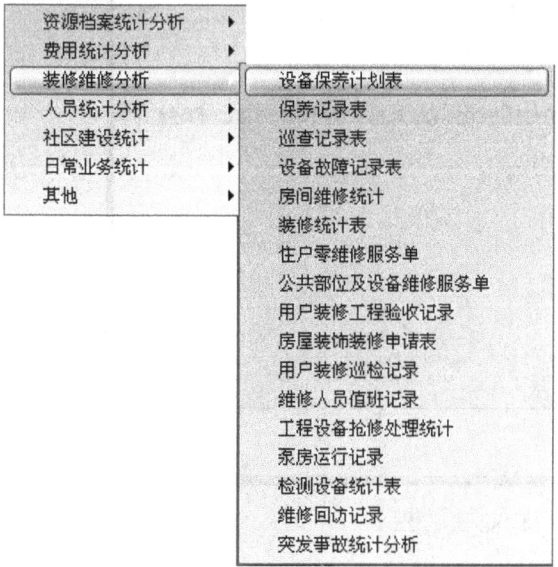

图 4-291

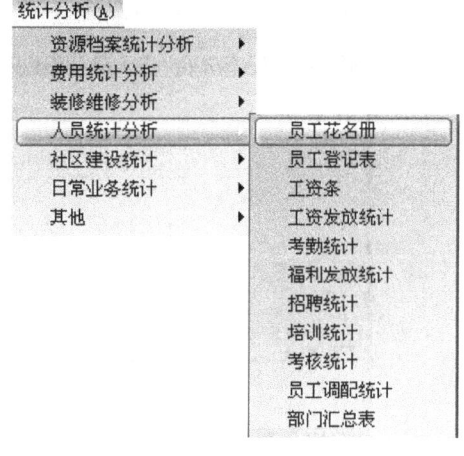

图 4-292

5. 社区建设统计（图4-293）
6. 日常业务统计（图4-294）
7. 其他统计（图4-295）

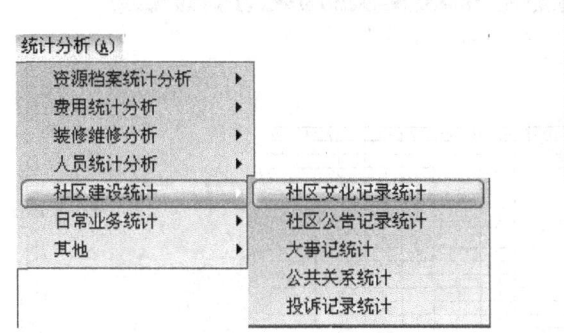

图 4-293

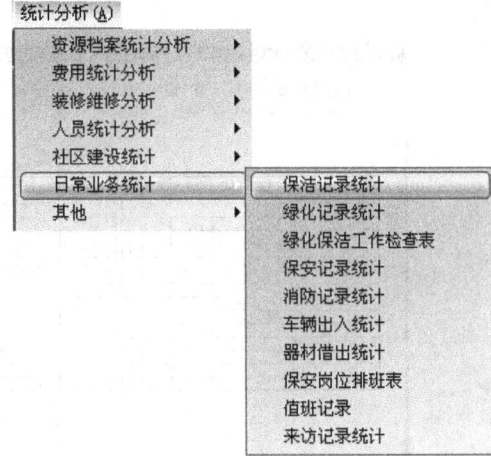

图 4-294

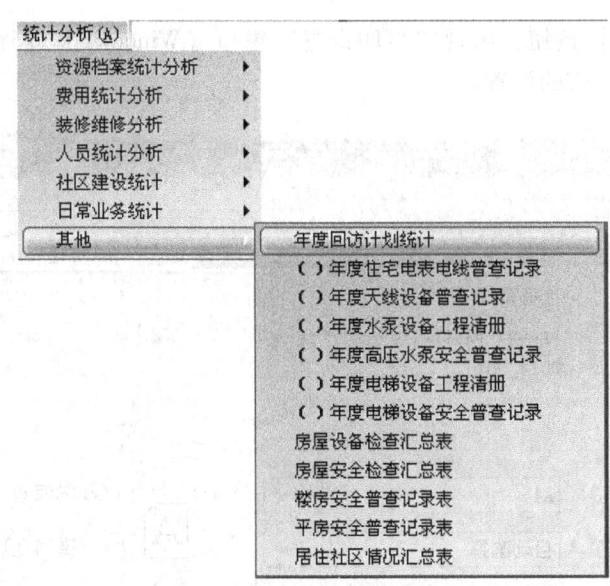

图 4-295

## 第十二节 打 印

本系统所有窗口几乎都提供了打印功能,单击【打印】按钮,出现打印窗口(图 4-296)。

图 4-296

(1)单击【设置】按钮,出现"打印设置"窗口(Windows 程序通用)(图 4-297)。可以进行纸张或打印方式的设置。

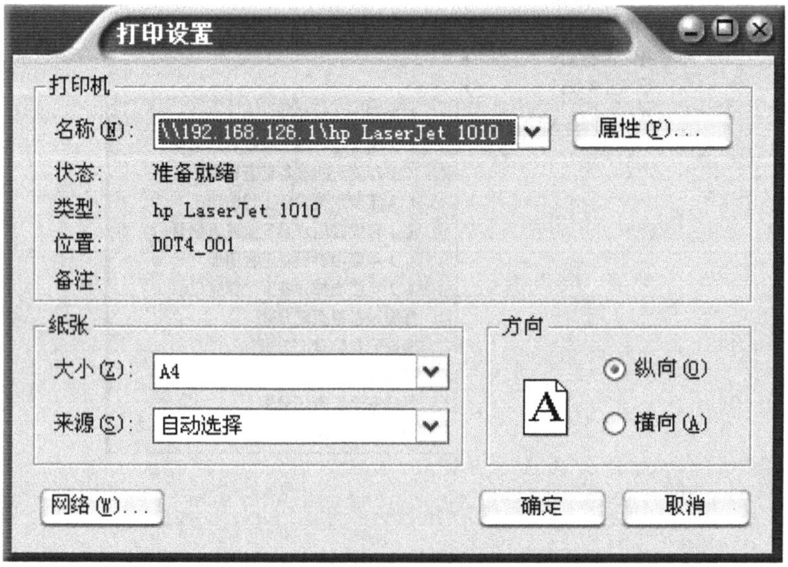

图 4-297

(2)单击【设计】按钮,出现"表格设置"窗口(图4-298)。选择不同的选项卡,进行相应的设置。

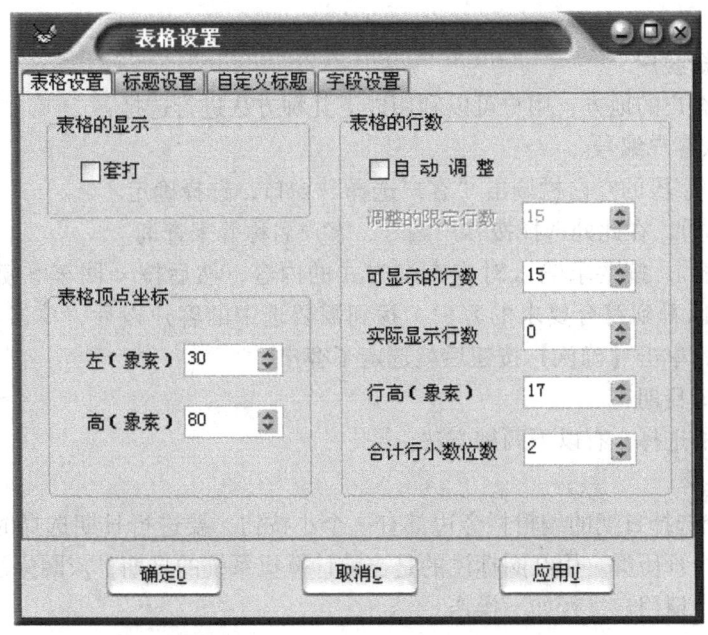

图 4-298

(3)单击【打印】按钮,直接打印数据。
(4)单击【输出到Excel】按钮,直接将结果输入到Excel报表中。

## 第十三节 系 统 注 册

用户购买本软件产品后,将获得注册号,对已安装的软件进行注册,只有注册成功后,才可以无限制地使用本软件,未注册者,有限制地使用。

操作方法:将窗口显示的版本号发给软件供应商,软件供应商根据该注册号,验证真伪后,发回一个注册确认号,将注册确认号输入后,单击【注册】按钮,如果正确,则完成注册(图4-299)。

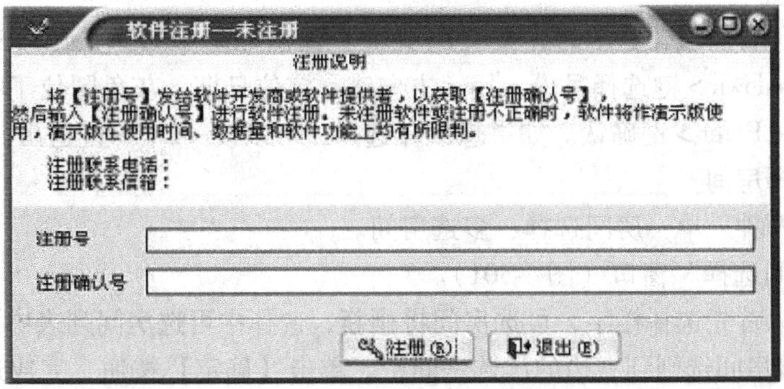

图 4-299

## 第十四节　系统上机操作必读

### 一、如何选择客户
在需要选择客户的地方，用户可以利用以下几种方法进行选择：
1）直接输入客户编号。
2）双击客户字段的空白栏调出"客户选择"窗口，选择确定。
3）〖查询方式〗，在此处选择按客户编号、客户名称等来查询。
4）〖查询内容〗，按要求输入对应查询方式的内容，然后按＜回车＞键，在"客户列表"窗口中就可以看到符合要求的客户。找到需要选中的客户以后，单击该条客户记录，使该行变为蓝色，单击【确认】按钮后就选定了客户。

### 二、如何选择日期
要进行日期的选择，有以下两种方法。

1. 用鼠标选择

1）在每一个选择日期的编辑栏旁边都有一个小按钮，要进行日期选择时先单击这个小按钮，会出现一个日历牌。用红圈标注的是当前计算机系统的日期，灰圈标注当前选中的日期，要选择日期，请用户进行如下操作。
2）如果需要改变年份，用鼠标在当前年份上单击一下，旁边会出现两个上下方向的箭头，上箭头表示增加，下箭头表示减少。
备注：在选择完年份之后，请用户在日历牌上任一地方单击一下，再进行其他操作。
3）单击左、右两边的箭头来改变月份，左箭头表示减少，右箭头表示增加，也可以在月份上单击左键，就会弹出十二个月份的选择菜单，请在所需月份上单击即可选中。
4）下方日期选择窗口中，呈黑色的日期是当前显示月份日期，呈灰色的日期是当前显示月份的上月及下月的日期，单击所需日期，该日期就会自动替换到日期编辑栏中去。如果仍想选择当前日期，还可以在日历牌的最下方的红圈、今天或日期值上单击一下就可以了。
5）如果不选择日期，随便单击日历牌处的任何地方，当前日历牌中显示的日期也会自动替换到日期编辑栏中去。

2. 用键盘选择

当光标定位于日历编辑栏中时，按＜F4＞键会弹出如图4-300所示的日历牌。用＜Pageup＞键和＜Pagedown＞键选择月份。用＜方向键＞定位日期，灰色圈位于哪个日期就是当前选定日期，按＜Enter＞键确认。如果想放弃选择，可以按＜Esc＞键退出。

### 三、如何选择房间
房间选择分两种：单一房间选择、多选房间。

1. "单一房间选择"窗口（图4-301）。

在本窗口可以首先选择楼宇，可选房间将刷新，选择中可选房间列表中的某房间，单击【＞】按钮，将该房间选则到右边的已选房间中，单击【确定】按钮，完成选择。

图 4-300

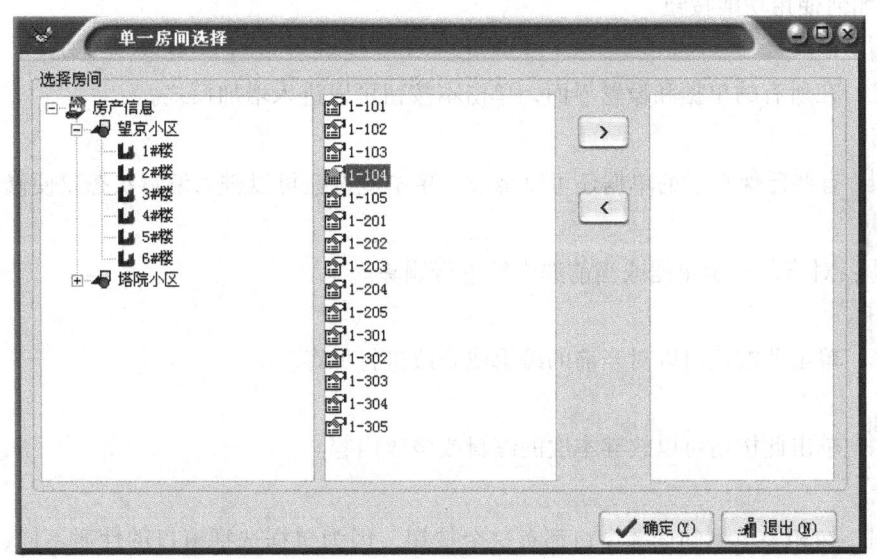

图 4-301

2. 多选房间窗口（图 4-302）。

在本窗口可以首先选择楼宇，可选房间将刷新，选择中可选房间列表中的某房间，单击【>】按钮，将该房间选则到右边的已选房间中，可以重复操作；单击【>>】按钮，将所有房间都选择到已选房间列表中。单击【<】按钮，将已选房间选择到左边的可选房间中，可以重复操作；单击【<<】按钮，将所有已选房间选择到左边的可选房间中。在可选房间中，用鼠标双击某房间，可以将该房间选择到已选房间列表。在已选房间中，用鼠标双击某房间，可以将该房间选择到可选房间列表。最后单击【确定】按钮，完成选择。

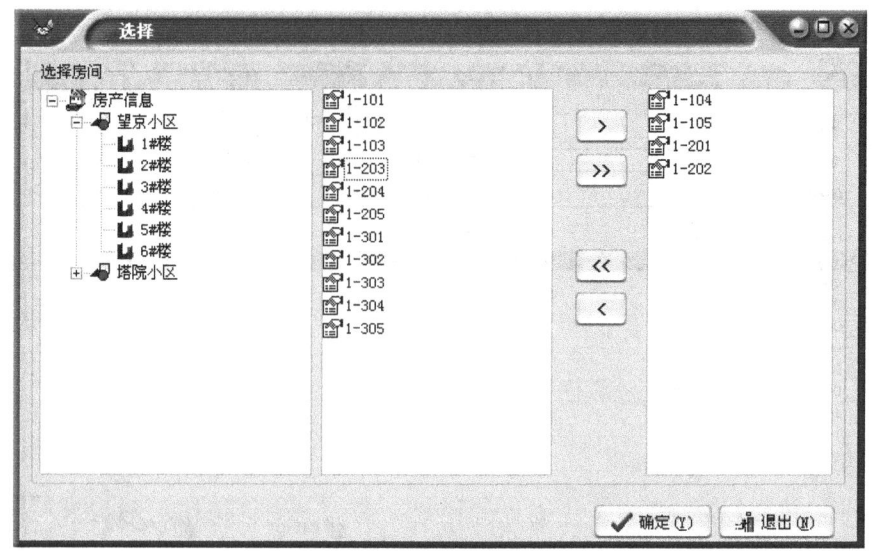

图 4-302

**四、如何使用功能按钮**

**增加**：在所有的单据和设置界面，单击本按钮可以进入增加模式。

**修改**：有些已保存过的单据还可以修改，单击此按钮可以进入编辑状态以便修改。

**删除**：对当前显示单据或当前选中行进行删除。

**保存**：单击此按钮可以对当前的编辑或修改进行保存。

**取消**：单击此按钮可以放弃本次的编辑或修改内容。

**全选**：在相关单据的选择窗口都有这个按钮，因为单据选择窗口的性质不同，因而此按钮的选择范围也不相同。

**最前**：查看最前一张单据或将光标定位于最前一条记录。

**向前**：查看当前单据的前一张单据或将光标定位于当前记录的前一条记录上。

**向后**：查看当前单据的后一张单据或将光标定位于当前记录的后一条记录上。

**最后**：查看最后一张单据或将光标定位于最后一条记录。

：对当前单据增加一条空白行。

：对选中的记录进行删除。

思 考 题

1. 按实际步骤实机模拟安装维思力物业管理信息系统学习版及其数据库，达到上机模拟使用条件。
2. 熟练掌握维思力物业管理信息系统各模块功能，录入实际数据进行模拟操作。
3. 按照实际数据进行模拟打印报表，并按要求模拟备档。

# 教材使用调查问卷

尊敬的老师：

　　您好！欢迎您使用机械工业出版社出版的"高等职业技术教育系列教材"，为了进一步提高我社教材的出版质量，更好地为我国教育发展服务，欢迎您对我社的教材多提宝贵的意见和建议。敬请您留下您的联系方式，我们将向您提供周到的服务，向您赠阅我们最新出版的教学用书、电子教案及相关图书资料。

　　本调查问卷复印有效，请您通过以下方式返回：
邮寄：北京市西城区百万庄大街22号机械工业出版社建筑分社（100037）
　　　马　宏　　（收）
传真：010-68994437　马　宏（收）　　　Email：buildbooks@hotmail.com

## 一、基本信息
姓名：_____　职称：_____　职务：_____
所在单位：_____
任教课程：_____
邮编：_____　地址：_____
电话：_____　电子邮件：_____

## 二、关于教材
1. 贵校开设土建类哪些专业？
□建筑工程技术　　　□建筑装饰工程技术　　　□工程监理　　　□工程造价
□房地产经营与估价　□物业管理　　　　　　　□市政工程　　　□其他____
2. 您使用的教学手段：　□传统板书　□多媒体教学　□网络教学
3. 您认为还应开发哪些教材或教辅用书？_____
4. 您是否愿意参与教材编写？希望参与哪些教材的编写？
课程名称：_____
形式：　□纸质教材　　□实训教材（习题集）　　□多媒体课件
5. 您选用教材比较看重以下哪些内容？
□作者背景　　□教材内容及形式　　□有案例教学　　□配有多媒体课件
□其他_____

## 三、您对本书的意见和建议（欢迎您指出本书的疏误之处）_____
_____
_____

## 四、您对我们的其他意见和建议_____
_____

**请与我们联系：**
100037　北京百万庄大街22号
机械工业出版社·建筑分社　马宏　收
Tel：010—88379010(O)，68994437(Fax)
E-mail：buildbooks@hotmail.com
　　http://www.cmpedu.com（机械工业出版社·教材服务网）
　　http://www.cmpbook.com（机械工业出版社·门户网）
　　http://www.golden-book.com（中国科技金书网·机械工业出版社旗下网站）